Heiko Ernst

Wie uns der Teufel reitet

Heiko Ernst

Wie uns der Teufel reitet

Von der Aktualität
der 7 Todsünden

Ullstein

ISBN-13: 978-3-550-07832-3
ISBN-10: 3-550-07832-3

© 2006 by Ullstein Buchverlage GmbH, Berlin
Alle Rechte vorbehalten
Gesetzt aus der Berling und Gill Sans bei LVD GmbH, Berlin
Druck und Bindung: Clausen & Bosse, Leck
Printed in Germany

Inhalt

VORWORT 9

Vom Teufel geritten? Todsünden light 16 • Sünden des Fleisches und des Geistes 19 • Die Transformation der Sünden zu Tugenden 21 • Hölle? Machen wir uns selbst! 25 • Das große Plädoyer auf verminderte Schuldfähigkeit 28 • Ego me absolvo! 30 • Auch für Sünden gilt: Das mittlere Maß finden 32

HOCHMUT 35

Wie viel Stolz verträgt der Mensch? 38 • We are the champions! 41 • Die Sünde der Könner 42 • Hochmut bis zum Terror 45 • Ansehen: Der Kampf ums Gesehenwerden 47 • Der kurze Weg zum Promi-Status 49 • Die Masken des Hochmuts 50 • Was wir uns selbst wert sind 52 • Die gute Meinung, die man von sich selbst hat 54 • Der pathologische Hochmut: Narzissmus 58 • Eitelkeit und der Zwang zur Selbstverschönerung 61 • Bescheidenheit bleibt eine Zier ... 65

NEID 67

Das einsamste aller Laster 71 • Warum man eine »neidische Person« wird 73 • And the winner is ... 78 • Neid: Das Empfinden eines Mangels 80 • Die Neidmaschine namens Marketing 82 • Der tiefere Sinn einer Todsünde 85 • Die Rache der Zukurzgekommenen 87 • Ist Neid ein demokratisches Gefühl? 88 • Wer sagt denn, dass das Leben fair ist? 93 • Alles eine Frage der Perspektive 95

HABGIER 97

Bereichert euch! Das Sequel 101 • Wer wird Millionär? 104 • Habgier macht alle glücklich, mehr oder weniger 106 • Gute Gründe für die Gier 108 • Warum es nie genug ist 109 • Wenn es nicht schnell genug geht: Unanständig reich werden 112 • Sind Habgierige doch die besseren Menschen? 114 • Kauf dir was Schönes! 115 • Was müssen wir haben, um zu sein? 117 • Die seelischen Kosten der Gier 119 • Zeit ist Geld, Geld kostet Zeit 120 • Geiz: die erstarrte Habgier 123 • Als der Geiz geil wurde 125 • Geld ist wie Beton: Es kommt drauf an, was man draus macht 129 • Eine Frage der Evolution: Welche Art von Reichtum brauchen wir? 130

ZORN 133

Blick nach vorn im Zorn 137 • Zorn in kleiner Münze: Der tägliche Ärger 140 • Was uns so zornig macht 141 • Kopfgeburten: Zorn und die Alltagsparanoia 144 • Nimm es nicht persönlich! 145 • Zorn – eine Maske der Scham 147 • Von Amokläufern und anderen Zornigen 149 • Das Zeitalter der Wut 150 • Die Erben des Kohlhaas: Fiat iustitia! 154 • Die Wut der Spregggläubigen 155 • Die Therapie des Zorns 158 • Dampf ablassen? Lieber nicht! 160 • Plädoyer für die kontrollierte Offensive 163 • Frieden schaffen, ohne zu blaffen 165

TRÄGHEIT 169

Die massenhafte innere Kündigung 173 • Einübung in der Kunst des So-tun-als-ob 175 • Faulheit: Der Widerstand gegen die Moderne 176 • Wie der Fleiß in die Welt kam 178 • Versuch, die guten Seiten der Trägheit zu rehabilitieren 182 • Acedia: Die Erschlaffung des Geistes 186 • Gleichgültigkeit ist die Trägheit der Moderne 188 • Jeder für sich: Das Werkeln am Ich macht träge 191 • Trägheit als Nicht-wissen-Wollen und Wegsehen 193 • Macht es euch bequem! 195 • Lethargie durch zu viel Sinnerwartung 197

VÖLLEREI 201

»Die Mutter aller Lust« 204 • *Das Große Fressen: ungesund und unästhetisch* 206 • *Zu viel, zu fein, zu früh, zu gierig ...* 208 • *Statussymbol »demonstratives Schlemmen«* 210 • *Endstation Schlaraffenland* 212 • *Die Reichen sind schlank, die Armen dick* 215 • *Der Kampf gegen die Dicken – ein Klassenkampf?* 217 • *Deutsche Völlerei: Der geizige Gourmand* 218 • *Der Mensch ist, was er nicht isst* 219 • *Essen als Schuld, Hungern als Sühne* 221 • *Der Geist ist willig, das Fleisch bleibt schwach* 226 • *Ich kann nicht widerstehen!* 228 • *All you can eat: Die gefressene Zukunft* 230

WOLLUST 233

Die Leere nach dem Schuss 237 • *Die Revolution erschöpft ihre Kinder* 239 • *Körperwelten: Bin ich schön genug?* 241 • *Der kurze Weg von Kinsey zu McKinsey* 242 • *Die zerdachte Lust* 244 • *Der sexuelle Sättigungspunkt* 246 • *Triebes Schicksal: Lust ist gut!* 247 • *Der Ursprung der Sexualfeindlichkeit* 249 • *Neurosen, Perversionen, Sublimationen* 252 • *Das neue Zeitalter: Die Neosexuellen entdecken die Liebe* 255 • *Die große Unlust: Ganz ohne Liebe geht die Chose nicht* 258 • *Die Rettung des Eros in der Feed-back-Schleife der Lust* 260

LITERATUR 263

Vorwort

Peccatum poena peccati
(Die Sünde ist die Strafe der Sünde)
    Augustinus

Um es vorwegzunehmen: Ich glaube an keinen Gott, weder an einen gütigen noch an einen gleichgültigen. Auch der gnostische Verdacht, dass die Welt das Werk eines grandiosen Pfuschers ist, liegt mir fern. Ich glaube also auch nicht an den Teufel, nicht an das Jüngste Gericht, nebst Verurteilungen zu Höllenfeuer oder Belohnungen für tugendhaftes Leben im Himmel. Als guter Ex-Katholik halte ich es mit Georg Christoph Lichtenberg: »Und ich dank es dem lieben Gott tausendmal, dass er mich zum Atheisten hat werden lassen!«

Warum ich dann trotzdem ein Buch über die sieben Todsünden geschrieben habe? Ist »Sünde« nicht ein Konzept, dessen mönchische Ursprünge eng mit christlichem Gottesglauben verknüpft sind – und das selbst den meisten Theologen reichlich antiquiert und kaum noch brauchbar erscheint im Lichte moderner Erkenntnisse über menschliches Verhalten? Viele Christen haben, wie wir alle und ungeachtet ihres Glaubens, für den Begriff »Sünde« meist nur noch ironische oder triviale Verwendung – etwa wenn sie mal wieder in der Sauna statt im Höllenfeuer schwitzen, weil sie »zu viel gesündigt«, das heißt zu viel Alkohol oder Süßigkeiten konsumiert haben. Warum also den Katalog der sieben Todsünden wieder zum Thema machen?

Erstens: Weil er ein einfaches und doch wohl durchdachtes *System* zur Beschreibung menschlicher Verhaltensweisen ist. *Neid, Zorn, Trägheit, Wollust, Hochmut, Völlerei* und *Habsucht* sind auf vielfache Weise aufeinander bezogen und miteinander verwoben. Sie kombinieren sich miteinander und potenzieren sich in negativen Synergien. Und sie sind die Wurzel und der Stamm, aus denen alle anderen Verhaltensweisen hervorgehen, die ebenfalls als Sünden gelten: lügen, betrügen, intrigieren, heucheln, quälen, stehlen, morden … kurz: all das, was uns etwa Jorge Luis Borges in seiner *Universalgeschichte der Niedertracht* komprimiert vor Augen führt.

Die Idee der Todsünden ist im mönchischen Leben des fünften nachchristlichen Jahrhunderts entstanden. Über Hunderte von Jahren wurde der Katalog entwickelt, erprobt und verfeinert und schließlich von ursprünglich acht auf sieben fixiert. Im klösterlichen Mikrokosmos, geprägt von Entsagung, Kontemplation und Arbeit, aber auch von Gruppenleben, von Versuchungen des Körpers und des Geistes wurde das Kondensat der menschlichen Schwächen und Laster destilliert. Dies geschah durch gelehrte Dispute und durch Introspektion, auch – um den modernen Begriff zu gebrauchen – durch Selbsterfahrung. Als Asketen und zölibatär Lebende wurden Mönche und Nonnen zu den Spezialisten schlechthin, wenn es um Fragen von Versuchung, Selbstkontrolle und Kontrollverlust ging. In der Beschäftigung mit den sieben Hauptsünden im Lauf der Zeit entstand allmählich ein sinnreiches Raster, um menschliche Bedürfnisse und Handlungsweisen im Spannungsfeld von Religion, Moral und Gesellschaft, von Biologie und Psychologie zu beschreiben und zu erklären. Auch für Nicht-Gläubige bietet die Konfrontation mit den Großen Sieben tiefe Einsichten in die eigene Psyche: Sie sind eine erhellende, manchmal ernüchternde und verstörende Möglichkeit der Selbstdiagnostik und der Selbsterkenntnis. Die Todsünden stellen zudem negative Archetypen menschlicher Charaktere dar. Deshalb dienten die einstmals sündhaften Leidenschaften und Laster als Primärfarben, mit denen die großen Romanciers und Dramatiker ihre negativen Helden porträtierten: Jagos mörderischer Neid ist das eigentliche Thema in Shakespeares *Othello*, Ebenezer Scrooge in Dickens *Weihnachts-*

geschichte oder der *Geizige* von Molière sind die literarischen Urbilder der Habgier, und Kleists *Michael Kohlhaas* ist der Inbegriff des selbstzerstörerischen Zorns.

Ein zweiter Grund, den Todsünden-Katalog wieder aufleben zu lassen: Das Raster der Großen Sieben ist auch außerhalb des religiösen Kontextes unvermindert aktuell. Es bietet nicht nur ein Instrument der Selbstbetrachtung in einem dunklen, aber doch genauen Spiegel, sondern erlaubt auch in Zeiten zunehmender moralischer Verunsicherung und transzendentaler Obdachlosigkeit eine kritische Prüfung des Zeitgeistes. Weil die Todsünden sehr offensichtlich anthropologische Konstanten erfassen, taugen sie immer noch dazu, das Verhalten zeitgenössischer Menschen zu reflektieren und den Gestaltwandel der moralischen und ethischen Probleme ihrer Gesellschaften zu untersuchen. Habgier, Neid, Völlerei, Zorn, Wollust, Eitelkeit und Trägheit sind durch Kultur und Zivilisation meist nur erstaunlich schwach überformte, virulente Gefühle und nur mühsam gezügelte Impulse. »Sünde« ist deshalb, aller Säkularisierung zum Trotz, auch heute ein Konzept, das jedem Menschen begreiflich bleibt, selbst wenn er es für sich ablehnt.

Als der britische Kultursender Radio 4 seine Hörer 2004 bat, eigene Listen mit den schlimmsten Sünden unserer Zeit zu erstellen, war es erstaunlicherweise vor allem die Trägheit (in all ihren Facetten – als Apathie, Gleichgültigkeit oder Denkfaulheit), die von den Original-Sieben besonders häufig genannt wurde. Als »neue« Sünden tauchten auf Selbstsucht, Heuchelei, Intoleranz, Grausamkeit und Zynismus, und der Modephilosoph Alain de Botton nannte »Unwissenheit«, die in unserer Informationsgesellschaft unverzeihlich sei.

Es ist ein Leichtes zu zeigen, dass diese neuen Sünden nichts weiter als Ableitungen oder Zweige aus dem Stamm der Großen Sieben sind. Grausamkeit, zum Beispiel: Sind wir grausam? Wir glauben: Nur sehr selten, eigentlich kaum. Wir sind ja keine Folterer oder Sadisten. Bei genauerer Prüfung jedoch lässt sich erkennen: Grausamkeit ist allgegenwärtig, denn sie kann aus jeder der sieben Todsünden entstehen. Wir sind grausam gegenüber anderen aus Habgier oder Hochmut, aus Neid und sogar aus Trägheit. Grausamkeit hat viele Gesichter (ein wichtiger, juristisch valider Scheidungsgrund war einmal die »seelische Grausamkeit«, die heute allerdings nicht mehr als Trennungsanlass benötigt wird). Wir sind wahrscheinlich sehr viel öfter grausam, als wir glauben – wenn auch mit geringerer Intensität als ein Folterknecht oder ein islamistischer Fanatiker, der seine Opfer vor laufender Kamera enthauptet. Oder Intoleranz: Es ist rassisch, religiös oder kulturell begründeter *Hochmut*, der intolerant für das Andere macht – oder man ist intolerant aus *Neid* auf den vermeintlich glücklicheren Mitmenschen.

Habgier und Neid, Zorn und Trägheit, Hochmut, Völlerei und Wollust sind täglich in immer neuen Varianten und Exzessen zu beobachten – auch wenn sie nicht immer mit ihrem Klarnamen benannt werden und wir eine Vielfalt anderer Begriffe verwenden.

Habgier, zum Beispiel, hat viele Gesichter: Wir erregen uns über die »Raffkes« in der politischen Klasse und die »Abzocker« in der Wirtschaft. Umgekehrt meinte Gerhard Schröder, eine »Mitnahmementalität« bei weiten Teilen seines Volkes geißeln zu müssen. Überhaupt sind die Deutschen ein Volk von Schnäppchenjägern geworden, die eine seltsame Mischung von Geiz und Habgier praktizieren – möglichst viel haben wollen und möglichst wenig dafür bezahlen: das Wort vom »Preis-Leistungs-Verhältnis« taucht in fast allen Unterhaltungen über Restaurantbesuche oder Urlaubsreisen spätestens im zweiten Satz auf. Das wissen auch die besten Kenner der deutschen Psyche (nein, das sind nicht die Psychologen, sondern die Marktforscher); der Slogan »Geiz ist geil!« koppelt verbal gleich zwei Todsünden zu einem Kaufanreiz. Auch wenn »geil« eine semantische Umdeutung erfahren hat – die eigenartige Lust am Sparen und trotzdem viel haben zu können erhält die obszöne Note, die sie verdient.

Und die *Geilheit* selbst: Wollust ist heute kein Laster mehr, kaum noch eine verzehrende Leidenschaft, sondern eine stets verfügbare, schnell konsumierbare Angelegenheit. Der moderne Casanova ist kein verruchter Frauenheld, sondern ein armer Sexsüchtiger, der irgendwann zum Therapeuten geht, und der zeitgenössische Don Juan ist ein Getriebener, der seine Selbstwertprobleme durch sexuelle Eroberungen kompensiert. Eine trivialisierte Sexualität prägt und imprägniert unsere Gesellschaft durch und durch: Die permanente Stimulation der Lust ist ein Marketinginstrument, ein Kaufanreiz und ein *Lifestyle*-Attribut: Alles muss *sexy* sein, denn *sex sells*. Erotische Schlüsselreize konditionieren uns als Verbraucher. Die Pornographie hat auch dem Internet als Massenmedium zum Durchbruch verholfen, und noch immer gilt der weitaus größte Anteil aller Besuche dort den Sexseiten.

Völlerei in all ihren Erscheinungsformen – Fresssucht, orgiastische Prasserei, Trunksucht, demonstrative Verschwendungssucht – wird am wenigsten noch als Sünde wahrgenommen. Völlerei gilt inzwischen eher als verachtenswerte, prollige Charakterschwäche, oder sie ist der Ausdruck einer gesundheitlichen Störung, die in erster Linie als ästhetisches Problem augenfällig wird. Die Unmäßigkeit im Oralen zeitigt vielerlei Symptome: Sie ist abzulesen an der zunehmenden Verfettung des Volkskörpers, an den epidemisch zunehmenden Essstörungen, an den Suchtstatistiken. Sie wird erkennbar aber auch in der obsessiven Beschäftigung mit allem, was das Essen betrifft, etwa mit der Invasion der Fernsehköche oder der Suche nach immer neuen Gaumenkitzeln und »exklusiven« Genüssen. Die Blasphemie, die in dem Begriff *Fresstempel* liegt, entgeht uns heute völlig.

Neid ist die erste Sünde *jenseits von Eden:* Kain erschlug Abel aus Neid. Aber spätestens mit dem Beginn des bürgerlichen Zeitalters ist Neid der eigentliche Motor des Fortschritts und des wirtschaftlichen Wachstums. Das gilt erst recht heute, im beschleunigten Konsumkapitalismus, wo es um jeden Preis gelingen muss, den Wunsch *Das muss ich auch haben!* immer wieder neu zu wecken. Neid ist aber auch ein mächtiges Ordnungsprinzip in modernen Gesellschaften. Er kristallisiert sich zu Strukturen und Institutionen, die ihn managen und beschwichtigen sollen, weil er immer den Keim von Staatsverdrossenheit und Revolten in sich trägt: Die progressive Besteuerung der höheren Einkommen (»Neidsteuern«) in vielen Staaten und ausgeklügelte Kompensationsmechanismen zeugen von der befriedenden, ausgleichenden Macht des Neides. Neid gerinnt dennoch häufig zum *Ressentiment* – und wird als solches zum seelischen Dauerschmerz, weil existenzielle Ungleichheiten und soziale Ungerechtigkeiten nie auch nur annähernd beseitigt werden können. Es wird immer den Nachbarn geben, dessen Gras grüner, dessen Frau schöner ist und dessen Kinder wohlgeratener sind. Neid und Ressentiment sind die giftigen Gefühle derer, die sich, zu Recht oder Unrecht, als Zukurzgekommene, Benachteiligte, Ausgegrenzte sehen und aus diesem Status ihre Ansprüche auf eine wie immer geartete, nicht selten gewaltsame »ausgleichende Gerechtigkeit« ableiten.

Hochmut hat seit biblischen Zeiten die Gesichter der Überheblichkeit, der Abgehobenheit, des Dünkels und der Eitelkeit: Ich bin besser, schöner, klüger als andere! Selbstüberschätzung und intellektuelle Arroganz gehören heute zu seinen Erscheinungsweisen, ebenso die vulgäre Zurschaustellung schönheitsoperierter und gestylter Körper. Andererseits gehört der medial aufbereitete tiefe Fall der Hochmütigen inzwischen zur Grundversorgung von Unterhaltung und Nachrichten: Wir delektieren uns am Sturz der Eitlen in die Lächerlichkeit und mit grimmiger Zufriedenheit registrieren wir die Verbannung der allzu Hochfahrenden ins existenzielle Aus. Dabei haben sich die Maßstäbe in den letzten Jahrzehnten dramatisch verschoben: Ein bestimmtes Maß an Narzissmus wird heute jedem zugestanden, der mit anderen konkurrieren muss. Erfolg ist in der modernen Aufmerksamkeitsökonomie nicht ohne Selbsterhöhung und -überhöhung zu haben, denn die Aufmerksamkeit der anderen ist das Kapital, das sich am besten verzinst. Deshalb wird in Medien, Wirtschaft und Politik häufig mehr Wert auf eine präsentable Oberfläche und auf Selbstdarstellung gelegt als auf inhaltliche Substanz. Im Zeitalter des *Eindrucksmanagements*, in dem eine Busenvergrößerung oder eine Serie von Botox-Spritzen als Weihnachtsgeschenk dienen, ist Eitelkeit nur dann noch eine Sünde, wenn die Selbstinszenierung misslingt und als peinlich empfunden werden muss.

Die *Trägheit* nistet heute vor allem dort, wo sich der Rückzug aus der Verantwortung für den Nächsten als vorgeblich rationale, leidenschaftslose Haltung, als Nichteinmischung tarnt. Trägheit ist heute vor allem Gleichgültigkeit, sie zeigt sich im willentlichen Ignorieren fremder Schicksale, sie ist die bequeme Neutralität, die uns nahe legt, sich nicht einzumischen, sich rauszuhalten. Sie erscheint aber auch als habituelle Denkfaulheit und als Selbstunterforderung, oft gut getarnt als Überlastung. Trägheit macht, paradoxerweise, erfinderisch: Wir arbeiten daran, immer mehr Bewegung zu vermeiden, sowohl körperliche – mit dem Auto zum Zigarettenholen, mit dem Lift ins Fitness-Studio, einkaufen im Internet – wie auch geistige: fernsehen statt lesen, denken lassen statt selber denken. Einer der größten Triumphe für die Faulheit war die Erfindung der Fernbedienung. Nicht nur das Fernsehprogramm lässt sich damit steuern – immer mehr andere Dinge können wir vom Sessel aus erledigen.

Und wie *zornig* sind wir heute! Wie leicht entflammt unsere Wut! Mürrisch und verdrossen ist die Grundstimmung, die wie Mehltau über dem Land liegt, und eine latente Aggressivität kann jederzeit in laut geäußerten Ärger umschlagen: Schnell erbost sind wir vor allem über die anderen Sünder, die uns Zeit und Geld kosten, die unserer Gier oder unserer Lust in die Quere kommen oder uns in unserer Trägheit stören. Wir sind empört und wütend (»Ich krieg so'n Hals!« ist ein häufig gehörter Satz), weil unsere Ansprüche nicht befriedigt oder unsere Rechte nicht respektiert werden – und wir haben hohe Ansprüche und viele Rechte! Bereits eine kurze Fahrt mit dem Auto bringt einen in Berührung mit dem eigenen Zorn und mit den vielen anderen Zornigen: mit wütenden, lichthupenden Dränglern oder aufgeregt gestikulierenden Pädagogen. Für die Aggressionsepidemie auf den Straßen gibt es bereits einen eigenen Namen: *Road Rage*. Aber das Ausrasten, das aggressive Auftrumpfen und Auf-den-Tisch-Hauen ist auch in anderen Lebensbereichen längst üblich. Die Schwelle zum Zornesausbruch ist extrem abgesenkt: Lass es raus! Du darfst!

Vom Teufel geritten? Todsünden light

Die Todsünden haben ihre spirituelle oder existenzielle Dimension in unserem Leben weitgehend verloren. Sie erscheinen uns heute häufig als unangenehme, aber banale Verhaltensweisen, als Marotten und Neurosen, aber auch als zeitgemäße Strategien der Erfolgs- und Lustmaximierung oder der Selbstbehauptung. Die Sünder sind keine tragischen Gestalten mehr, die ihren Leidenschaften und Lastern verfallen sind und für die ein Dante seine infernalischen Strafen ersann. Sie treten heute als *Light*-Versionen der Sünde in Erscheinung, als Konsumdeppen und Schnäppchenjäger (»3 ... 2 ... 1 ... meins!«), als Neidhammel, als Choleriker und Streitsüchtige, als Puffgänger und Pornokonsumenten, als fettsüchtige XXL-Fresser (»horizontal Herausgeforderte«), als *Couch Potatos* oder als sonnenstudiogebräunte Selbstdarsteller. Die Sünden sind in der Mitte der Gesellschaft angekommen, als manchmal unerfreuliches, aber weitgehend auch toleriertes, teilweise sogar gezielt gefördertes und erwünschtes Verhalten.

Todsünde ist ein Mainstream-Phänomen, in der öffentlichen Wahrnehmung meist weit jenseits tief schürfender moralischer oder religiöser Erwägungen. Wenn wir uns, beispielsweise, zu einem unangemessenen Wutausbruch hinreißen lassen, wenn wir einen nächtlichen 1000-Kalorien-Ausflug an den Kühlschrank machen oder wenn wir nach einem Seitensprung gleich *post coitum* von Zweifeln und Gewissensbissen gequält werden, dann greifen wir schon mal zur alten Formel »Da muss mich der Teufel geritten haben!«. So lässt sich die Verantwortung wenigstens teilweise auf irgendwelche bösen, unkontrollierbaren Mächte verlagern. Eine modernere Formel zum gleichen Zweck ist, dass »es über uns gekommen ist«, wobei dieses »es« durchaus dass »Es« der psychoanalytischen Persönlichkeitstheorie sein kann – also jener Teil von uns, der von den wilden Trieben gesteuert wird, die im Souterrain der Psyche wohnen. In manchen Comics findet sich gelegentlich noch die Reminiszenz an die theologische Grundsituation angesichts einer Verführung: Auf den Schultern von Donald Duck oder einer anderen Figur sitzen ein Teufelchen und ein

Engelchen – der Teufel sagt: Tu es! Sei nicht blöd! Es macht Spaß! Und das Engelchen sagt: Hör nicht auf ihn! Tu es nicht! – Diese Grundsituation beschreibt die heutige Psychologie der Selbstkontrolle als einen permanenten Wettbewerb zwischen höheren und niedrigeren mentalen Programmen in unserem Kopf – zwischen komplexeren, reflexiveren Bewusstseinsprozessen, die uns zu vernünftigem (nicht-sündigem) Verhalten anleiten, und eher automatisierten, einfachen Reaktionsmustern (»Es tut aber gut!«).

Überhaupt sind die sieben Todsünden, so sie uns heute unterlaufen, eher Ausrutscher. Sie prägen nicht mehr – wie in früheren Zeiten – einen Charakter. Sicher sind wir zu dieser oder jener Sünde eher disponiert als zu den anderen, es gibt Sünden, zu denen wir aufgrund von Temperament oder Alter oder Prägungen eher bereit sind. Aber den großen Geizigen, der von Freud klassisch als der »anale Charakter« beschrieben worden war, gibt es in so reiner Form nur noch selten. Die meisten Menschen sind heute gierig, eitel und geizig zugleich, gleichermaßen fähig zu Verschwendung und Sparsamkeit: Mit der Formel »Aldi trifft Gucci«, beschrieb das *Manager Magazin* den zeittypischen, »hybriden« Konsumstil, bei dem der Verbraucher vor allem eins sein will: clever. Und er will immer häufiger die Extreme in sich vereinen: Luxus, Askese – Luxese. Und ebenso wenig wie die Schnäppchenjäger von heute Onkel Dagobert ähneln, sind die modernen Trägen alle geborene Oblomovs. Wer heute zornig ist, läuft nicht *ständig* mit Klaus-Kinski-artig geblähten Nasenflügeln herum.

Ein Merkmal unserer Zeit ist vielmehr, dass sie Lebensbedingungen und Situationen erzeugt, in denen unsere »sündigen« Impulse sehr häufig, teilweise sogar systematisch stimuliert werden: In der mobilen, auf Leistung, Wettbewerb und Konkurrenz ausgerichteten Gesellschaft gibt es eben häufiger Gelegenheit, neidisch oder hochmütig zu sein, als in einer Standesgesellschaft. Stress und Zeitdruck machen uns ungeduldig, reizbar – und wir reagieren mit Wut und Zorn auf Hindernisse, echte und eingebildete. Wir werden aber auch ständig zu Konsum und Verzehr, zu Selbstverwöhnung und Bequemlichkeit animiert – und sind deshalb träger, hungriger, geiler und gieriger, als wir es in einer reizärmeren Umwelt wären. Wir sind mehrheitlich zu opportunistischen Augenblickspersönlichkeiten mutiert, zu Schnäppchenjägern des Glücks, das die kleinen und großen Sünden uns verheißen.

Die Todsünden sind auch aus diesem Grunde eine verlässliche Basis für Börsenspekulanten und Shareholder. Im Insiderjargon ist von regelrechten Sündenaktien die Rede, und es gibt in der Fachpresse sogar Vorschläge dafür, wie man sich ein Portfolio zusammenstellt, das die »tiefsten Abgründe der Seele« als nie versiegende Quelle des Profits berücksichtigt: Unter den größten Gewinnern an der Börse in einem Zeitraum von 52 Wochen zählen die Produzenten und Verleiher von Pornofilmen sowie Kondomfirmen (Wollust), Fastfood-Ketten wie Burger King und Schnapsproduzenten wie Johnny Walker (Völlerei), Waffenproduzenten wie Smith & Wesson (Zorn), Luxusautos wie Porsche oder Maserati und Edelmode-Labels (Hochmut und Eitelkeit), elektronische Spielzeuge und Unterhaltungselektronik (Faulheit), Betreiber von Spielkasinos (Habgier).

Deshalb reizt ein drittes Motiv zur Neubetrachtung des Todsünden-Kataloges: Was einmal als unmissverständlich sündhaft galt, als böse, verworfen, unmoralisch, gott- und menschenfeindlich, ist zu großen Teilen dramatisch umgewertet worden. Aus einigen Todsünden wurden nach und nach Tugenden, zumindest aber erwünschte beziehungsweise akzeptierte Verhaltensweisen oder gar Zivilisationsimpulse. An dieser allmählichen Evolution lässt sich der gesellschaftliche Wandel von Werten und Moralvorstellungen nachvollziehen. Auch den Erfindern und frühen Interpreten des Todsündenkataloges war von Anbeginn klar, dass Sünden aus normalen und natürlichen Verhaltensweisen heraus entstehen, dass sie sich graduell unterscheiden und ambivalente Dispositionen beschreiben.

Alles, was Sünde sein kann, gründet in menschlichen Verhaltensmöglichkeiten, die entweder auf Überlebenstriebe (wie Lust und Völlerei) zurückgehen oder sich als wichtige soziale Gefühle (wie Neid) oder funktionale Eigenschaften (wie Stolz) in der Evolution entwickelt haben. So gesehen sind sie in der Tat »Erbsünden«. Eine Sünde besteht jedoch in der Verletzung von Grenzen in diesen Verhaltensspielräumen. In primitiven Gesellschaften wird zwischen Sünde und Verbrechen (noch) nicht unterschieden:

Sünde *avant la lettre* ist zunächst alles, was die Interessen des Stammes verletzt und von seinen Konventionen und Gesetzen abweicht. Das Verhalten wurde bestraft, nicht die im Innern verborgene Neigung oder die bloße Absicht.

Sünden des Fleisches und des Geistes

Die Neigung zu den Todsünden ist zu einem guten Teil biologisch in uns angelegt. So sind wir aufgrund unseres angeborenen Temperaments (zum Beispiel ängstlich-phlegmatisch oder neugierig-extravertiert) und genetischer Persönlichkeitsfaktoren für bestimmte Sünden anfälliger als für andere: Manche neigen aufgrund ihrer Reizbarkeit eher zu Zornesausbrüchen, andere aufgrund ihres Phlegmas eher zur Trägheit oder zur Völlerei.

Den so genannten »Sünden des Fleisches«, Völlerei und Wollust, kommt eine besonders starke evolutionäre Überlebensfunktion zu, und vermutlich geht auch der Geiz auf einen überlebenswichtigen Trieb zum Sammeln und Horten zurück.

Neid und Hochmut sind weniger biologisch determiniert als die anderen Sünden, sie sind in erster Linie soziale Affekte, die erst in höher und arbeitsteilig entwickelten Gesellschaften entstanden sind. Hochmut und Neid sind ein Sünden-Paar: Sie sind beide die Folge einer grotesken Schieflage zwischen Selbsteinschätzung und der Einschätzung anderer Menschen. Im Hochmut ist die Balance zugunsten des überhöhten Ich verloren gegangen, im Neid zugunsten der Beneideten. Und beide Sünden finden sich häufig in derselben Person: Koryphäen aller Disziplinen, Stars jedes Genres, Diktatoren und Tyrannen sind – trotz oder gerade wegen ihres aufgeblasenen Selbst – extrem anfällig für Neidattacken: Jeder, der ihnen auch nur ein Jota von der Bewunderung, Anbetung oder Aufmerksamkeit wegnimmt, kann ihnen den Tag verderben und sie von den höchsten Höhen der Idolatrie in die Hölle des Neides und der Eifersucht stürzen.

Wollust und Völlerei sind ebenfalls ein Paar: Beide sind im Grunde *Verleugnungen* des Leibes, auch wenn sie als die fleischlichen Todsünden gelten. Sie sind in Wirklichkeit aber nicht der

Ausdruck besonderer Sinnlichkeit, sondern im Gegenteil die Sünden eines dem Leib entfremdeten Geistes, der die Grenzen des Körpers nicht anerkennen will. Beide Sünden verleugnen dessen Signale, ignorieren die Sättigung. Der Verfressene, der Gourmand, kann sich nach einem guten Essen nicht behaglich zurücklehnen, er muss mehr haben – und hat deshalb das *Vomitorium* erfunden, er steckt sich den Finger in den Hals und entleert sich, um neuen Platz zu schaffen (diese Technik der Unersättlichen findet ihr trauriges Echo in der Bulimie, die heute zur Zivilisationskrankheit geworden ist). Das Urbild dieser Sünde ist das Gelage, die Orgie – wie sie Petronius in der *cena Trimalchionis* überliefert hat, dem Inbegriff römischer Dekadenz. Die sexuelle Lust, die keine Grenzen akzeptiert, erfindet ebenfalls ihre Hilfs- und Steigerungsmittel – selbst der Schmerz wird Medium der Unersättlichkeit. Die Wollust bleibt letztlich unerfüllt – der Wollüstige kommt nie (an).

Habgier und Trägheit sind das dritte Sünden-Paar, sie bezeichnen die entgegengesetzten Pole auf der Achse menschlicher *Aktivität:* das eine Extrem ist der rastlose Raffzahn und Anhäufer von Geld und Dingen, das andere Extrem stellt der in Trägheit Erstarrte dar, der Passive, Verzagte; in moderner Terminologie: hier der *Workaholic,* dort die *Couch potato,* die in geistiger und körperlicher Reglosigkeit vor dem Fernseher liegt. Beide sind auf ihre Art lebensfeindlich, beide verweigern sich dem normalen Umgang mit anderen Menschen, beide sind in jeweils spezifischer Weise leblos.

So wie gute Nachrichten nur selten den Stoff für Schlagzeilen liefern, so gilt auch: Der gute Mensch ist ein Langweiler. Seine Tugend steht immer im Verdacht, nur der Angst vor dem Laster und der Leidenschaft zu entspringen: »Das Gute, dieser Satz steht fest, ist stets das Böse, das man lässt«, spottete Wilhelm Busch, und Mae West bringt den Reiz des Sündhaften auf die Formel: »Gute Mädchen kommen in den Himmel, böse Mädchen kommen überallhin.« Die Sünden haben ein Doppelgesicht, das der Theologe Ernst Pulsfort so beschreibt: »Die meisten Bosheiten besitzen eine schöne Seite, und im Gutmenschen steckt auch etwas Teuflisches. So ist der Neid ein großartiger Analytiker mit messerscharfem Blick, der Geiz ein Schätzesammler, der Zorn reagiert mit feinem

Gespür auf das geringste Unrecht. Der Hochmut repräsentiert ein markantes Selbstbewusstsein, und die Trägheit pflegt den geduldigen Genuss. Es fehlen noch Völlerei und Wollust, denen man die pralle Lebensfreude auf Anhieb abnimmt.« Es gehört deshalb zu den Klischees des modernen, zynisch gewordenen Menschenbildes, dass der Neid der Guten auf die Sünder groß ist: Nur Feigheit hält den Tugendbold davon ab, sich den Lastern hinzugeben. Nur Angst vor Strafe, vor Krankheit oder vor Ansehensverlust lässt die Braven brav sein.

Die Transformation der Sünden zu Tugenden

Zwar erscheinen Persönlichkeitszüge wie Habgier und Zorn oder Schwächen wie Trägheit oder Neid als »zeitlos« und ewig menschlich, zumal wenn sie »in reinster Form« und quasi archetypisch auftreten. Der neue Mensch kann genauso zornig, neidisch, träge oder habgierig sein wie der alte Adam. Was aber zu einer bestimmten Zeit und in einer bestimmten gesellschaftlichen Konstellation als das Böse schlechthin galt, als Todsünde, und inwieweit man es tolerierte, ist vor allem eine Frage des Kontextes und unterliegt der Bewertung durch den gesellschaftlichen Konsens. Die auffälligste Neubewertung der alten Todsünden fand vor etwas mehr als 500 Jahren statt: Dasselbe Verhalten, das einmal als übles Laster oder als strafwürdiges Vergehen gegen Gott und die Menschen galt, wurde allmählich zu nützlichen, das Gemeinwohl fördernden Handlungsweisen transformiert – zumindest galt dies für den größten Teil der sieben Todsünden.

Die Evolution der Laster zu nützlichen Eigenschaften oder gar Tugenden begann in der Renaissance, schritt in der Moderne weiter fort und ist bis heute nicht abgeschlossen. Niccolo Macchiavelli hatte geschrieben: »Wenn man alles genau betrachtet, wird man finden, dass manches, was als Tugend gilt, zum Untergang führt, und dass manches, was als Laster gilt, Sicherheit und Wohlstand bringt.« Der Kulturhistoriker Lewis Mumford beobachtete, dass bis auf Trägheit alle anderen Sünden in der industriellen Revolution zu Tugenden umgeformt wurden – sie wurden zu den treibenden Kräften der neuen Wirtschaftsordnung. Die Sünden waren nun keine persönlichen Verfehlungen und Laster mehr, sondern wichtige soziale und strukturelle Faktoren in einer neuen Kultur. Sie schufen Märkte, formten soziale oder wirtschaftlich erwünschte Eigenschaften oder auch Tugenden: Geiz wird zur Sparsamkeit, zum ich-starken Bedürfnisaufschub, Habgier ist die Triebfeder der Akkumulation von Kapital, das die Industrialisierung erst finanzieren kann, und der Neid ist der heimliche Motor zunächst der Arbeitsgesellschaft, später auch des Konsumkapitalismus. Immanuel Kant schrieb: »Dank sei der Natur für die Unvertragsamkeit, für die missgünstig eifernde Eitelkeit, für die nicht zu befriedigende Gier zum Haben oder auch zum Herrschen! Ohne sie würden alle vortrefflichen Naturanlagen in der Menschheit ewig unterentwickelt schlummern. Der Mensch will Eintracht, aber die Natur weiß besser, was für seine Gattung gut ist: sie will Zwietracht.«

Die politischen Denker der Renaissance wollten den Menschen ergründen, »wie er wirklich ist« – und nicht so, wie ihn Religion oder Philosophie gerne gehabt hätten. Es ging ihnen um wirksamere Methoden zur Regelung des menschlichen Verhaltens: Gewalt und gefährliche Leidenschaften ließen sich offenbar nicht durch philosophisches Moralisieren oder die Androhung von Verdammnis und Höllenfeuer eindämmen. Die Appelle an das Gute, an Vernunft oder Moral fruchteten nachweislich nicht. Aber auch die Repression durch einen starken Herrscher oder durch staatliche Autorität erwies sich als ungeeignet – denn auch die Herrscher können grausam, habgierig oder träge sein und so die Ordnung gefährden, indem sie erst recht Leidenschaften entfesseln.

Besser wäre es, die Leidenschaften – statt vergeblich zu versuchen, sie zu unterdrücken – für nützliche Zwecke einzuspannen: Es kommt darauf an, sie so in eine Ordnung zu überführen, dass sie Gutes bewirken. Giambattista Vico hat diesen psychologisch-revolutionären Grundgedanken so formuliert: »Aus Grausamkeit, Habsucht und Ehrgeiz, den drei Lastern, die alle Menschheit in die Irre führen, macht die Gesellschaft nationale Verteidigung, Handel und Politik und begründet damit die Stärke, den Wohlstand und die Weisheit der Republiken; aus diesen drei großen

Lastern, die ganz gewiss den Menschen auf Erden vernichten würden, lässt die Gesellschaft auf diese Weise das allgemeine Glück hervorgehen. Dieses Prinzip beweist die Existenz einer göttlichen Vorsehung: Durch ihre vernünftigen Gesetze werden die Leidenschaften der Menschen, die gänzlich mit dem Streben nach privaten Vorteilen beschäftigt sind, in eine öffentlich Ordnung verwandelt, die es den Menschen erlaubt, in der menschlichen Gesellschaft zu leben.«

Der Wirtschaftswissenschaftler Albert O. Hirschman, der den Transformationsprozess der Laster und Sünden in *Interessen* und letztlich nützliche Tugenden beschrieben hat, sieht in diesen Sätzen Vicos schon den Vorschein ähnlicher, späterer Denkfiguren: Hegels »List der Vernunft« oder Freuds Konzept der Sublimation. Immer geht es um den quasi-alchemischen Prozess, das Gute im Schlechten zu erkennen und herauszufiltern. Oder, wie Goethe seinen Mephisto erklären lässt, diese Inkarnation der wunderbaren Transformation von Sünden in Tugenden: »Ich bin ein Teil von jener Kraft, die stets das Böse will und stets das Gute schafft.«

Das Wirken einer »unsichtbaren Hand«, das Adam Smith, der große Theoretiker des Frühkapitalismus, beschrieb, ist die wohl wirkungsmächtigste Fortführung des Grundgedankens, die menschlichen Laster in nützliche Interessen und in eine geordnete Vorteilssuche zu überführen. Die »unsichtbare Hand« sorgt dafür, dass die individuellen Leidenschaften und Begierden, darunter vor allem natürlich die Hauptsünde des Kapitalismus, die Habgier, sich gegenseitig neutralisieren und zum Wohle aller zusammenwirken.

Der Holländer Bernard de Mandeville erklärte in seiner 1714 erschienenen *Bienenfabel*, dass ohne die Todsünde der *avaritia*, des Geizes, der allgemeine Wohlstand nicht möglich wäre. Sein berühmtes Geiz-Pamphlet trägt den Untertitel: *Private Laster, Öffentliche Vorurteile:* Die »habgierigen« Bienen leben in Wohlstand, weil Handel und Gewerbe in ihrem Staatswesen blühen. Bis ihnen ein Moralprediger ins Gewissen redet. Sie werden genügsam und ehrlich – und prompt bricht das gesamte Wirtschaftsleben zusammen: Die reiche Bienengesellschaft fällt in einen archaischen Naturzustand der Armut und des Elends zurück.

Mit der einsetzenden Neuzeit kommt es also in Staatsphilosophie und praktischer Politik darauf an, die unvermeidlichen menschlichen Neigungen zu Gier, Neid, Zorn oder Hochmut so zu lenken und zu organisieren, dass sie nicht nur keinen Schaden anrichten, sondern den Wohlstand und das Glück der Bürger in einem Gemeinwesen vergrößern. Als eine Methode dieser Transformation schlug der Philosoph Francis Bacon vor, »Affekt gegen Affekt« einzusetzen, also die Leidenschaften sich gegenseitig neutralisieren zu lassen oder Feuer mit Feuer zu bekämpfen. So ließe sich beispielsweise die Genusssucht (Völlerei und Wollust) durch den Erwerbstrieb (Habgier) eindämmen, oder die Habgier – etwa eines Amtsträgers – ließe sich durch Stolz und durch Ehrgeiz konterkarieren: Wenn jemand *zu* gierig ist, riskiert er die Chance, sein Amt zu behalten, weiter aufzusteigen und sich Ehre und Ansehen zu erwerben.

Die Idee der sich ausgleichenden oder neutralisierenden Todsünden oder Leidenschaften ist im Gedanken der Gewaltenteilung verankert, dem Kern der modernen Staatsidee: In der Demokratie tritt Ehrgeiz gegen Ehrgeiz an, nach festen Spielregeln und mit einem System der *checks and balances*.

Der neue Zentralbegriff dieser Entwicklung aber ist das *Interesse*: Menschen sind nicht in erster Linie Sünder, sie haben nicht nur Laster und Leidenschaften, sondern vor allem Interessen. Sie suchen als vernunftbegabte Wesen vor allem ihren Vorteil und wollen ihren Nutzen mehren. Aus dieser modernen, man könnte sagen: coolen Mischung aus Egoismus und Rationalität entsteht das materielle Interesse, das letztlich alles überragende Motiv des neuen Individuums. Adam Smith schrieb: »Eine Vermehrung des Reichtums ist das Mittel, durch das die meisten Menschen ihren Zustand zu verbessern trachten und wünschen.« Und dieses Streben, so zeigte sich, macht die Menschen des frühen Kapitalismus zuverlässig, berechenbar, zielstrebig und methodisch – Eigenschaften, die in einem modernen Staat erwünscht und »zielführend« waren. Vor allem der Vorteil der Berechenbarkeit wog den eventuellen Nachteil eines allzu berechnenden Egoismus auf, der durchaus noch als Gewinnsucht erkennbar bleibt. Der neue Begriff Interesse maskierte nur sehr notdürftig die böse alte Habgier. Und die Einführung einer nüchternen Sprache für den Egoismus hieß nicht, dass das Laster nun völlig abgedankt hätte oder dass nicht auch die Leidenschaften uns immer wieder überwältigen und zu »unvernünftigen« Handlungen hinreißen würden. Aber das Interesse ist zum neuen Paradigma der modernen Wirtschaftstheorie und der liberalen Staatsphilosophie geworden, bis heute, bis in den Neoliberalismus unserer Tage.

Die zivilisierende Kraft des kühlen Eigeninteresses, ausgelebt in einer Demokratie, erweist sich als vergleichsweise erträglich, betrachtet man die zerstörerischen Leidenschaften, die in den »heroischen Abenteuern« ideologisch oder religiös verblendeter Akteure entfesselt werden. John Maynard Keynes schrieb: »Dank der Möglichkeit, Geld zu erwerben und privaten Reichtum anzuhäufen, lassen sich die gefährlichen menschlichen Triebe in vergleichsweise harmlose Bahnen lenken ... Es ist sicher besser, ein Mensch übt tyrannisch Herrschaft über sein Bankkonto aus als über seine Mitbürger; und wenn ersteres auch manchmal als bloßes Mittel zu letzterem geschmäht wird, stellt es doch, jedenfalls manchmal, eine Alternative dar.«

Hölle? Machen wir uns selbst!

Es reizt noch ein viertes Motiv, sich mit den Todsünden zu beschäftigen. Gerade, wenn man nicht an eine Gerechtigkeit im Jenseits glaubt, erhält der Satz des Kirchenvaters Augustinus ein besonderes Gewicht: *Peccatum poena peccati* – die Sünde ist die Strafe der Sünde. Augustinus meinte damit, dass eine Sünde oft die andere nach sich zieht, dass man sich immer mehr in ihnen verstrickt und dass ihre Folgen unser Leben nach und nach vergiften: Wir isolieren uns durch die Todsünden nicht nur von Gott, sondern auch von den anderen Menschen und von unserer eigenen Humanität, und so finden unsere Sünden *schon auf Erden* eine Strafe. In einem Teufelskreis provozieren wir, wenn wir uns auf Todsünden eingelassen haben, immer neue negative Konsequenzen, ganz nach dem Schiller-Wort: »Das ist der Fluch der bösen Tat, dass sie fortwährend immer neue muss gebären ...«

Zur Todsünde gehörte von Anfang an auch das Bild der Höllenstrafe, der Abschreckung. Bis in die Neuzeit hat sich das Dantesche Trichter- oder Stockwerksmodell der Hölle gehalten, der Abstieg in immer grausigere Tiefen des Infernos, in die verschiedenen »Kreise der Hölle«. Woody Allen evoziert in seinem Film »Harry außer sich« dieses Bild der Höllenfahrt:

Bing! Fünftes Untergeschoss: U-Bahn-Räuber, aggressive Schnorrer und Literaturkritiker.

Bing! Sechstes Untergeschoss: Rechtsextremisten, Serienmörder, Rechtsanwälte, die im Fernsehen auftreten.

Bing! Siebtes Untergeschoss: Die Medien. Tut uns Leid, aber diese Etage ist völlig überfüllt.

Bing! Achtes Untergeschoss: Kriegsverbrecher, Fernsehprediger, Waffenfanatiker.

Bing! Letztes Untergeschoss – bitte alle aussteigen!

In dem düsteren Thriller *Seven* (mit Brad Pitt und Morgan Freeman in den Hauptrollen) wird das Motiv der infernalischen Strafen für die Todsünden ebenfalls angeschlagen: Ein Serienkiller bestraft mit dantesker Phantasie und höchst »angemessen« in einer Art Spiegelung die von ihm zu Missetätern Auserkorenen. Den Trägen fesselt er ans Bett, bis er bei lebendigem Leibe verfault, den Gefräßigen stopft er bis zum Platzen, der Wollüstige muss sich zu Tode koitieren und wird dann kastriert, dem Geizigen zapft er das Blut bis auf den letzten Tropfen ab, und so weiter. Dass Sünden Strafen nach sich ziehen, haben wir weitgehend verdrängt. Wer sollte uns auch zur Rechenschaft ziehen? Der Satiriker Gerhard Polt echauffiert sich in einem seiner Sketche darüber, dass Kinder heute so gar keine Angst mehr vor dem *Sparifankeles* und dem Höllenfeuer hätten, und in der Rolle des wütenden Spießers beneidet er die islamischen Fundamentalisten um deren ungebrochenes Satansbild.

Die Studentin Ursula Lehmann, Jahrgang 1980, schreibt in einem Beitrag für den *Merkur:* »Ich beneide das Mittelalter keineswegs um die Werkfrömmigkeit, um das Ablassgeschäft, auch nicht um einen *entspannteren Umgang* mit der eigenen Endlichkeit, um die Kunst des Sterbens. Mir geht es um die sichtbare Perspektivlosigkeit und Beliebigkeit in der gegenwärtigen Zeit.

Eine vielfach beklagte Unfähigkeit zu einer längerfristigen Zukunftsgestaltung, das Wegbrechen jeglicher moralischer Normen, sofern diese nicht durch die gerade gültigen Festlegungen in einem Rechtsstaat geschützt werden. Mein Neid auf die Vorstellungen vom Fegefeuer zielt auf die persönliche Verantwortung, die dem Einzelnen für sich und seine Solidargemeinschaft über den Tod hinaus abverlangt wurde. Zweifellos ist es fragwürdig und entmündigend, durch Angstbilder vor jenseitigen Strafen auf die Einhaltung einer gültigen Moral zu drängen ... aber die historische Rückbesinnung macht einen Mangel sichtbar. Uns fehlt für unser Handeln im Jetzt eine überindividuelle Perspektive für die Zukunft. Es stellt sich die Frage, welche Zukunft eine Gesellschaft haben kann, die über kein Jenseits mehr verfügt?«

Nun, auch in der aufgeklärten Moderne, die ohne höllische Perspektive sündigt, gilt überraschend: *Peccatum poena peccati*. Die Hölle machen wir uns selbst. Habgier, Neid, Zorn und die anderen Sünden vergiften auch heute nicht nur unsere Beziehungen zu den Mitmenschen, sie sind nicht nur die Ursachen von Ausbeutung, Betrug, Gewalt, Naturzerstörung und vielen anderen »Krankheiten der Gesellschaft« – sie machen uns als Einzelne seelisch und körperlich krank.

Der Philosoph und Psychologe William James schrieb in seinen *Principles of Psychology:* »Die Hölle, die wir im Jenseits ertragen müssen und von der uns die Theologie erzählt, ist nicht schlimmer als die Hölle, die wir uns selbst in dieser Welt machen, indem wir unseren Charakter aus Gewohnheit in der falschen Weise ausbilden.«

Todsünden sind, in der theologischen Definition, willentliche Verletzungen wichtiger göttlicher und menschlicher Regeln. Sie sind heute, darauf können sich Christen, Nichtchristen und Nichtgläubige verständigen, vor allem ein Verrat an der Menschlichkeit: eine Missachtung anderer Menschen und deren Integrität, ein Bruch von Bindungen und Beziehungen, und letztlich auch ein Akt der Selbstentstellung und -zerstörung. Die Sünde ist in den meisten Fällen mehr *Verrat* als Verbrechen: ein Verrat an unserer Menschlichkeit, an unseren Möglichkeiten, an unserer Intelligenz, an unserer Würde. Die Fratzen und Karikaturen, mit denen die sieben Todsünden in den bildenden Künsten dargestellt wurden, illustrieren zudem die Hässlichkeit, die den Sünder entstellt. Diese Fratzen oder Charaktermasken sind auch heute noch gut zu erkennen, Zorn, Neid, Gier entstellen auch heute die Züge vieler bis zur »Kenntlichkeit«.

Das große Plädoyer auf verminderte Schuldfähigkeit

Sich mit den Todsünden zu beschäftigen bedeutet, sich den Fragen nach persönlicher Verantwortung und Schuld, Maß und Maßlosigkeit, nach dem freien Willen und der Idee des Bösen zu stellen. Es bedeutet, sich mit den Determinanten unseres Verhaltens auseinanderzusetzen – mit Biologie und Spiritualität, mit egoistischen und Gemeinschaftsbedürfnissen. Und mit den kulturellen und politischen Faktoren, die unser Verhalten beeinflussen und werten.

Wir haben uns in den letzten Jahrzehnten angewöhnt, sensibel und wachsam auf unsere physische Umwelt zu achten. Denn wir haben begriffen, wie fragil die natürlichen Balancen und Prozesse sind, von denen unser Überleben abhängt. Entsprechend ist das ökologische Bewusstsein in den letzten Jahrzehnten gestiegen, auch unter dem Eindruck von selbst verursachten Katastrophen und gefährlichen Entwicklungen, wie etwa der zunehmenden Knappheit an Trinkwasser in der Welt oder dem Klimawandel aufgrund des Treibhauseffektes.

Weit weniger sensibel reagieren wir auf dramatische Veränderungen im ethischen Klima, das uns umgibt. Es ist unsichtbar und schwer in objektive Daten zu fassen. Aber wir können es spüren, in seinen Auswirkungen beobachten. Das Bewusstsein für die schleichenden Veränderungen im Ethischen ist nicht weniger wichtig für unser Dasein als die minutiöse Beobachtung der Veränderungen in der Ökosphäre. Reagieren wir allergisch auf Verschmutzungen der ethischen Sphäre? Oder entwickeln wir allmählich Toleranzen gegenüber dem »unethischen Feinstaub« und anderen Schadstoffen?

Eines der bemerkenswertesten Schauspiele, die den ethischen »Klimawandel« illustrieren, war der Auftritt des Skandalschiedsrichters Robert Hoyzer in der Talkshow *Johannes B. Kerner* im Januar 2005: Der noch sehr jugendlich wirkende 25-Jährige sprach über seine Rolle in den Wettbetrügereien, über seine Motive (»Ich war geldgierig«) und über die Scham, die er vorgeblich empfinde (»Ich schäme mich«). Das Erstaunliche und zugleich so Zeittypische an diesem Auftritt war die völlige Schamlosigkeit, mit der das Geständnis vorgetragen wurde. Von echter Reue keine Spur, vielmehr diktierten Eitelkeit und Genuss der Aufmerksamkeit diesen Rechtfertigungsversuch. Wer sich schämt, so sagen Psychologie und Erfahrung, drängt sich nicht ins Rampenlicht, er verbirgt sich, so gut er kann. Aber Hoyzer verkörpert bereits die zweite oder dritte Generation der neuen Schamlosen – vor und neben ihm haben gewichtigere Korrupte aus Politik und Wirtschaft ihre Schamlosigkeit im Fernsehen und anderswo zelebriert, und sie sind, wie es so treffend heißt, in vielen Fällen »damit durchgekommen«. Die Reste moralischer Energie, die den Einzelnen noch verblieben sind, fließen vor allem in die Verteidigung des eigenen Selbstbildes. Hoyzer, beispielsweise, sah sich weniger als Täter, sondern vor allem als Opfer, als Verführter, und daraus leitete er einen Anspruch auf Nachsicht und milde Strafe ab. Beispiele für dieses Abwehren jeder Verantwortung sind in immer kürzeren Abständen der Tagespresse zu entnehmen. Die Uneinsichtigkeit und aggressive Schamlosigkeit eines Manfred Kanter beispielsweise, ehemals hessischer Innenminister, ist gegenüber der des unbedarfteren Hoyzer noch gewichtiger und verderblicher: Wenn die Mächtigen die Regeln nicht nur nicht mehr respektieren, sondern kaum noch einen Hauch von Unrechtsbewusstsein zeigen, sobald sie zur Rechenschaft gezogen werden, wer will da noch glaubhaft allen anderen so etwas wie bürgerliche Moral abfordern, etwa in Form von Steuerehrlichkeit oder als Verzicht auf Schwarzarbeit?

Wenn sich so zentrale affektive Verhaltensregulative wie das Schamgefühl in Ausdruck und Bedeutung verändern, erfordert dies eigentlich aufmerksamere »Messungen« des ethischen Klimawandels. Denn wir sind – trotz allem – ethische Wesen, das heißt, wir sind im Grunde permanent damit beschäftigt, eine verbindliche Ethik zu definieren, wir sind unablässig dabei, über die Maßstäbe unseres Handelns nachzudenken, darüber auch, ob andere unsere Auffassungen teilen, was jeweils gut und böse, richtig oder falsch sei: Dürfen Väter von vermeintlichen Kuckuckskindern heimlich deren DNA-Proben zur Analyse geben? Ist es Privatsache, ob jemand verbotene Drogen nimmt? Ist es spießig, jemandem die Inanspruchnahme von Diensten Zwangsprostituierter vorzuwerfen? Sind Bundestagsabgeordnete geldgierig, wenn sie einen oder mehrere Nebenjobs ausüben? Im Grunde sind fast alle Fragen, die uns tagtäglich umtreiben, ethische Fragen. Ob es uns immer bewusst ist oder nicht – sie lassen uns nicht gleichgültig.

Aber wir sind unsicherer geworden, wenn es um ethische Probleme und Fragen geht. Denn es gibt zu viele Instanzen, die heute mehr oder weniger gleichberechtigt mitreden, wenn es um Ethik geht: Wissenschaftler, Parteiideologen, Bundespräsidenten, Bischöfe, Verbandssprecher, Lobbyisten, Leitartikler und viele mehr versorgen uns mit Argumenten und Standpunkten, aber sie widersprechen sich auch. Mit letzter Autorität spricht niemand mehr, und das ist gut so – und schwierig zugleich.

Ego me absolvo!

Wir haben uns längst an die exkulpierenden Argumentationsfiguren und großen Ausreden gewöhnt, wir haben einige davon selbst in unsere Denk- und Erklärungsschemata übernommen: Etwa die große Ausrede des kulturell bedingten Werterelativismus (»Es gibt in einer modernen Gesellschaft keine für alle verbindliche Ethik. Jeder hat ein Recht darauf, dass seine Werte respektiert werden«), die genetisch-biologische Ausrede (»Ich kann nicht anders, ich habe halt ein Wut-Gen«), die Ausrede der nicht vorhandenen oder beschränkten Willensfreiheit (»Das Gehirn hat seine Programmierungen und tut im Grunde nur, was es will, wir sehen das post facto als unseren Willen an«). Dann ist da noch die gute alte Nietzscheanische Gott-ist-tot-These (»Religion ist eine Erfindung zur Gängelung der Starken, ich brauche keine Moral!«)

und schließlich die soziologischen Theorien der Anomie oder der Entfremdung (»Wir sind alle Opfer der Verhältnisse«) oder der situationistische Ansatz der Sozialpsychologie (»Aus Normalbürgern werden unter bestimmten Bedingungen in kürzester Zeit Folterknechte«).

Der Biologe Hubert Markl versucht, eine bildhafte Darstellung unseres Dilemmas zu geben: »Menschenverhalten (und Menschengeist) bewegen sich in genetisch vorbereiteten Strukturen wie Boote auf einem weiten Meer der Möglichkeiten, freilich vom Ufer begrenzt, von genetischen Klippen umgeben, von emotionalen Untiefen geleitet und begleitet oder gefährdet, von den Stürmen der Leidenschaften angetrieben, aber auch immer bedroht. Genetische Evolution machte Menschen gleichsam zu freigelassenen Sklaven der Schöpfung, emanzipiert im Wortsinne, aber deshalb noch lange nicht zu Engeln; sie bleiben immer überaus erd- und erbverhaftete biologische Wesen.«

Die alten Sünden sind die neuen – auch wenn sie anders heißen. Die Epidemie des Selbstkontrollversagens wird zum Thema der Sozialwissenschaften: Nahezu alle problematischen – antisozialen und unmoralischen – Verhaltensweisen lassen sich als Versagen oder Unterentwicklung der Selbstkontrollfähigkeit erklären. Todsünden lassen sich als Schwäche und als Schwächung zugleich beschreiben: Wir werden schwach angesichts vielfältiger Versuchungen, und unsere Widerstandskräfte, unsere »moralischen Muskeln« werden systematisch geschwächt. In den Augenblicken einer bewussten Entscheidung unterliegen wir, weil wir gelernt haben, uns selbst schon im Voraus zu verzeihen, Schuldgefühle, sofern noch vorhanden, zu beschwichtigen.

Die alten Todsünden sind heute keine Sünden mehr, die uns in göttliche oder menschliche Ungnade stürzen: Sie gelten – wo sie nicht augenzwinkernd toleriert oder völlig akzeptiert sind – höchstens noch als abweichendes Verhalten, als pathologische oder moralische Verirrungen, als Charakterdefekte. Sie werden erklärt und dadurch oft schon entschuldigt. »Sündiges« Verhalten ist die Folge frühkindlicher Störungen oder es ist durch gesellschaftliche Deprivation entstanden. Die Familiengeschichte, das

Triebschicksal, zahlreiche Traumatisierungen: Statt von Sünde sprechen wir Aufgeklärten von Entfremdung, von pathologischen Entwicklungsstrukturen und von Sozialkonflikten. Aggressivität und Perversion besitzen als Psychosen und Neurosen Krankheitswert. Der Theologe und Psychotherapeut Eugen Drewermann erinnert uns daran, dass das heutige Christentum vor allem eine *Erlösungsreligion* ist, im Grunde eine quasi-therapeutische Veranstaltung, zumindest sollte sie es sein. Sie steht damit in deutlichem Gegensatz zu den anderen monotheistischen Religionen Islam und Judentum, die vor allem *Gesetzesreligionen* sind. Die entscheidende Frage sollte für Christen nicht die Ächtung oder Bestrafung des Sünders sein, sondern die Frage: Was steckt hinter der Sünde? Was hat einen Menschen dazu gebracht, gegen Gottes und menschliche Gebote zu verstoßen? Und wie kann ich dem Sünder helfen, dieses selbstzerstörerische Muster zu überwinden?

Auch für Sünden gilt: Das mittlere Maß finden

Die Psychologisierung und Therapeutisierung menschlichen Verhaltens ist in der Moderne weit fortgeschritten. Was einmal als Todsünde oder Laster galt, wurde nach und nach entmystifiziert und verwissenschaftlicht. Damit wurden aber auch Erwartungen geweckt, dass das »abweichende Verhalten«, wenn es erst einmal auf seine Ursachen hin untersucht und in seiner Bedingtheit erklärt ist, auch geheilt oder korrigiert werden kann.

Und so besuchen Jähzornige und chronisch Feindselige einen *Anger-Management*-Kurs, um ihren Zorn in den Griff zu bekommen. Die Völlerei, die jetzt Essstörung oder Fettleibigkeit heißt, wird in Diätkliniken behandelt; auch für Sexsüchtige gibt es spezielle Therapien und für die Trägen Motivationsseminare. Und die Habgierigen, so sie ihren Trieb irgendwann als bedenklich ansehen oder schlicht erschöpft davon sind, betreiben irgendwann Sinnsuche oder gehen stiften.

Der uralte Gedanke der *Bipolarität* vieler Verhaltensweisen taucht in der heutigen Psychologie wieder auf: Erst die Überdosis macht den ungesunden Exzess aus, das abweichende, selbstzerstörerische oder asoziale Verhalten – oder: die Sünde. So kann die erwünschte positive Eigenschaft Selbstbewusstsein unterentwickelt bleiben, was als Defizit empfunden wird: Unsicherheit, Schüchternheit – aber sie kann an diesem Pol auch umschlagen in Duckmäusertum und letztlich Ressentiment und Neid. Zu viel Selbstbewusstsein ist ebenfalls unerwünscht: Eitelkeit, Arroganz, Überheblichkeit, unangemessener Stolz. In der Mitte liegt bei allen Affekten das richtige Maß – oder, wie Aristoteles in der *Nikomachischen Ethik* ausführte, die *Metriopatheia*: Tugend (als Ausdruck von Humanität und Vernunft) findet sich nur in der Mitte zwischen den Extremen.

Moral bleibt eine Frage der Balance zwischen den Extremen der menschlichen Potenziale, sie ist das Produkt gelungener Selbststeuerung. Diese Selbststeuerung wird beeinflusst durch Kräfte im kulturellen und wirtschaftlichen Feld, in dem wir leben – Marktkräfte, Technologien, heimliche Lehrpläne.

Obwohl es in modernen Gesellschaften kaum noch wirksame religiöse Dogmen und verbindliche moralische Autoritäten gibt, ist die Folge nicht automatisch, wie irrtümlich und moralisierend oft behauptet wird, ein völliges moralisches Vakuum oder ein ethisches Niemandsland. Richtig ist: Moral ist nicht mehr universell, sie ist kein Fixstern mehr, sondern etwas, was immer wieder neu gefunden werden muss. Moral im 21. Jahrhundert ist eine veränderliche Größe, eine Konvention, ein Konstrukt – sie ist eine pragmatische Verhandlungsmoral.

Gerade deshalb stellt sich die Frage nach der Verantwortung des Einzelnen für seine Handlungen in unverminderter, neuer Schärfe: Das Konzept der Todsünden beinhaltet, unsere Fähigkeit zum Bösen anzuerkennen und Verantwortung zu übernehmen. Wir sind auch heute nicht automatisch »entschuldigt«, nur weil wir eine wissenschaftliche Erklärung für unser Verhalten haben, wir sind nicht schuldlos, wenn wir unseren Zorn ungezügelt ausleben, unserem Neid oder unserer Trägheit nachgeben, unseren Hochmut pflegen: Wir sündigen nicht, weil uns irgendwelche gesellschaftlichen Verhältnisse dazu zwingen oder weil wir in einer dysfunktionalen Familie aufgewachsen sind oder weil unser Temperament uns eben so handeln lässt – wir überschreiten Grenzen, die wir sehr wohl erkennen können. Wer die Schuld für seine schlechten Taten nicht anerkennen will, kann auch die guten nicht für sich reklamieren. Die Todsünden legen unseren Charakter als Ganzes bloß – man kann sie nicht abspalten, rationalisieren oder trivialisieren. Die Fähigkeit zum Bösen ist ohne Zweifel auch heute in uns – und wir haben die Wahl, ob wir eine Grenze überschreiten oder nicht. »Moral besteht wie Kunst darin, irgendwo eine Linie zu ziehen«, schrieb Gilbert Keith Chesterton.

Hochmut

Superbia

Die Höllenstrafe: Rädern – alle Knochen im Leibe werden gebrochen, und der Hochmütige wird aufs Rad geflochten.

Lieber Gott, gib endlich zu,
dass ich größer bin als du!
Und preise künftig meinen Namen,
denn sonst setzt es etwas! Amen!

Robert Gernhardt

»Kein anderer deutscher Politiker hat in seinem Amt so glaubhaft abgehoben und ist damit so populär geworden wie Joschka Fischer. Dies hat entscheidend mit seiner Persönlichkeit zu tun. Fischer zählt, wie Otto Schily, Joseph Ackermann oder der selige Franz Josef Strauß zu jenen wenigen Menschen, bei denen jeder Karriereschritt die ureigene Überzeugung, etwas ganz Besonderes zu sein, bis zum Grad eines Selbstwert-Panzers gesteigert hat. Menschen dieses Typs sind als Verantwortungsträger oft sehr erfolgreich, als Vorgesetzte schwer zu ertragen und als Mitmenschen nur für jene Wenigen angenehm, denen sie intellektuell, beruflich oder erotisch Interesse entgegenbringen. Für diese Alpha-Typen hegt man entweder Respekt bis hin zur Bewunderung oder Verachtung bis hin zum Hass.«

Kurt Kister

Hochmut ist die erste und schlimmste der christlichen Todsünden. Er ist Satans Sünde, die Sünde der Vermessenheit und der Auflehnung gegen Gott. Hochmut ist auch das Vergehen des ersten Menschenpaares: die Anmaßung, das göttliche Verbot zu missachten und sich selbst zu überschätzen; Adam und Eva wollten sein wie Gott. Der Preis der rebellischen Selbstüberhöhung ist die Vertreibung aus dem Paradies, und auf dem Schild des Erzengels Michael steht, allen Überheblichen zur Mahnung: Wer ist wie Gott? Hochmut ist die mit Blindheit geschlagene Überheblichkeit und der Übermut, mit dem sich der Hochmütige an sich selbst berauscht. *Ante ruinam exaltur*, schrieb der Heilige Augustinus – vor der Vernichtung werden wir emporgehoben: Hochmut kommt vor dem Fall.

In der christlichen Theologie ist Hochmut die Wurzel allen Übels, der Verstärker aller anderen Todsünden. Aus Hochmut entsteht oft *Neid*, nämlich die Überzeugung: Ich verdiene etwas Besseres! Hochmut entfacht den *Zorn*, denn der Hochmütige ist unduldsam, wenn seine Maßstäbe oder Ansprüche nicht respektiert werden; Hochmut spricht aus den Besitztümern und Statussymbolen, die die *Habgier* zusammengerafft hat. Der Hochmütige verfällt in *Trägheit*, weil er irgendwann glaubt, sich nicht mehr anstrengen zu müssen. Selbst mit halber Kraft, so meint er, ist er immer noch besser als die anderen. Der Hochmut stellt sich im demonstrativen Konsum und in der übermäßigen Selbstverwöhnung aus, die das Merkmal der *Völlerei* sind, und er erhebt auch in der Befriedigung seiner sexuellen *Lust* vermessene Ansprüche.

Allen Todsünden ist gemeinsam, dass sie pervertierte Formen der

Liebe sind – die falschen Objekte werden übermäßig und zu Lasten anderer Menschen und Werte begehrt. In moderner Terminologie sind die sündhaften Verhaltensweisen fast immer die Auswüchse wachsender *Entfremdung* oder einer *Fetischisierung*. In Neid oder Gier, in Zorn oder Trägheit kommen Egozentrik und wachsende Selbstisolation zum Ausdruck. Das gilt in besonderem Maße für die *kalte* Sünde des Hochmuts: Sie verkörpert die Leere eines Lebens, das sich von allem anderen distanziert hat und nur für sich selbst gelebt wird. Als Gott nach dem Sündenfall rief: »Wo bist du, Adam?«, wusste er sehr wohl, hinter welchem Busch Adam sich aus Scham und Angst versteckte. Die Frage war rhetorischer Art, sie sollte Adam zeigen, in welches Abseits er sich nun manövriert hatte: in sich selbst, verkrochen in seiner inneren Leere, fern von Gott.

Wie viel Stolz verträgt der Mensch?

Die Selbstisolation durch Hochmut findet sowohl in der archetypischen als auch in der christlichen Bildsprache ihren immer wiederkehrenden Ausdruck: Das Symbol der Selbsterhöhung und des Rückzugs in sich selbst ist der *Turm*. Er ist das Sinnbild für das Heruntersehen auf andere. Wer turmhoch über seinen Mitmenschen steht, ist so entrückt und mit sich selbst beschäftigt, dass er nicht mehr kommunizieren und Rechenschaft ablegen muss (erst recht nicht, wenn der Turm aus Elfenbein ist). Solche emblematischen Türme der Hoffart und der Verblendung finden sich reichlich in Bibel und Kunstgeschichte – und in unserer Zeit: der Turm zu Babylon, die Geschlechtertürme, mit der sich die adligen Familien in den italienischen Städten der Renaissance zu übertreffen versuchten, und die Turmbauten der Neuzeit, die *Wolkenkratzer* vom Typ *Trump Tower*. Als sie die *Twin Towers* des *World Trade Centers* zum Einsturz brachten, wollten die islamistischen Terroristen in erster Linie den Stolz des Westens auf seine kulturelle und wirtschaftliche Dominanz brechen.

Andere Symbole des Hochmuts, nicht nur in der christlichen Ikonografie, sind das hohe Ross, auf dem der Stolze sitzt, die

Figuren des Königs oder der Königin, Löwe und Adler, und, eher die Eitelkeit darstellend, mit der sich der seiner selbst bewusste Stolze spreizt, der Pfau und die Frau, die sich im Spiegel betrachtet.

Papst Gregor der Große, der das Urheberrecht auf den Katalog der sieben Todsünden besitzt, unterschied vier Arten des Hochmuts: Erstens, sich selbst (und nicht Gott) als Urheber von Talenten und Erfolgen anzusehen; zweitens: zu glauben, dass man die Belohnungen und Früchte dieser Begabungen verdient hätte; drittens besteht Hochmut darin, mit seinen Fähigkeiten und Errungenschaften zu prahlen; und viertens: auf die anderen, weniger begabten oder erfolgreichen Menschen herabzusehen. Hochmut ist in vierfacher Weise der Verlust der angemessenen Perspektive, was die eigene Person und ihre Stellung betrifft.

In der griechischen Mythologie folgte auf *Hybris* die *Nemesis*, die grausame Rache der Götter für menschliche Anmaßungen. Ikarus bezahlte seine Selbstüberschätzung mit dem Tode, er flog zu hoch, ebenso wie Phaeton, der Lenker des Sonnenwagens (warum die VW-Strategen ein Luxusauto nach diesem spektakulär Abgestürzten benannten, bleibt ihr Geheimnis). Wer trotz seiner Hybris weiter leben darf, wird dennoch schwer bestraft, von Gott oder von den Göttern, die keine Sterblichen neben sich dulden: Prometheus, der den Menschen das Feuer brachte, das er den Göttern entwendet hatte, litt Höllenqualen, fest geschmiedet am kaukasischen Felsen. Und in der römischen Antike musste sich ein siegreicher römischer Feldherr von einem Sklaven zuflüstern lassen: »Bedenke, dass du sterblich bist!«, wenn ihm vom Senat ein Triumphzug gewährt wurde und er unter dem Jubel der Massen zum Forum fuhr.

In der Danteschen Hölle müssen die Hochmütigen einen schweren Felsbrocken tragen, der sie so niederdrückt, dass sie nur auf den Boden vor ihnen starren können: Wer immer auf andere herab- oder über sie hinweggesehen hat, kann nun nicht mehr aufsehen und Gott schauen. *Peccatum poena peccati:* Die Sünde wird zur eigenen Strafe. Der Hochmütige, der sich selbst genug war, ist für immer Gefangener seiner selbst – kein Blickkontakt, keine Kommunikation ist mehr möglich. John Milton zeigt uns in seiner Dichtung vom *Verlorenen Paradies* das Innenleben des Hochmütigen, indem er seinen Satan auch noch nach seinem Sturz stolz sein lässt: Er wolle »lieber in der Hölle herrschen als im Himmel dienen«. Der Archetyp des Hochmuts ist zugleich auch neidisch, störrisch, rachsüchtig, uneinsichtig und bereit zu jedem Verrat.

Hochmut hat viele Synonyme: Überheblichkeit, Arroganz, die Hoffart der Hochfahrenden, Prahlerei, Großmannssucht, Hybris, Einbildung, Eitelkeit, Hochnäsigkeit, Narzissmus, Aufgeblasenheit und vor allem: Stolz. *Stolz?* Warum sollten wir *nicht* stolz sein? Stolz ist ein zwiespältiger Begriff, in ihm stoßen das lebenswichtige Gefühl für den eigenen Wert und die Anmaßung aufeinander. Wenn wir von jemandem sagen, er habe *keinen* Stolz, so ist dies ein hartes Urteil, denn wir sprechen dem Betreffenden damit ein Gefühl für Würde und Selbstachtung ab, er hat keine inneren Standards. Stolz und zufrieden mit uns können wir nämlich immer sein, wenn es gute Gründe dafür gibt: stolz auf Leistungen und Haltungen, auf Tapferkeit und Selbstüberwindung und so weiter. Stolz, so stellt David Hume in seinem *Treatise of Human Nature* (1739) fest, verschaffe »einen angenehmen Eindruck im Gemüt«, er sei mit den besonderen Lustgefühlen verbunden, etwas zu haben, was auch andere gerne hätten. Zumindest glaubt man das und zieht den Genuss vornehmlich aus der Fantasie, dass andere einen bewundern und beneiden. So ist der Stolz im Prinzip selbstreferenziell – man ist stolz auf *sich*. Die Sache wird aber kompliziert, weil man auch mit dem Stolz der anderen rechnen muss: »Es ist trivial, aber wahr, dass unser eigener Stolz es ist, der uns den Stolz der anderen unerträglich macht.« Welche Dynamik dadurch in einer Gesellschaft von Stolzen entsteht, lässt sich erahnen, wenn man geschichtliche Phasen betrachtet, in denen Gruppen mit sehr unterschiedlichen Stolz-Modellen aufeinander prallen – wenn etwa der bürgerliche Stolz auf Leistung und Besitz auf den alten Adelsstolz auf die Herkunft trifft.

We are the champions!

Wie bei allen menschlichen Eigenschaften, die sich auf einem Kontinuum zwischen Laster und Tugend erstrecken, ist auch beim Stolz die Einhaltung des mittleren, vernünftigen Maßes, der aristotelischen *Metriopatheia* ausschlaggebend: Stolzes Selbstbewusstsein wird zur Sünde (oder, nicht-theologisch, zur unangenehmen Eigenschaft oder schließlich zum Charakterdefekt), wenn es unangebracht und übertrieben ist – und zwar in die eine wie in die andere Richtung. Es gibt neben dem Zuviel auch ein Zuwenig an Stolz: So sieht Aristoteles nicht nur in der Überheblichkeit eine Untugend, sondern auch in falscher Bescheidenheit, in unterwürfiger Feigheit und im Kleinmut. Unangemessener Stolz münzt eigene Leistungen oder Qualitäten in ein Überlegenheitsgefühl um, das andere nicht mehr gelten lässt oder sie herabsetzt. Dieser Stolz wurzelt im lateinischen *stultus* (töricht), und ein deutsches Sprichwort greift dies auf: Dummheit und Stolz wachsen auf einem Holz.

Übertriebener Stolz, Hochmut, ist leicht zu erkennen – für die Zeugen der Überheblichkeit. Aber Hochmut ist ein tückisches Laster, wenn es uns selbst befällt, wir sind uns der Sünde nur selten bewusst, wenn wir ihr erliegen. Zu sehr haben wir heute die Maxime verinnerlicht »Nur keine falsche Bescheidenheit!«, und wir lernen schon früh, unser Licht nicht unter den Scheffel zu stellen. Denn mit dem Stolz verbindet sich schließlich all das, was in der Leistungsgesellschaft als erwünschtes Verhalten gilt: Erfolg, Macht, Status, Geld, gutes Aussehen, Intelligenz, Bildung. Darauf stolz sein können und dürfen ist der *emotionale Lohn* im immerwährenden, anstrengenden Wettbewerb, in dem es darum geht, andere zu übertreffen und auszustechen, der Erste und der Beste zu sein. Wir sind seltsam ambivalent, wenn es um die stark hochmutgefährdeten Bereiche Erfolg, Leistung und Wissbegier geht: Als Gesellschaft ermutigen wir Spitzenleistungen – wirtschaftliche, wissenschaftliche, kulturelle und sportliche. Wir ermutigen Kinder und Jugendliche zum Streben nach höchsten Zielen und impfen ihnen »gesundes Selbstbewusstsein« ein, wir fördern Hochbegabte, prämieren Spitzenforscher, subventionieren Künstler – und wir sind stolz auf ihre Leistungen. Aber wir verlangen auch gelegentliche Demut und strafen die, die sich zu sehr erheben. Das wissen Menschen, die sich aufgrund ihrer Tradition oder ihres weltanschaulichen Hintergrundes ein Bewusstsein für diese Ambivalenz bewahrt haben. Die ersten Worte des neuen Papstes Benedikt XVI nach seiner Wahl waren denn auch von demonstrativer Bescheidenheit geprägt: Er spüre ein »Gefühl der Unzulänglichkeit«, bekannte er den Kardinälen, und in seiner ersten Ansprache auf dem Balkon des Petersdomes sagte er: »Ich bin nur ein einfacher, *demütiger* Arbeiter im Weinberg des Herrn ...« Dass er sich selbst als »demütig« bezeichnet, zeigt, dass es sich um eine *rituelle* Demut handelt, die auch jeder neu gewählte Papst vor ihm zum Ausdruck brachte.

Die Sünde der Könner

Die Anflüge von Hochmut, die uns alle immer wieder überkommen, sind an den Gesten zu identifizieren, mit denen wir dem guten Gefühl Ausdruck geben. Stille Genugtuung des Siegers oder das subtile Spiel mit dem Understatement ist unsere Sache nicht. Und kaum jemand ist noch so richtig verlegen, wenn er auf ein Podest gestellt wird. Die meisten haben die Gesten der Sieger gelernt, und die wurden in den letzten Jahrzehnten immer maßloser. Immer unproportionaler, also vermessener, geraten die Sprüche, die im Kampf und erst recht im Triumph geäußert werden. Einer, der seinen Stolz scheinbar maßlos inszenierte, war der Boxweltmeister im Schwergewicht, Muhammad Ali: I am the Greatest! Dass dieser Spruch ein ironisches Spiel mit der Übertreibung (und dennoch auch gerechtfertigt) war, dass er auch als Überkompensation eines schwarzen Boxers gegen die Ausgrenzung durch rassistische Funktionäre gehört werden musste, wurde von den vielen Nachahmern ausgeblendet. Das Großsprechen vor und nach dem Sieg, inklusive der Verhöhnung des Gegners, machte Schule. Die Rhetorik der Arroganz und der Einschüchterung soll inzwischen auf jedem Schulhof den Kontrahenten systematisch und nachhaltig ängstigen, das Dissen und Schmähen ist Standardverhalten.

Die Selbstüberhöhung wird heute auch von weniger Begabten praktiziert und ist überall zu besichtigen, in der Politik, im Sport, in der Kultur. Die Hand zum Victory-Zeichen zu recken gehört inzwischen zum Gestenrepertoire all jener, die auf irgendetwas an ihrer Person oder ihrer Gruppe stolz sind – von Arafat bis Ackermann. Jeder Kreisklassenfußballer feiert sein Tor mit der Geste aggressiven Siegeswillens, der so genannten Becker-Faust, und auch minimalste Erfolge werden mit exaltiertem Jubel zelebriert. Diese Selbstanfeuerung erzeugt eine Feedbackschleife der Selbstbestätigung und Selbstvergewisserung: Indem ich die Emotionen und Gesten des Stolzes simuliere, stellt sich das echte Gefühl allmählich ein: Ich bin ja wirklich gut, ich bin der Größte!

Hochmut und Überheblichkeit sind doppelt tückische Sünden. Sie sind nicht nur »selbstverständlich« geworden in einer vertikal mobilen, auf Status und Vergleichen gegründeten Gesellschaft. Tückisch sind sie auch, weil sie uns nicht wie die anderen Sünden in unseren Schwächen und Unbeherrschtheiten bloßstellen. Nein, der Stolz schleicht sich gerade dann in unsere Köpfe und Herzen, wenn wir *wirklich* gut sind, wenn wir unsere *starken* Seiten ausleben. Deshalb sind die Begabten, die Fleißigen, die Tüchtigen, die Intelligenten, ja sogar die besonders Tugendsamen in besonderem Maße hochmut-gefährdet. Leicht kippt ihr anfangs berechtigter Stolz in Selbstüberschätzung, in Herablassung oder feindselige Ungeduld gegenüber all jenen, die langsamer, träger und »dümmer« sind.

Hochmut ist die Todsünde der Könner. Er ist die Intellektuellen-Sünde schlechthin, ganz gleichgültig, welchem ideologischen Lager oder welcher wissenschaftlichen Disziplin der Arrogante angehört. Hochmütig agieren die Streber, die immer und überall ihre Brillanz vorführen müssen. Die Argumente des Hochmütigen sind »schlagend«, er betont die Unterschiede zu den »unterlegenen« Positionen, und weil er überzeugt ist, alles besser zu wissen, erachtet er den weiteren Austausch bald für müßig. Nur mit Spott oder Ungeduld kann er die Ausführungen der Minderbemittelten ertragen. Der geistige Hochmut tritt uns in vielen Gestalten entgegen:

Der *reaktionäre* Hochmut lehnt nahezu alles Neue und Gegenwärtige als minderwertig oder parvenühaft ab. Sein Credo ist: Früher war alles besser! Die alten Werte müssen wieder in ihr Recht gesetzt werden. Und am besten auch gleich die alten Eliten, die diese Werte hochhalten und bewahren können.

Der *linke* Hochmut erwächst nicht aus Tradition und Standesdünkel, sondern häufig aus der Überzeugung, den korrekten Standpunkt gefunden zu haben: etwa die historischen Gesetze oder den Klassenstandpunkt. Das berechtigt zu permanenter und grundsätzlicher Ablehnung aller, die diesen Standpunkt nicht teilen. Diese Selbstgewissheit mündet nicht selten im Tugendterror.

Der *akademische* Hochmut brüstet sich, die einzig klare, der Komplexität der Welt gerecht werdende Sicht der Dinge zu haben. Als Wirtschaftsweiser oder Gehirnforscher oder Ethikausschussmitglied tut man die leider unvermeidlichen Gegengutachten der etwas minderbemittelteren Kollegen mit hochgezogenen Augenbrauen und verächtlichem Schnauben ab. Und zur Befestigung der eigenen Elfenbeintürme etabliert man Lob- und Zitierkartelle auf Gegenseitigkeit. Der intellektuelle Hochmut zeigt sich in den Wissenschaften darin, dass viele Akteure die eigenen Erkenntnisse und Leistungen nicht mehr einordnen und relativieren können: Das voreilige Hinausposaunen von »Durchbrüchen« aller Art, die ans Feindselige grenzende Geringschätzung der Konkurrenten, die Abgehobenheit, mit der die Lösung von Detailproblemen in den Rang menschheitsbeglückender Einsichten erhoben werden. Die Versprechungen und geweckten Hoffnungen beim Genom-Projekt, in der Hirnforschung, in der Krebstherapie sind schon fast gewohnheitsmäßig überdimensioniert. Wissenschaftler gerieren sich gerne als die neuen Sinnstifter, als säkulare Priester.

Die Überschätzung der High-Tech-Forschung geht meist einher mit der Abwertung der Geisteswissenschaften, ungeachtet der Tatsache, dass die Menschheitsprobleme wie Krieg, Hunger, Armut, Gewalt, Sucht nach wie vor nicht gelöst sind, und selbst der gemeine Schnupfen hat allen wissenschaftlichen Angriffen bisher erfolgreich widerstanden. Es ist der blinde Hochmut einer Wissenschaft, die ihre Triumphe damit bezahlt, dass sie immer neue Rätsel aufwirft und Probleme schafft (und die wiederum ein eigenes Fach damit beschäftigt, unvorhersehbare Nebenwirkungen aufzufangen: die so genannte Technikfolgenabschätzung).

Hochmut bis zum Terror

Hochmütige sind, nicht zuletzt aufgrund ihrer Intelligenz, Meister der Rationalisierung, also der spitzfindigen Rechtfertigung ihres aggressiven und impulsiven Verhaltens. Die vermeintliche eigene Überlegenheit und die unterstellte Minderwertigkeit der anderen sind das Fundament terroristischer Taten. Die Autobiografie des bizarren Massenmörders Charles Manson *Helter Skelter* zeigt, dass er und seine Bande letztlich von *Hochmut* angetrieben wurden. Sie schlachteten die Schauspielerin Sharon Tate und ihre Partygäste nicht aus *Habgier* ab; nicht ein Cent wurde in der Millionärsvilla gestohlen. *Zorn* war auch nicht im Spiel: Die Morde waren keine Affekttaten, sondern wurden äußerst kaltblütig, geradezu rituell vollzogen. Auch wurde niemand vergewaltigt, nichts von den Speisen und Getränken wurde angerührt. *Neid* auf das sorglose Leben des Jetset war auch nicht im Spiel – die Bande lebte in bewusst asketisch stilisierten Verhältnissen. Nein: Hochmut war das Motiv, ein wahnhaftes, quasi-religiöses Überlegenheitsgefühl, gepaart mit Verachtung der zu dekadent Erklärten.

Dieses Begründungsmuster ist auch bei anderen Terroristen zu finden, zuletzt besonders deutlich bei den angeblich politisch motivierten Killern des Al Quaida-Netzwerkes um Osama bin Laden: Religiöser Hochmut, die vermeintlich eigene moralische Überlegenheit und die Dekadenz der Ungläubigen rechtfertigen den Massenmord. Auch andere Terroristen oder Aktionisten gebärden sich – aus nihilistischem, aus religiösem, aus »linkem« oder »rechtem« Hochmut – als Sachwalter der Gesellschaft, als Rächer eines verratenen Prinzips, als Retter der unterdrückten und entrechteten Massen.

Das mutet im Falle von religiösen Fanatikern umso absurder an – denn die Tugend, die nahezu jede Theologie dem Hochmut entgegenstellt, ist der Glaube. Er allein macht demütig: Weil es ein größeres, höheres, klügeres Wesen gibt, vor dem unser Stolz und unsere Machenschaften lächerlich wirken.

Kollektiver Hochmut ist nicht nur in der Sphäre des religiösen Fanatismus virulent, er tritt auch heute noch als ständischer, vor allem auch als *ethnischer* und *nationaler* Hochmut auf. Kollektiver Hochmut besteht im Wesentlichen darin, die eigene Gruppe zu überhöhen und gleichzeitig auf andere herabzusehen, sie zu entwürdigen oder für minderwertig zu erklären. Das ist besonders dann zu befürchten, wenn eine Selbstaufwertung nur noch möglich ist durch Abwertung anderer Gruppen. In Deutschland waren historisch die Standesunterschiede und damit der Standesdünkel in der Kleinstaaterei der Duodezfürstentümer und ihrer hundert Höfe, später in der kleinbürgerlichen Gesellschaft auf besondere Weise ausgeprägt. Georg Christoph Lichtenberg hat dieses »Mistbeet des Hochmuts« gemeint, als er Deutschland als das Land charakterisiert, in dem die Kinder früher lernen, die Nase zu rümpfen als sie zu putzen. Der Soziologe Norbert Elias hat darauf hingewiesen, dass die neuen aufstrebenden Mittelklassen des Bürgertums den Standesstolz des Adels in den Hintergrund drängten und als Nachfolger der aristokratischen Eliten begannen, »ihren Stolz und ihren Anspruch auf einen besonderen Wert immer mehr von ihrer nationalen Abstammung oder scheinbar unveränderlichen nationalen Leistungen, Eigentümlichkeiten und Werten herzuleiten«. Damit war der Nationalstolz in der Welt. Er bot eine neue Identifikationsmöglichkeit mit einem »größeren Ganzen«, dessen Ruhm oder Stärke auf den Einzelnen abstrahlen konnte, wenn er sich nur zu den Symbolen der Nation bekannte, und er eignete sich somit auch, um in nationalem Dünkel individuelle Schwächen zu kompensieren, vom Wilhelminischen »Wir Deutsche fürchten nichts auf der Welt außer Gott« bis hin zum Neonazi, der stolz ist, »ein Deutscher zu sein!«.

Dieser archaische Mechanismus ist besonders ausgeprägt bei Menschen, die in einer gesellschaftlichen Hierarchie selbst weit unten stehen, am Rande des Nichts. Niemand ist in den USA oder in Südafrika beispielsweise so sehr auf Rassentrennung bedacht wie der so genannte *poor white trash*, und in unserer Gesellschaft ist niemand so ausländerfeindlich wie die »bildungsfernen« Modernisierungsverlierer (darüber täuschen auch die paar Anzugträger und Akademiker in der NPD nicht hinweg). Der Nationalstolz der Neonazis und die Identifikation mit der »Größe« der Nation ist eine Krücke für das äußerst labile und gefährdete Selbstbewusstsein des Einzelnen.

Vermutlich ist die heute so häufig benutzte Phrase, man wolle »auf Augenhöhe« mit jemandem verhandeln oder ihm gegenübertreten, ein sprachlicher Reflex auf die permanenten Statuskämpfe und Abgrenzungsversuche in komplexen Gesellschaften. Sie erinnern an die beiden Alpha-Männchen in Chaplins Film *Der große Diktator*, die sich im Friseurstuhl immer weiter nach oben schrauben, um den anderen unter sich zu lassen. Das Abheben, die Selbstüberschätzung, die Ergriffenheit von sich selbst sind die Merkmale eines überbordenden Stolzes, der nicht mehr austariert wird durch eine realistische, angemessene, geerdete Sicht der eigenen Person. Hochmut geht einher mit dem Verlust der Perspektive, der Überschätzung der eigenen Rolle *sub specie aeternitatis*, dem Ausblenden der eigenen Schwächen und Fehler.

Ansehen: Der Kampf ums Gesehenwerden

Wem Demut zu religiös und zu unterwürfig klingt, dem mag ihre säkulare Alltagsvariante, die Bescheidenheit, als angemessene Haltung zur Korrektur aufkeimenden Hochmuts erscheinen. Bescheidenheit ist jedoch heute weniger denn je eine Zier. Im Gegenteil: Die neue *Ökonomie der Aufmerksamkeit* verbietet jedem, der an dieser Ökonomie teilnehmen und in dieser Währung reich werden will, bescheiden zu sein. Im Mittelpunkt zu stehen, so sieht es der Philosoph Georg Franck, ist doch gar zu schön. Franck beschreibt diesen Kampf um Aufmerksamkeit als »mentalen Kapitalismus«. Es ist ein Kampf ums Ansehen (in beiderlei Wortsinn), und er wird nicht weniger verbissen geführt als die Kämpfe um materielle Ressourcen: »Vom Einkommen an Aufmerksamkeit hängt ab, welches Selbstwertgefühl man sich leisten kann. Die Abhängigkeit des Selbstwerts von der empfangenen Wertschätzung gilt für Individuen wie für Kulturen. In ihrem Selbstwert bedroht, können sich beide zur Notwehr gedrängt sehen. Sie können sich gezwungen fühlen, sich und anderen einzureden, dass diejenigen, die ihnen Beachtung verweigern, der Beachtung selber nicht wert sind. Dieses notgedrungene Schlechtmachen derer, deren Missachtung man nicht aushält, war schon immer eine Quelle zwischenmenschlicher Aggressivität.«

Der Hunger nach Anerkennung macht offenbar so aggressiv wie ein leerer Magen. Und das Herabwürdigen derer, die einem das Ansehen verwehren, das man für sein Selbstwertgefühl braucht, steckt hinter dem Selbstopfer der Terroristen, die sich auf die Symbole der westlichen Exportkultur stürzen. Es steckt auch hinter den Ressentiments, die die neuen rechtspopulistischen Bewegungen ausbeuten, es steckt hinter der demonstrativen Gewalt und den Nazisymbolen, mit denen sich das Lumpenproletariat der Beachtungsökonomie die Aufmerksamkeit holt, an die es anders nie käme.

Der mentale Kapitalismus ist grausam, ja sogar noch grausamer als der ökonomische. Denn anders als der Kapitalismus des Materiellen, der den Menschen ihre Lebenschancen zuteilt, greift der mentale Kapitalismus ins Innere der menschlichen Seele und errichtet eine Kultur des Narzissmus: »Da gibt es die Gefeierten und groß Herausgebrachten, die in Aufmerksamkeit baden, und da sind die Darbenden, die Verzweiflungstaten begehen, um wenigstens einmal aufzufallen ...« Das sichtbarste Merkmal dieser neuen Ökonomie ist die Werbung. Durch sie erst wird der Erregungszustand in der Gesellschaft erzeugt, in der das Streben nach sozialer Geltung das Streben nach materiellem Wohlstand überrundet hat. Ohne Beachtung, ohne Ansehen entsteht keine Geltung. Werbung ist das Instrument, mit dem sich das Kapital in der Aufmerksamkeitsökonomie beschaffen und der Gewinn steigern lässt. Die Werbung erzeugt durch ihre Penetranz und Primitivität etwas Neues: Prominenz. Das gilt für Waren und für Menschen. Beide profitieren, wenn sie zu einer »Marke« geworden sind. Diesen wachsenden Kult um das eigene Ich hat der Soziologe Christopher Lasch als die »Kultur des Narzissmus« beschrieben.

Der kurze Weg zum Promi-Status

Wer ist heute stolz worauf? Was bedeutet es, Aufmerksamkeitskapital anzuhäufen? Und wie macht man das am besten? In der modernen Mediengesellschaft hat sich ein Wandel von der Elite zur Prominenz vollzogen. Es ist eine Entwicklung hin zu dem, was der Soziologe Sighard Neckel das »performative Leistungsverständnis« nennt: Besser als »richtige« Arbeit wird heute oftmals die Bereitschaft bezahlt, sich ohne echte Vorleistung in der Öffentlichkeit zu präsentieren – in der Pop-Industrie, in den Medien, in Werbung und Marketing. Das sind die neuartigen, so genannten Gelegenheitsmärkte, sie entstehen weit jenseits der schrumpfenden Arbeitsmärkte. Dort, auf diesen neuen Märkten, sind Anerkennung und Geld zu gewinnen – mit etwas Glück, mit Penetranz und manchmal auch durch besondere Skurrilität oder Schamlosigkeit. Die Küblböcks, Feldbuschs und andere Profiteure der Prominenz-durch-Penetranz-Masche haben die heimliche Botschaft der neuen Ökonomie begriffen: Man muss überhaupt nichts können, um es zu schaffen und berühmt zu werden. Menschen werden durch bloße Medienpräsenz berühmt, und sie werden noch berühmter, weil sie oft in den Medien sind – eine Aufwärtsspirale der Nichtigkeit, angetrieben beispielsweise von neuen Fernseh-»Formaten« wie Casting- oder Talk-Shows. Der Mix aus Eitelkeit und Peinlichkeit wirbelt selbst solche Personen immer wieder ins Rampenlicht, die sich durch ihre groteske Selbstüberschätzung der Schadenfreude als Objekt zur Verfügung stellen, wie etwa die unglückselige Möchtegernschauspielerin Susan Stahnke oder der 2005 ermordete »Modezar« Mooshammer, der in seinen letzten Lebensjahren um Kurzauftritte in Talkshows oder anderen Trashsendungen förmlich bettelte, wohl wissend um die neue mediale Prominenzmechanik. Neckel schreibt: »Medien und ihre Beschleunigung sind selbst nur Auswirkungen eines Vorgangs, den ich die umfassende Vermarktlichung der Gesellschaft nenne ... Für den Einzelnen heißt das: Ich muss weniger etwas können, als mich gut vermarkten – der Begriff von der Ich-AG ist da symptomatisch.«

Hochmut und Stolz sind also auch in unserem heutigen Alltag allgegenwärtig. Das Bedürfnis, sich abzuheben, andere zu übertreffen, und das Ansehen, das dadurch erworben wird, zu genießen ist eine der dynamischsten Kräfte in der postmodernen Gesellschaft. Unsere demokratisch-kommerzielle Kultur stimuliert diese tief in der Psyche verankerten Bedürfnisse nach Anerkennung, nach Status und Stolz. Denn sie sind ein wichtiger Faktor im Wirtschaftsgeschehen, und deshalb wird unablässig an diese Motive appelliert: Das hast du dir verdient! Du bist etwas Besonderes! Hol dir dein *ganz persönliches* Produkt! Das solltest du dir wert sein! Heute ein König! Belohne dich! – Wofür? Egal, irgendetwas gibt es schon, worauf wir stolz sein können. Der Umkehrschluss fällt dann leicht: Weil sich jeder die Insignien der Größe oder der Wichtigkeit verschaffen, weil jeder sich permanent »belohnen« kann, muss er schließlich auch was geleistet haben.

Dieser in uns allen angelegte Wunsch, anerkannt, belohnt und bewundert zu werden, gepaart mit der Neigung zur Selbstliebe und Selbstverwöhnung, lässt sich leicht wecken. Und durch einen Kauf- und Konsumakt können die vagen, frei flottierenden Wünsche nach Bedeutung und Selbstverwirklichung in die Tat umgesetzt werden – das versprechen die mit emotionalem und psychischem Mehrwert aufgeladenen Waren und Erlebnisse. »Symbolische Selbstergänzung« nennen die Sozialpsychologen Peter Gollwitzer und Robert Wicklund den Versuch, sich durch Gegenstände, Symbole, Produkte eine eigene Aura zu schaffen, die eigene Person zu stilisieren und sich solche allseits gewünschten Merkmale wie Sportlichkeit, Kennerschaft, Kunstverstand, Souveränität, Beliebtheit oder Abenteurertum zuzulegen.

Die Masken des Hochmuts

Hochmut ist die beständigste Sünde, sie kommt früh und bleibt lange, und sie kann, wenn sie sich etwa in der Persönlichkeitsstruktur des Narzissmus verfestigt, zum Lebens- und Leitmotiv eines Menschen werden. Der »süße Solipsismus der Jugend«, den der Theologe Henry Fairlie noch den Teenagern zugesteht, ist das erste Experiment mit dem Stolz und dem Übermut. Eine Zeit lang darf das Ich tatsächlich das Zentrum der Welt sein und fragen: Wie weit kann ich gehen? Welche Grenzen darf ich ungestraft überschreiten?

Es sind jedoch bei weitem nicht nur pubertär-pathetische Rotzlöffel, die das »Recht« für sich reklamieren, so zu handeln, wie sie es tun, und über dem Gesetz zu stehen. Beachtlich ist die Galerie ergrauter Würdenträger, die mit völligem Unverständnis reagieren, wenn sie für ihre Gesetzesbrüche oder angemaßte Privilegien Rechenschaft ablegen sollen. Helmuth Kohl, Manfred Kanther, Kurt Biedenkopf, Ernst Welteke, Joschka Fischer – jeder dieser Männer liefert auf seine Art eine Fallstudie hochmütiger Verblendung, mit den typischen *déformations professionelles* – dem völligen Mangel an Einsicht, mit aggressiver Unduldsamkeit gegenüber jeder Kritik und dem Beharren auf einem übergesetzlichen Sonderstatus. Hinzu kommt meist noch eine narzisstische Ergriffenheit von sich selbst, nicht selten gefördert durch eine ergebene Claque von Bewunderern, die am Glanz des Bewunderten teilhaben möchte.

Diese Züge verdeutlichen, wie trennend und isolierend der Hochmut wirkt: Er trennt uns von der Vernunft, und er trennt uns von Menschen, die nicht Ohrenbläser und Liebediener sind. Auffällig ist auch der Verlust der Empathie. Die Fähigkeit, sich in andere einzufühlen, ihnen überhaupt zuhören zu können geht oft mit dem Zugewinn an Macht verloren. Macht isoliert ohnehin, aber diese Isolation wird verschärft durch die Versuchung, anderen nicht mehr zuhören zu müssen. Und schließlich werden viele Hochmütige auch eitel: Sie suchen immer wieder die Bestätigung, dass sie groß sind. Eitelkeit ist Stolz, der sich seiner selbst bewusst wird. Das Streben nach Ruhm, Ansehen und Überlegenheit ist das Motiv, das dem Hochmut vorausgeht, die Eitelkeit ist der Genuss nach dem Aufstieg, wenn man die »Flughöhe« erreicht hat. Eitelkeit braucht dann Spiegel, reale und soziale. Deshalb macht sie andere zu Reflektoren des eigenen Erfolges.

Hochmut hat viele Masken, er ist nicht immer so einfach und auf den ersten Blick zu erkennen wie bei den Eitlen und Selbstgerechten unter den Mächtigen. Es sind nicht nur die eindeutig Abgehobenen und widerwärtig Arroganten, die der Sünde erliegen. Hochmut steckt auch dahinter, wenn jemand sich als besonders schlechter Verlierer zeigt. Einen Rückschlag oder eine Niederlage nicht akzeptieren können und anhaltend mit dem Schicksal (oder mit dem Richter oder dem fiesen politischen Gegner) hadern – das sind Verhaltensweisen, die auf eine narzisstische Kränkung schließen lassen. Ein gerüttelt Maß Hochmut steckt auch in der so genannten Verbitterungsneurose, die der Berliner Psychiater Michael Linden vor allem bei ehemaligen Hochgestellten des DDR-Regimes vorfand: Verbitterte können sich nicht abfinden mit dem Verlust von Privilegien und Status.

Der große amerikanische Persönlichkeitspsychologe Gordon Allport erkannte die hochmütige Selbstabsorption, die hinter manchen neurotischen Verhaltensweisen steckt: »Jeder Neurotiker lebt ein Leben, das in bestimmter Hinsicht extrem in seiner Selbstzentriertheit ist. Die Region des Elends in seiner Psyche repräsentiert die völlige Präokkupation mit sich selbst. Die ureigene Natur der neurotischen Störung ist an den Hochmut gekoppelt. Wenn der Leidende hypersensibel, übelnehmerisch und spitzfindig ist, drückt er damit die Angst aus, dass er sich einer Wettbewerbssituation nicht gewachsen fühlt, in der er seinen Wert unter Beweis stellen will. Wenn er chronisch unentschlossen ist, drückt er damit die Angst aus, dass er etwas Falsches tun könnte und dafür getadelt wird. Wenn er über die Maßen skrupulös und extrem selbstkritisch ist, möchte er damit vielleicht zeigen, wie lobenswert er doch eigentlich ist. So sind die meisten Neurosen, aus Sicht der Religion, mit der Sünde des Stolzes vermischt.«

Was wir uns selbst wert sind

Um den Hochmut und seine vielen Ausdrucksformen verstehen zu können, muss man sich in die Psychologie des Selbstwertgefühls vertiefen. Die Frage, worauf und in welchem Maße ein Mensch stolz sein kann oder soll, berührt die menschliche Psyche im Innersten: Sie betrifft den Kampf um die Anerkennung durch andere Menschen, das Streben nach Respekt und lebensnotwendigem Beachtetwerden. Von Kindheit an sind wir unablässig damit beschäftigt, einen Ort für uns im weiten sozialen Spektrum der Möglichkeiten zu finden: Wer bin ich? Was kann ich? Was bin ich in den Augen anderer? Was bin ich wert?

Um überhaupt ein »Ich« zu werden, das Stolz oder andere soziale Gefühle wie Scham, Schuld, Schüchternheit oder Neid empfinden kann, braucht der Mensch nach seiner Geburt mindesten zwei Jahre. Bis dahin nimmt er die Welt quasi nur »medial« wahr, durch das enge Verschmolzensein mit der Mutter erlebt er die Welt nur durch sie oder andere Betreuer. Wir sind zunächst noch kein Individuum, und der Keim eines Ichs beginnt sich erst allmählich herauszulösen, wenn wir uns als »separat« erfahren und den Gegensatz Ich-Nicht-Ich erfahren und praktizieren – etwa in der Trotzphase. Der Psychologe Wolfgang Marx sieht einen wichtigen »Meilenstein der Ich-Entwicklung« in der visuellen Selbsterkennung: Das Kind kann sich selbst im Spiegel oder auf einem Foto erkennen. Um aber ein Ich zu werden, braucht es neben dem Spiegel auch andere Menschen. Sie sind unsere sozialen »Spiegel«: Wie sie auf uns reagieren, was sie uns über uns mitteilen, beispielsweise wie das Gefühl »heißt«, das wir gerade haben (»Sei nicht so zornig!«; »Wir haben Spaß!«; »Bist du traurig?«), hilft uns, uns selbst als Person zu erkennen und zu definieren. Indem wir ein Objekt im Blick der anderen sind, lernen wir, wer wir sind. »Dieses Gesehenwerden ist eine ambivalente Angelegenheit: Wenn es wehtut, ist es Scham, wenn es wohl tut, ist es Stolz«, schreibt Wolfgang Marx. Wer sich schämt, will dem fremden Blick entkommen und in den Boden versinken, wer aber das Gefühl genießen will, beachtet zu werden, der tut alles, damit er wahrgenommen wird und in gutem Lichte da zu stehen. Das unterscheidet den Eitlen vom Stolzen: Der Eitle muss allerhand Aufhebens von sich machen, um den fremden Blick auf sich zu lenken, der Stolze will zwar auch gesehen und geschätzt werden, er hält aber die Selbstinszenierung für überflüssig – sein bloßes Dasein, seine »stillschweigenden« Verdienste müssen reichen: »Er steht sehr aufrecht, mit geschwellter Brust, gewissermaßen um ausreichend Landeplatz zu schaffen für all die bewundernden Blicke.«

Der Spiegel ist ein Symbol der Eitelkeit. Er ermöglicht uns aber auch, den Blick der anderen zu simulieren. Wir sehen uns selbst, wie uns andere sehen, ein sehr sublimer Rollentausch findet statt: Das Spiegelbild sind wir selbst – wir betrachten uns gewissermaßen von außen: »Wie siehst du denn heute aus?« Dieser Blick fällt normalerweise immer etwas wohlwollender auf uns selbst, als es möglicherweise den Tatsachen entspricht: Wir müssen und sollen im Prinzip eine gute Meinung von uns selbst haben, um all den Herausforderungen auf der Bühne des Lebens gewachsen zu sein. Wir brauchen sogar mehr als nur eine gute Meinung – wir brauchen »positive Illusionen« über uns selbst, das heißt, wir müssen uns notwendigerweise als etwas klüger, kompetenter, attraktiver sehen, als es den objektiven Tatsachen entspricht. Nur so können wir überhaupt erst den Mut aufbringen, etwas Neues zu riskieren, neue Kontakte zu knüpfen oder schwierige Aufgaben anzugehen. Ohne ein Mindestmaß an in diesem Sinne gesunder Selbstüberschätzung blieben wir in vorsichtiger Verharrung stecken. Ohne Selbstbewusstsein, Selbstachtung, ohne ein ausgeprägtes Selbstwertgefühl würden wir in einem unsichtbaren Gefängnis aus Zweifeln und Unsicherheit gefangen bleiben, wie das Schicksal der krankhaft Schüchternen und all zu Selbstkritischen zeigt. Es geht, wie immer bei Basisemotionen, um das rechte Maß, um das Austarieren auch des Selbstwertgefühls. Es geht darum, wie wir den gläsernen Spiegel benutzen und wie den sozialen.

Die gute Meinung, die man von sich selbst hat

Die psychologische Forschung hat sich in den letzten drei Jahrzehnten sehr intensiv dem Selbstwertgefühl und seinen weit reichenden Implikationen gewidmet. Über 15 000 Fachartikel sind zu diesem Thema erschienen und das Interesse der Wissenschaft an diesem Thema lässt nicht nach. In zahlreichen Studien und Experimenten hat die Psychologie dokumentiert, auf wie viele unterschiedliche Weisen Menschen versuchen, Selbstachtung zu gewinnen, sie zu vergrößern und zu erhalten. So bedeutsam wurde dieses Streben zwischenzeitlich eingeschätzt, dass einige Forscher von einem universalen und fundamentalen menschlichen Bedürfnis nach Selbstwert ausgehen. Stolz auf sich sein zu wollen sei eine anthropologische Konstante; einige Forscher wie die Sozialpsychologinnen Jennifer Crocker und Lora E. Park sprechen sogar vom Menschen als der »selbstwertsuchenden Spezies«. In der Tat ist der Wunsch, zu glauben, dass man wichtig und wertvoll ist, mächtig; er motiviert das Verhalten und beeinflusst die Art und Weise, wie Menschen sich selbst und andere wahrnehmen. Ein ausgeprägtes Selbstwertgefühl zu haben galt und gilt immer noch als Schlüssel zu Erfolg und Lebensglück: Wer sich selbst gut findet, so lautete die wichtigste Arbeitshypothese der Selbstwertpsychologie, der ist ein glücklicherer, leistungsfähigerer und beliebterer Mensch.

Dem ist jedoch nicht so. In jüngster Zeit mehren sich die kritischen Arbeiten und Einschätzungen. Das Streben nach einem guten Selbstwertgefühl hat offenbar einen hohen Preis. Wer alles daransetzt, seine als wichtig und positiv erachteten Eigenschaften oder Fähigkeiten immer wieder und mit hohem Aufwand zu bekräftigen, läuft Gefahr, in ein narzisstisches, langfristig selbstdestruktives Muster abzugleiten. Er tendiert nämlich dazu, die Realität im Dienste des positiven Selbstbildes mehr und mehr zu verzerren und alles in den Dienst der Bewahrung des Selbstwerts zu stellen, beispielsweise indem er alle Unternehmungen meidet, bei denen man Fehler machen könnte, oder indem er Kritik immer nur als Kränkung versteht und indem er alle seine Aktivitäten nur als Erfolg/Misserfolg kodieren kann und für Misserfolge krampfhaft nach Ausreden und Rechtfertigungen sucht. Die Konzentration auf diese Arbeit am Selbstbild führt schließlich dazu, dass die Beziehungen zu anderen verkümmern. Schließlich werden die Bemühungen, das Selbstwertgefühl hochzutrimmen und zu stabilisieren, zu einer so aufwändigen, kräftezehrenden Beschäftigung, dass die psychische Gesundheit Schaden nimmt.

Warum verselbständigt und verabsolutiert sich der Kampf um eine an sich gute, eine essenzielle Sache – ein gutes Selbstwertgefühl – in so ungünstiger Weise? Warum investieren so viele Menschen so viel seelische Energie in die Selbstachtung? Die neuere Forschung zeigt, dass das Selbstwertgefühl vor allem als Puffer gegen Ängste und Unsicherheit dient. Dieser Zusammenhang wird schon in früher Kindheit gelernt: Je besser, stärker, selbständiger ich bin, desto geschützter bin ich gegen die Schmerzen des Alleingelassenwerdens oder der Missachtung durch Erwachsene, und je klüger, attraktiver und beliebter ich bin, desto besser bin ich gewappnet gegen die Hänseleien oder das Ausgeschlossenwerden durch Gleichaltrige. Außerdem ist Stolz ein sich selbst verstärkendes Gefühl – es tut einfach gut, zufrieden mit sich selbst sein zu können.

Wenn das nicht der Fall ist, wenn wir versagen oder hinter selbst gesetzten Standards zurückbleiben, empfinden wir Scham, Wut oder Traurigkeit – Gefühle, die so unangenehm sind, dass wir ihnen mit aller Macht vorbeugen. Ein weiteres Motiv für die intensive Arbeit am Selbstwert ist die »gefühlte Zugehörigkeit«: Wenn wir uns stark und gut fühlen, weil wir unseren eigenen Ansprüchen genügen, glauben wir, unseren sozialen Tauschwert zu steigern, wir halten uns für begehrens- und liebenswert.

Die Beobachtung, dass das Streben nach einem möglichst starken und ausgeprägten Selbstwertgefühl offenbar in manchen Kulturen (wie etwa Japan) keineswegs verbreitet ist, hat Zweifel an der Universalität und Fundamentalität dieses »Bedürfnisses« geweckt. Vermutlich sind besondere westliche Werte und gesellschaftliche Faktoren für die hohe Bedeutung verantwortlich, die dem Selbstwertgefühl zugemessen wird. Die Psychologinnen Jennifer Crocker und Lora Park sehen darin eine Spätfolge der protestantischen Arbeitsethik und der innerweltlichen Askese, die das Menschenbild des modernen Kapitalismus maßgeblich geprägt haben: Der Wert eines Menschen wird in der Lehre des Calvinismus eng verknüpft mit Selbstdisziplin, Fleiß, harter Arbeit und dem daraus resultierenden weltlichen, sichtbaren Erfolg in Form von Wohlstand oder Reichtum. Das calvinistische Dogma von der Prädestination besagt, dass am wirtschaftlichen Erfolg eines Menschen abzulesen sei, ob er der göttlichen Gnade teilhaftig werde und ob er zu den Erwählten gehöre, die ins Himmelreich eingehen werden. Auch wenn die protestantische Ethik vieles von ihrer Wirkungsmacht verloren hat und die ihr zugrunde liegende Lehre längst verblasst ist, so blieb doch die Verknüpfung von beruflichem und wirtschaftlichem Erfolg mit dem Wert als Person bestehen. Noch immer haben die meisten Menschen der Industriestaaten die Leistungsethik verinnerlicht. Auch der einst fortschrittliche Gedanke der *Meritokratie* und die Überzeugung, dass wir in einer nach oben durchlässigen Gesellschaft lebten, hat zum Fortbestehen der Arbeitsethik beigetragen: Jeder bekommt letztlich, was er verdient. Wer sich anstrengt, hat Chancen aufzusteigen.

Hinzu kam der gewaltige Individualisierungsschub, der seit dem Einsetzen des bürgerlichen Zeitalters in diesen Gesellschaften wirksam ist: Die Autonomie des Einzelnen ist ein hoher Wert, aber er bedeutet auch, dass jeder für sich selbst verantwortlich ist, jeder muss als Einzelner bestehen, er ist seines Glückes Schmied. Begünstigt wird diese Einstellung durch die falsche Romantik des heroischen Einzelgängers, der niemanden braucht (schon Schiller ließ Wilhelm Tell behaupten: »Der Starke ist am mächtigsten allein!«). Auf solchem ideologischen Boden sind letztlich die heutigen Konzepte wie die der »Ich-AG« oder der »Selbstverantwortung« erst durchsetzbar.

Das Selbstwertgefühl, das auf diesen Prämissen erworben wird, ist in hohem Maße kontingent – es ist von äußeren Faktoren und Zufällen abhängig. Weil es auf Leistungen und Vergleichen aufgebaut ist, die ständig erneuert und abgesichert werden müssen, ist es notwendigerweise labil und gefährdet. In einer Art Vorwärtsverteidigung und ständiger Selbst-Aktivierung kämpft der Einzelne darum, nicht abzurutschen auf den Skalen, die er für wichtig und maßgeblich hält: erkennbarer Erfolg, Status, Aussehen, Bildungsnachweise, Beliebtheit, und so weiter.

Um die hohen psychischen Kosten der Selbstwert-Bestätigung zu vermeiden, empfiehlt es sich, die Selbstachtung auf andere Pfeiler als den äußeren Erfolg zu stellen: Persönliche Werte wie Integrität, Selbstakzeptanz, Moralität, Freundlichkeit oder Hilfsbereitschaft sind weniger durch ständige Vergleiche betroffen. Anstatt einen vermeintlich hohen Selbstwert für sich selbst anzustreben, ist es hilfreicher und gesünder, Ziele zu formulieren, die andere mit einschließen. Die Holocaust-Überlebende und

Psychologin Clair Nuer drückt es so aus: »Die einzige Art, sich der Liebe und Achtung anderer zu versichern und Sicherheit für sich selbst zu gewinnen ist, diese selbst zu geben.«

Der pathologische Hochmut: Narzissmus

Der Mythos von Narziss erzählt von einem schönen Jüngling, der von Männern und Frauen gleichermaßen begehrt wurde. Er hatte jedoch keine Augen für andere, denn als er sein Spiegelbild in einem Teich sah, entbrannte er in heftiger Liebe zu sich selbst – ohne zu erkennen, dass er es selbst war, den er so faszinierend fand. Narziss wagt nicht mehr, den Blick von seinem Spiegelbild abzuwenden, aus Angst, es könnte verschwinden. Schließlich geht er an seiner Selbstverliebtheit zugrunde. Diese Version der Geschichte, die Ovid in seinen *Metamorphosen* erzählt, lässt der englische Schriftsteller W. H. Auden so nicht gelten. Er schrieb, Narziss hätte sich nicht in sein Bild verliebt, weil es *schön* war, sondern weil es *sein* Bild war. Er verzehre sich in Selbstliebe und schließe deshalb Erfahrungen mit anderen Menschen aus (sogar die mit schönen Nymphen).

Sigmund Freud führte den Begriff »Narzissmus« in die Psychopathologie ein. Er bezeichnete damit eine Störung im zwischenmenschlichen Verhalten, die von Selbstüberschätzung und extremer Selbstbezogenheit geprägt ist. Allerdings sind auch schon bei Freud die Grenzen zwischen verschiedenen Phasen und Formen des Narzissmus verschwommen geblieben. Der Säugling, beispielsweise, durchlebe in seiner egozentrischen Lebenssituation einen durchaus normalen, den »primären Narzissmus«, und auch im späteren Leben gebe es Episoden und Situationen, in denen narzisstische Bedürfnisse begründet und normal seien. In der heutigen Psychopathologie ist der Begriff jedoch reserviert für eine markante Persönlichkeitsstörung. Das Diagnostische Manual DSM IV nennt diese neun Merkmale, wovon der als pathologischer Narziss zu Diagnostizierende mindestens fünf aufweisen muss: ein Gefühl der Grandiosität und eigenen Wichtigkeit; die häufige Beschäftigung mit Phantasien von Erfolg, Macht und

Schönheit; die Überzeugung, etwas Besonderes zu sein und nur mit ebenbürtigen Menschen verkehren zu können; das Verlangen nach Bewunderung und Beachtung; hohe Ansprüche, etwa auf bevorzugte Behandlung; die Gestaltung der Beziehungen als Ausbeutungsverhältnisse oder als Manipulation anderer; mangelndes Einfühlungsvermögen; heftige Neidgefühle – oder die Einschätzung anderer als neidisch; arrogantes Auftreten.

Ganz frei von narzisstischen Anflügen ist niemand. Wer hat nicht schon im Überschwang eines Sieges abgehoben? Und wer genießt nicht die bewundernden Blicke, das Schulterklopfen und die »neidlose« Anerkennung nach vollbrachter Leistung? Wirklich narzisstisch ist ein Mensch erst, wenn er von dieser Wolke nicht mehr herunter kommt und *ständig* und intensiv mit dem eigenen Wert beschäftigt ist. Das drückt sich beispielsweise im ständigen Leistungsvergleich mit anderen aus, aber auch darin, dass häufig Gelegenheiten zu brillieren inszeniert werden. Das Abgleiten in den ausgewachsenen Narzissmus trifft, nach psychopathologischen Kriterien, nur einen sehr geringen Prozentsatz der Bevölkerung, Männer sind davon dreimal so häufig betroffen wie Frauen.

Eine gängige, bis heute nicht eindeutig widerlegte Theorie des Narzissmus besagt, dass er ein Produkt verwöhnender und verhätschelnder Erziehung ist: Kleine Prinzessinnen oder Prinzen haben sich schon früh daran gewöhnt, dass sie bewundert und abgöttisch geliebt werden und dass alles nach ihrer Nase geht. Vor Enttäuschungen oder Zurückweisungen haben sie die Eltern bewahrt. Und mit diesem unveränderten Anspruch auf eine Sonderrolle gehen sie auch als Erwachsene auf andere zu.

Eine neuere konkurrierende Theorie kommt zu ganz anderen, der Verwöhnungsthese entgegengesetzten Schlüssen: Das arrogante, anmaßende Verhalten des Narzissten und seine Selbstüberschätzung sind Versuche der Abwehr: Um Kränkungen und Zurücksetzungen, die er in der Kindheit erlitten hat, nicht wieder erleben zu müssen und um das damit verbundene quälende Gefühl der Wertlosigkeit zu vermeiden, will er sich mit allen Mitteln Respekt und Achtung verschaffen. Er muss, um seiner äußerst labilen und fragilen Selbstachtung willen, unablässig den Beweis führen, dass er etwas Besonderes ist und dass er Achtung verdient.

Narzissmus ist, so gesehen, nichts anderes als eine Vorwärtsverteidigung gegen die Angst, sich klein und unbedeutend fühlen zu müssen.

Die Mittel in diesem Kampf sind vielfältig. Es eignen sich, erstens, auffälliger Fleiß und das Streben nach Höchstleistungen. Narzissten sind mitunter *Workaholics* – sie rackern und schuften, sie übernehmen freiwillig sehr schwierige oder »unlösbare« Aufgaben, um sich die Achtung der anderen zu verdienen, immerhin auf ehrlichem Wege. Anders liegt der Fall beim narzisstischen *Profilneurotiker:* Ihm geht es vor allem darum, sich abzuheben und überall eine Sonderrolle zu spielen. Deshalb unterstreicht er ständig seine echten oder vorgetäuschten oder behaupteten Leistungen und Verdienste und leitet besondere Ansprüche daraus ab. Selbst normale Leistungen oder Belastungen, um die andere kein Aufhebens machen würden, streicht der Profilneurotiker heraus. Zu den narzisstischen Techniken gehört auch das Heruntermachen anderer und die Entwertung ihrer Leistungen und Verdienste. Dabei bedient er sich der üblen Nachrede oder des Spotts; aber auch Verächtlichmachen, Sarkasmus und Pseudobesorgnis um die Leistungsfähigkeit anderer gehören zum Repertoire. Mit überzogener Kritik an anderen, durch Unterbrechen, Korrigieren oder Lächerlichmachen profiliert sich der Narzisst als *Besserwisser*. Und wenn er trotz aller Mühe doch eine Niederlage einstecken muss, ist er ein Meister darin, sie in einen Sieg umzudeuten: Dass andere seine Überlegenheit oder Leistung nicht erkennen und würdigen konnten, beweist doch nur, wie dumm sie sind.

Aber auch für den Narzissten, der seine komplizierte und anstrengende Abwehrstrategie gut beherrscht, kommt irgendwann die Stunde der Wahrheit: Die Realität stößt ihn mit der Nase darauf, dass auch er schwach, hilflos und abhängig vom guten Willen anderer sein kann. Ein Karriereknick, der Zusammenstoß mit einem mächtigeren Narzissten, der eine nicht zu leugnende Niederlage brachte, oder schlicht eine Erkrankung werden als schwere Kränkung erlebt. Der tiefe Sturz vom Plateau der unrealistischen Selbstüberhöhung löst eine »narzisstische Krise« aus und bringt das mit so viel Aufwand stabilisierte Selbstwertgefühl auf null. Ist der Mythos der Überlegenheit und Unangreifbarkeit verloren, der

Stolz gebrochen, dann erlebt der Narzisst das als kaum erträgliche, beschämende Katastrophe – und denkt nicht selten sogar an Selbstmord. Die Fälle der Politiker Uwe Barschel und Jürgen Möllemann illustrieren diese narzisstische Dramatik.

Eitelkeit und der Zwang zur Selbstverschönerung

Minderwertigkeitsgefühle haben die Menschen oft aus den falschen Gründen: Die Menschen grübeln nicht über ihre Unehrlichkeit, Untreue und Gemeinheit, nicht über ihre schäbigen Tricks, ihre Fehler und Schwächen, sondern über mangelhafte Schönheit und ausbleibenden beruflichen Erfolg. Sie wollen keine tugendhaften, besseren Menschen werden, sondern anerkannt und erfolgreich sein. Für besseres Aussehen, mehr Ansehen, mehr Geld und Status würden sie alles tun, und sie tun auch fast alles. Es gibt einen Stolz, dem eine besondere Leistung vorausgeht oder zumindest eine besondere Anstrengung intellektueller oder körperlicher Art. Daneben existierte aber immer schon ein Oberflächen-Stolz, die *vanitas* in Reinform: Eitelkeit, der Stolz auf Äußerlichkeiten – auf das Ebenmaß der Gesichtszüge, auf eine gut proportionierte, den gerade herrschenden Schönheitsidealen entsprechende Figur und auf Anmut der Bewegung. Eitelkeit drückt sich aber auch im besonderen Aufwand aus, mit dem der äußere Eindruck verbessert und verfeinert wird: Kleidung, Schmuck, Accessoires und so weiter.

Körperliche Eitelkeit in ihren absurdesten Formen erscheint heute nicht mehr lächerlich, sondern normal und selbstverständlich – fast alle arbeiten intensiv an ihrem Äußeren und wollen »das Beste aus ihrem Typ« machen. Das gilt auch für das männliche Geschlecht, das noch bis vor wenigen Jahrzehnten frei von diesem Zwang schien und Erfolg auch mit tonnenförmiger Figur und altväterlichem Outfit haben konnte und durfte. Heute ist eine wachsende Zahl besonders jüngerer Männer geplagt vom so genannten Adonis-Komplex, der Angst, nicht attraktiv genug zu sein. Das erscheint weit entfernt vom Diktum der *Tante Jolesch* aus Friedrich Torbergs gleichnamiger Erzählung: »Was a Mann schöner ist als a Aff' is a Luxus!«

Die auf Fassadenverbesserung zielende Eitelkeit hat epidemische Ausmaße angenommen. Die Praxen der Schönheitschirurgen sind auf Monate ausgebucht, die Kosmetikbranche boomt wie nie zuvor, und die als Fettschmelzen benutzten Fitnessstudios sind voller eifriger Selbst-Skulpteure. Straffe, gebräunte Haut, ein bestimmter Muskeltonus, der die Fitness des Körpers beglaubigt, und das neueste Outfit sind die wichtigsten Accessoires der Selbstinszenierung. Die Spiegel, in denen wir unser Aussehen überprüfen, hängen überall.

Aber waren die Menschen nicht schon immer eitel? War Caesar nicht eitel, als er seine Haare nach vorn über die Glatze kämmte, war nicht Ludwig XIV der erste Pfau im Staate? Frühere Formen der Eitelkeit muten uns heute lächerlich an, weil die Formen selbst überholt sind – die Prunkuniformen Kaiser Wilhelms II. oder die Phantasiefummel Hermann Görings. Heute inszenieren sich die Mächtigen nur zeitgemäßer – sie posieren in Armani- oder Brioni-Anzügen, sie färben sich die Haare oder lassen sich kahle Stellen mit Transplantaten anreichern, sie spreizen sich wie Jörg Haider oder Silvio Berlusconi als tief gebräunte Feschisten.

Ging es nicht schon immer, auch in grauer Vorzeit, darum, sich als überlebenstaugliches, das heißt gesundes, fittes, mächtiges Exemplar seiner Gattung zu präsentieren, und ist nicht die sichtbare Schönheit das augenfälligste Signal für diese evolutionär wertvollen Eigenschaften? Die Fähigkeit zur Selbstinszenierung gehört zum Verhaltensrepertoire der Überlebenskünstler nicht nur der menschlichen Entwicklungsgeschichte.

Physische Attraktivität, gutes Aussehen, Fitness – wer sie besitzt, kommt, ceteris paribus, nachweislich leichter zu Ruhm und Geld. Deshalb geben selbst die, die von der Natur schon reichlich damit bedacht wurden – und erst recht die anderen – Unsummen aus, um ihre äußere Erscheinung zu vervollkommnen. Denn das physische *Eindrucksmanagement* ist eine wesentliche Zutat des Erfolgs: Wir wollen und müssen ständig besser scheinen, als wir sind.

Immanuel Kant hat als erster die »Normalidee der Schönheit« propagiert: Jede Spezies bevorzuge den Durchschnittswert der Körperformen als besonders attraktiv, weil die Natur darin eine Art Muster für die ganze Art vorgebe. Später hat die Darwinsche Evolutionstheorie festgestellt: Schön ist, was uns sexuell attraktiv macht und uns bei der Wahl der Sexualpartner einen Vorteil verschafft. Aber diese biologische Programmierung gilt für den Menschen nur zum Teil – das hatte Charles Darwin auch erkannt. Schönheit ist im Auge der Betrachters, das heißt: Der sexuell abschätzende Blick ist eine Konstruktion, eine Mischung aus biologischer Reaktion auf »Schlüsselreize« und aus kulturellen Maßstäben. Trotzdem wird in vielen populärwissenschaftlichen Veröffentlichungen und in zahllosen Fotografien dieses Begründungsmuster heute wieder auf die Spitze getrieben: Im großen Paarungs- und Fortpflanzungswettbewerb habe der- oder diejenige einen Vorsprung, der die ästhetischen Signale für Gesundheit und Tüchtigkeit am besten verkörpert.

Es gibt immer wieder Versuche, die »idealen Maße« für maximale Attraktivität herauszufinden, etwa durch computergesteuerte Bildkonstruktionen. Und auch reale Menschen, Frauen zumal, werden »nachgebessert«, digital mit noch längeren Beinen, größeren Busen oder glatteren Gesichtern konstruiert. Zwar taugen solche Idealkonstruktionen in der Realität wenig, um Partnerwahlen zu erklären, dennoch üben diese Vervielfältigungen eine fatale Wirkung aus: Sie stellen wieder das primitivere, nur biologisch begründete Muster her, das einmal evolutionär entstanden ist, und blenden die kulturellen Errungenschaften des komplexeren Blicks auf das andere Geschlecht weitgehend aus. Der Literaturwissenschaftler Winfried Menninghaus meint: »Der evolutionäre Mechanismus produziert unter technischen Medienbedingungen einen absolut unrealistischen Maßstab, der in die sichere Unzufriedenheit führt. Zuvor waren Vorstellungen über physische Attraktivität immer rückgekoppelt an das, was man im Dorf oder in der Stadt sehen konnte. In dem Moment, in dem Sie das, was Sie täglich in den Medien sehen, in den Vergleichsfundus ihrer Wahrnehmung einspeisen – nämlich extrem unwahrscheinliche Körperformen –, wird ein evolutionärer Mechanismus umgekehrt in einen destruktiven Mechanismus.« Die Zufriedenheit der Menschen mit ihrem eignen Aussehen sinkt dramatisch, das belegen Studien der letzten vierzig Jahre eindeutig; und sie sinkt umso mehr, je höher die Aufwendungen zur Selbstverschönerung sind. Menninghaus: »Je mehr Sie investieren, desto größer sind ihre Chancen, unzufrieden zu sein.«

Man wird durch das ständige Vergleichen mit dem nahezu Idealen, aber Unerreichbaren immer sensibler für die eigenen Unzulänglichkeiten.

Die einzige weibliche Kolumnistin der *New York Times*, Maureen Dowd, beobachtet einen alarmierenden Trend: »Ich habe mich früher gesorgt, dass Frauen sich auf ein Gesicht hin entwickelten ... mitunter sieht man in luxuriösen Umgebungen wie in Nobel-Boutiquen oder bei der Oscar-Verleihung einen Haufen sich unheimlich ähnlich sehender Frauen mit seltsamen Zügen – mit botox-geglätteten Stirnen, collagen-geschwollenen Lippen, chirurgisch verkleinerten Nasen, extrem straffen Kieferpartien –, die aussehen wie Schwestern von einem anderen Planeten. In Zukunft wird es nur noch ein Gesicht geben. Und, wenn die Oscar-Nacht eine Vorhersage erlaubt, auch nur noch *einen* Körper – große Brust, magerer Körper – und *einen* Stil. Es war bizarr, wie eine Schauspielerin nach der anderen aus der Limousine stieg mit genau der gleichen Meerjungfrausilhouette – ein trägerloses Körperfutteral mit ausgestelltem oder gerüschtem Rock unten. In vergangenen Jahrzehnten hat jedes Glamour-Girl danach gestrebt, ein einzigartiges Gesicht zu haben, eine unverwechselbare Stimme, einen einzigartigen Gang. Man hat Ava Gardner oder Katherine Hepburn nie im gleichen Outfit gesehen ... In einer verrückten Verschwörung haben sich die Stylisten mit den Chirurgen zusammengetan, um die Schauspielerin von heute zu homogenisieren, so dass man kaum noch eine von der anderen unterscheiden kann ... Die Frauen haben vergessen, dass es unendlich viele Wege gibt, um schön zu sein.«

Die Eitelkeit, die sich in den extremen Formen der Körperstilisierung ausdrückt, ist die Grundlage eines Milliardengeschäftes. Selbst Kinder wünschen sich heute zum Geburtstag Schönheitsoperationen, um »Korrekturen« an ihren nicht den verbreiteten Modellen entsprechenden Zügen oder Merkmalen vorzunehmen. Abgeordnete in mehreren US-Bundesstaaten haben sich mittlerweile für eine »Eitelkeitssteuer« auf Schönheitsoperationen ausgesprochen. Das Geld soll für die Krankenversicherung armer Kinder verwendet werden. Im Staat Washington sind 6,5 Prozent vorgeschlagen worden, und der Staat New Jersey führte im Herbst 2004 als erster Bundesstaat eine Steuer von 6 Prozent auf Schönheitsoperationen ein.

Bescheidenheit bleibt eine Zier ...

Der Mythos vom Aufstieg ist in unserer Gesellschaft immer noch mächtig. Inzwischen ist jedoch eine gewisse Ernüchterung eingetreten, was die persönlichen Chancen auf Erfolg, Karriere und Lebensglück betrifft. Jetzt geht es darum, die eigenen Startchancen zu optimieren, und dazu gehört das gepflegte Äußere, die angenehme Erscheinung, der gelungene Auftritt. Für den ersten Eindruck gibt es keine zweite Chance!

Bescheidenheit ist kein Wert an sich im Zeitalter des Selbstmarketing, denn sie bedeutet: Unterordnung, Zurückstellen der ewigen Wünsche und der eigenen Persönlichkeit. Es gehört zum Selbstverständnis des modernen Menschen, dass er das Beste aus sich machen muss, wenn er aufsteigen und vorankommen oder auch »nur« glücklich sein will.

Es mag auf den ersten Blick paradox erscheinen, aber ein gutes Selbstwertgefühl ist erst die Voraussetzung für Bescheidenheit. Bescheidenheit ist kompatibel mit Kreativität, mit Leistung und Erfolg und Lebensglück. Je mehr man seinen wahren Wert als Person kennt, je mehr diese Selbstachtung auf »inneren« Werten, auf Eigenschaften und Tugenden wie Dankbarkeit, Weisheit oder Zufriedenheit begründet ist und man sie nicht durch Prahlerei beschwören und durch Statussymbole absichern muss, desto besser wird man mit den unvermeidlichen Anflügen von Selbstzweifeln fertig. Ein Scheitern wirft einen nicht um und Erfolg macht nicht größenwahnsinnig.

Das Kultivieren dieser selbstbewussten Bescheidenheit ist Teil der Lebenskunst. Sie befreit vom Kontrollwahn, dem der Hochmütige unterliegt, der alles dirigieren, beeinflussen und steuern will, einschließlich der vielen Dinge, die sich nicht steuern lassen. Es ist kein Paradoxon, dass der Bescheidene durchaus stolz sein kann – aber sein Stolz verliert nie das Maß. Umgekehrt schämt sich der Bescheidene aber auch nicht seiner Herkunft, seines Berufes, seines gesellschaftlichen Status. Seine Würde ist nicht auf Statussymbole oder ererbte Privilegien gestützt. Er engagiert sich nicht in großen Projekten, um Ruhm für sich zu gewinnen oder andere auszustechen. Die christliche Formel für alle Ruhm versprechenden Unternehmungen lautete: *Ad majorem Dei gloriam* – nicht für mich, zur höheren Ehre Gottes tu ich es! Der Sinn der Beichte war, unter anderem, auch die Erziehung zur Bescheidenheit – die regelmäßige Erinnerung daran, dass wir fehlbar, sündig, schwach sind. Das Aufzählen der eigenen Verfehlungen und Sünden erinnerte nachdrücklich daran: Es gibt keinen Grund für Hochmut!

Sigmund Freud sah es – obwohl ein Gegner der Religion – ganz ähnlich: Das stolze Ich ist nicht Herr im eigenen Hause. Wir sind voller Selbsttäuschungen, getrieben von irrationalen Kräften und unbewussten Impulsen. Deshalb hebt ein kluger Mensch selbst dann nicht ab, wenn er Grund zum Stolz hätte. Denn seine Lebensklugheit, seine Weisheit besteht darin, zu wissen, wie fragil sein Glück ist, wie schnell das Selbstwertgefühl wieder in tiefste Tiefen fallen kann.

Man kann jedoch nicht bescheiden sein, wenn man immer nur auf sich achtet. Erst die Fähigkeit zur Selbstvergessenheit, die das Zeichen von psychischer Reife ist, macht frei im Handeln. Nur wer nicht ständig darauf achten muss, wie er gerade wirkt und ob er »gut rüber- oder ankommt«, kann konzentriert und im besten Sinne rücksichtslos zu Werke gehen.

Neid

Invidia

Die Höllenstrafe: In eisigem Wasser stehen.

»Ich kenne mein Los. Ich fühle jetzt zum ersten Mal meine Leere, wie Adam seine Nacktheit fühlte ... Heute Abend steht irgendwo in der Stadt ein kicherndes Kind, das, ohne auch nur seinen Billard-Queue recht aus der Hand zu legen, ganz nebenbei, Noten zu Papier bringt, die aus jeder, die ich in aller Sorgfalt je geschrieben habe, leblose Krakel macht. Grazie, Signore ... Du gabst mir die Fähigkeit, das Unvergleichliche zu erkennen – das sich den meisten Menschen verschließt – und hast dich damit auch versichert, dass mir meine Mittelmäßigkeit bewusst wird. Warum?! Wo liegt meine Schuld? ... Ich habe an dem Talent, das du mir gewährtest, gearbeitet und gearbeitet. Du weißt, wie hart ich gearbeitet habe. Und alles doch nur, um in der Ausübung meiner Kunst schließlich deine Stimme zu hören! Jetzt höre ich sie allerdings – und sie nennt nur einen Namen: Mozart. Den gehässigen, kichernden, aufgeblasenen, infantilen Mozart – der noch keinen Augenblick in seinem Leben gearbeitet hat, um anderen zu helfen – Mozart, der, mitsamt seiner popoklopfenden Gemahlin, Scheiße im Maule führt.«
Salieris Klage in Peter Shaffers Amadeus

Zufriedenheit und Lebensglück eines Menschen sind zerbrechliche psychische Konstrukte. Sie können vor allem dann ins Wanken geraten oder sich in Nichts auflösen, wenn ihn der Neid überkommt. Welche Verwüstungen dieses Gefühl in der Seele anrichten kann, zeigt die Hasstirade des Antonio Salieri. Auch wenn man ihm nicht einen Giftmord an Mozart zuschreiben kann, wie im Film *Amadeus* suggeriert wird, so hat er doch sein Leben lang unter dem Vergleich mit dem Wunderkind gelitten, ein Vergleich, der ihn, den hochbegabten Meistermusiker, in eine unerträgliche Mittelmäßigkeit stieß.

Man muss sich nicht unbedingt mit einem Genie vergleichen, um die Qualen des Neides zu erleiden. Wir leben heute im »Zeitalter der Vergleichung«, wie es bereits Nietzsche aufziehen sah: Die Menschen in der Moderne wollen unablässig kontrollieren, »wo sie stehen«, und zu diesem Zweck messen sie ihre Befindlichkeit, ihren Status, ihr Glück, indem sie sich mit ihren Mitmenschen vergleichen, mit Nachbarn, Freunden, Kollegen und Konkurrenten, aber auch mit all den Menschen, die ihnen in den Massenmedien »begegnen«. Und je mehr wir vergleichen, desto größer ist die Wahrscheinlichkeit, dass diese Vergleiche ungünstig ausfallen. Und desto neidischer werden wir. Wir bleiben hinter dem zurück, was wir für das uns zustehende Maß an Zufriedenheit halten. Der Neid ist das Seelengift der vertikal mobilen Gesellschaft.

Ein Psychotherapeut schildert den Fall eines Klienten, eines Professors, der als beliebter und erfolgreicher Hochschullehrer an einer mittleren Universität unterrichtete. Er war glücklich verheiratet, hatte zwei wohlgeratene Kinder, die gute Schulen besuchten. Mit seiner Familie bewohnte er ein Haus in der Nähe der Universität, sie hatten gute Freunde und genossen das Leben – alles in allem sah er sich als zufriedenen, ja glücklichen Mann. Das Leben meinte es offenbar gut mit ihm, dachte er. Bis zu dem Tage, als er zu einem Klassentreffen fuhr. Ein Wochenende lang unterhielt er sich mit seinen alten Schulkameraden und erfuhr, was aus ihnen geworden war. Nicht wenige der alten Kumpels hatten Karriere gemacht, sie präsentierten die Fotos ihrer Trophäen-Gattinnen und berichteten auch stolz über ihre finanziellen Verhältnisse. Es muss ein wenig so gewesen sein wie in dem berühmten Werbespot der Sparkassen, in dem die Errungenschaften wie Trümpfe auf den Tisch geknallt werden: »Mein Haus, mein Auto, meine Pferdepflegerin ...«

Der Professor fuhr als ein anderer wieder nach Hause. Er fing an zu grübeln, und seine wohlgeordneten Verhältnisse kamen ihm plötzlich mittelmäßig und langweilig vor, seine Frau erschien ihm als graue Maus, sein Gehalt lächerlich im Vergleich zu den Summen, die einige seiner früheren Mitschüler verdienten. So sehr hatte ihn das Treffen aufgewühlt und verändert, dass er den Rat des Therapeuten suchte, um seiner tiefen Verunsicherung, einem nagenden Schmerz zu begegnen.

Was war geschehen? Objektiv hat sich überhaupt nichts verändert – seine geliebte Frau ist übers Wochenende nicht hässlich geworden, sein Gehalt wurde nicht gekürzt, seine Kinder waren dieselben, das Haus war so gemütlich wie zuvor. Er selbst ist auch nicht klüger oder attraktiver zurückgekehrt – er hatte also wahrlich keinen Grund, sich über all das zu überheben, was ihm bis vor drei Tagen noch als das reine Glück erschienen ist. Verändert hat sich nur sein Selbstbild. Es war plötzlich Vergleichen mit Menschen ausgesetzt, die er als Maßstab für die eigene Lage betrachtete. Der Neid hatte diesen Maßstab gründlich verschoben: Der Professor sah sich nun als Versager, als jemand, der aus annähernd gleichen Startchancen weniger gemacht hatte als seine alten Schulfreunde, und, was das Schlimmste war, sogar weniger als einige, die er als unsympathisch oder dumm in Erinnerung hatte.

Das einsamste aller Laster

Für keine Todsünde trifft das Urteil des Kirchenvaters Augustinus so sehr zu wie für den Neid: »Die Sünde ist die Strafe der Sünde«. Zahllose Sprichwörter und Redensarten bekräftigen diese psychologische Tatsache: *Der Neid frisst seinen eigenen Herrn*. Die anderen Sünden begehen wir, weil wir uns einen Genuss davon versprechen, weil sie unserem Ego schmeicheln oder uns sonst einen erkennbaren Nutzen bringen. Selbst der Zorn, der ja an sich kein angenehmes Gefühl ist, kann uns kurzfristig Erleichterung verschaffen und Spannung abbauen. Wollust und Völlerei gewähren uns die Wonnen sexueller Ekstase oder animalischer Schlemmerei, und auch die Trägheit hat ihre genussreichen Seiten. Der Neid jedoch ist – vom ersten Aufflackern bis zu seinem gnädigen Erlöschen – ein durch und durch unangenehmes, wenn nicht peinigendes Gefühl.

Bestraft werden die Neidischen also schon im Diesseits und sie sind ihre eigenen grausamsten Teufel. Denn der Neid schmerzt höllisch. Er schnürt die Kehle zu, sticht und nagt in den Eingeweiden und zwingt das Denken immer wieder in seinen Bann. Was den Schmerz oft ins Unerträgliche steigert: Neid darf noch nicht einmal gezeigt oder gar offen ausgelebt werden. Denn zum Neidschmerz selbst kommt ein weiterer hinzu. Der Neidische muss, wenn seine Sünde offenbar wird, die Verachtung, das Mitleid und den Spott seiner Mitmenschen ertragen.

So ist jeder in seiner irdischen Neidhölle alleine, denn Neid ist eines der letzten Tabus. Seine neidischen Gefühle muss man selbst vor seinen besten Freunden verborgen halten. Ja, gerade vor denen – obwohl wir sie lieben, ist man auf seine Freunde auch immer ein bisschen neidisch, wenn es ihnen zu gut geht. Nietzsche schrieb: »Manchmal verdanken wir einen Freund nur dem günstigen Umstand, dass wir ihm keinen Grund für Neid geben.« Und La Rochefoucauld meinte: »Wenige können die heimliche Befriedigung und das warme Gefühl unterdrücken, wenn einem Freund ein Missgeschick widerfährt.« Und er fügte hinzu: »Wenn wir jeden Tag beichten müssten, wie oft wir neidisch gewesen sind, dann wären wir länger auf unseren Knien als für irgendeine andere Sünde.«

Der Neid ist die heimlichste und die tückischste der Todsünden. Weil es kaum möglich ist, ihn offen zu zeigen, stiftet er zu hinterhältigen, feigen Taten an: Die Kratzer im Lack des neuen Autos sind die Spur eines Neiders, der seinen Schmerz wenigstens durch ein bisschen Schadenfreude lindern will. Die gut getarnte Bürointrige gegen den beliebteren oder ein paar Euro mehr verdienenden Kollegen dient dem gleichen Zweck, ebenso wie die anonyme Denunziation eines finanziell erfolgreichen Konkurrenten beim Finanzamt.

Manchmal wird uns unser Neid noch nicht einmal bewusst – so sehr haben wir verinnerlicht, dass er nicht sein darf. Und doch lenkt er, auch aus dem Verborgenen und Verdrängten heraus, unser Verhalten, und seinen unbestimmten Schmerz fühlen wir, ohne ihn benennen zu können. Der Neidwurm lauert in uns allen – er beginnt zu nagen und zu rumoren, wenn auch nur der vage Verdacht aufkeimt, jemandem anderen gehe es zu gut und wir kämen irgendwie zu kurz. Das ist stark übertrieben? Sie halten sich für einen relativ neidlosen Menschen? Stellen Sie sich diese Alltagsszene vor: Ein Nachbar will sich von Ihnen ein Gartengerät ausleihen, das Sie schon eine ganze Weile im Schuppen stehen und bis heute nicht benutzt haben. *Ja, natürlich, nehmen Sie es!*, sagen Sie und spüren plötzlich etwas Seltsames. Ein unangenehmes Gefühl regt sich. Ein Besitzinstinkt? Eine Art Geiz? Nein, das wohl nicht – denn Sie sind doch sonst ein hilfsbereiter Nachbar und freigiebiger Mensch. Was dann? Es ist Neid, das dumme Gefühl: Der andere kommt in den Genuss von etwas, was mir zuerst zusteht. Mehr noch, es ist ein vorauseilender Neid auf den vermeintlichen Nutzen, den der andere haben könnte. Weil Sie aber nicht klein kariert oder missgünstig erscheinen wollen, überspielen Sie das unangenehme Gefühl: »Klar, gerne, nehmen Sie es ruhig!« Hier wird die zivilisierende Macht des Neides deutlich: Weil er tabuisiert ist, weil der Neidische sich lächerlich macht oder als Egoist outet, maskieren wir ihn gut und zügeln den negativen Impuls.

Der Neid ist ein durchdringendes Gefühl. Es sickert in alle Winkel unseres Lebens, es formt unser Selbstbild und beeinflusst oft unmerklich, aber umso nachhaltiger die zwischenmenschlichen Beziehungen. Neid ist auch aufs Engste mit den anderen sechs Todsünden verknüpft ist: Die *Habgier* wird oft erst durch den Neid so richtig in Gang gesetzt, weil wir unbedingt auch das haben wollen, was ein anderer hat, und wenn möglich, auch noch mehr. Sexualneid und Futterneid stimulieren häufig die »Sünden des Leibes«, *Wollust und Völlerei*, denn wir wollen diese Genüsse, auf die wir ein natürliches Recht zu haben glauben, nicht allein den anderen überlassen. Neid macht zornig – auch wenn der Neid-*Zorn* meist in seiner unterdrückten, schwelenden Spielart erscheint, dem Groll. Und Neid entsteht aus verletztem *Stolz* – wenn unser Ego durch Kränkungen und Zurücksetzungen verletzt wurde, werden wir umso neidischer auf jene, denen nun Liebe und Bewunderung zufliegen. Und schließlich ist auch der *Träge* häufig sehr neidisch: auf die erfolgreich Aktiven. Zwar kriegt er selbst den Hintern nicht hoch und kann den Neid nicht durch Leistung aufarbeiten, aber vom bequemen Sofa aus wirft er scheele Blicke auf die dynamischeren Mitmenschen.

Warum man eine »neidische Person« wird

Neid ist für manche Theologen die erste Todsünde. Waren nicht Adam und Eva neidisch auf Gottes Wissen? Entzweite nicht Neid ihre Söhne Kain und Abel? Der erste Mord geschah, weil der Nomade Kain dem Bauern Abel die Gunst Gottes neidete. Das Alte Testament ist voll von solchen Neidgeschichten. Und in den Mythen und Märchen ist der Neid eine der Haupttriebkräfte der handelnden Personen, von Gilgamesch bis zu Schneewittchens böser Stiefmutter. Auch im Leben des Einzelnen ist der Neid meist die erste Sünde. Die frühesten Erfahrungen mit der Empfindung von Missgunst macht der Mensch in den Verteilungskämpfen innerhalb der Familie, wenn sich die Geschwister argwöhnisch belauern: Bekommt der andere mehr? Mehr Liebe, mehr Zuwendung der Eltern, mehr zu essen, mehr von allem?

Der Futterneid ist wohl der erste Neid, dicht gefolgt von der Konkurrenz um die Liebe der Eltern. Der Ruf »Ich auch, ich auch!« ist die Ouvertüre aller Verteilungskämpfe, nicht nur in der Familie.

Die Psychologin Melanie Klein beschrieb das Kleinkind als ein Wesen, das keine Konkurrenz duldet – die Mutterbrust soll ihm alleine gehören. Wird dieser besitzergreifende Impuls nicht befriedigt, bleibt die Unzufriedenheit darüber eine Elementarkraft, die manche Menschen auch dann noch beherrscht, wenn sie der Mutterbrust längst entwachsen sind: »Man kann sagen«, schreibt Melanie Klein in ihrem Aufsatz *Neid und Dankbarkeit*, »dass die sehr neidische Person unersättlich ist, sie kann nie befriedigt werden, denn ihr Neid kommt von innen und wird immer ein Objekt finden, auf das er sich konzentriert.«

Frank J. Sulloway, ein eher darwinistisch argumentierender Psychologe, hat die Auswirkungen der Geschwisterfolge auf das spätere Leben untersucht: Sind Erstgeborene führungsbegabter als jüngere Geschwister? Kämpfen Zweitgeborene ehrgeiziger um die Macht? Sind Nesthäkchen eher verwöhnte Versager oder besonders lebenstüchtig? Sulloway kommt zu dem Schluss, dass die Rivalität zwischen Geschwistern um die Liebe der Eltern und die in diesem Wettstreit erlebten Neidgefühle nicht nur die Persönlichkeit des Einzelnen maßgeblich prägen, sondern sogar dessen politische Überzeugungen und sexuelle Orientierungen.

Die Familienbeziehungen sind offenbar nicht nur der Ursprung der Neurosen, sondern auch die Schule des Neides. Der Psychoanalytiker Franz Alexander erkannte die persönlichkeitsprägende Kraft dieser frühen Gefühle, als er schrieb: »Neid und Wettbewerb sind tief im Familienleben verwurzelt, und beide sind latent präsent im Erwachsenen und beeinflussen seine Beziehungen zu anderen Mitgliedern der Gesellschaft.« Ohnehin spielt der Neid eine zentrale Rolle im psychoanalytischen Denksystem. Das Familiendrama beginnt für Sigmund Freud mit dem ödipalen Neid des Sohnes auf den Vater, der mit der Mutter schlafen darf. Heranreifende Mädchen und Frauen leiden unter »Penisneid« – angeblich die Hauptursache für die unbewusste Unzufriedenheit und Selbstverachtung der Frauen. Aber der »kleine Unterschied«

ist weniger ein vermeintlich organischer Mangel, sondern im Grunde ein Symbol für gewaltige gesellschaftliche Unterdrückung. Anthropologische Untersuchungen legen nahe, dass umgekehrt auch Männer neidisch auf Frauen sind – zum einen auf ihre biologische Fähigkeiten zur Schwangerschaft und zum Kinderstillen. Zum anderen wird etwa die Klitorisbeschneidung in einigen afrikanisch-islamischen Kulturen als Ausdruck männlichen Neides auf die besondere Orgasmus- und Lustfähigkeit der Frau interpretiert.

Neid wird in psychoanalytischer Sicht aber auch zu einer schöpferischen Kraft, er löst unter Umständen einen produktiven Schub aus: Mithilfe des psychischen Mechanismus der *Sublimation* leisten Neider oft Außergewöhnliches. Gerade weil sie nicht offen und aggressiv neidisch sein dürfen, müssen sie den neidischen Impuls in eine unverdächtige Handlung transformieren, ihn sozusagen veredeln. Als ein Musterbeispiel für eine solche Sublimation nennt Sigmund Freud den Künstler, der »um seiner Kunst willen« auf Geld, Macht und die Liebe schöner Frauen verzichtet. Aber durch besondere Leistungen in seiner Kunst will er genau all das erreichen: Sie sollen ihn berühmt und reich machen und ihm die Liebe schöner Frauen schenken.

Der Neid absorbiert erhebliche psychische Energien. Um ihn im Griff zu behalten, hat der psychische Apparat neben der Sublimation drei weitere, weniger »edle« Denk- und Verhaltensmuster entwickelt: *Entwertung, Idealisierung* und *Projektion:*

Entwertung soll den Neid erträglich machen, indem der Beneidete *abgewertet* wird – wir entdecken das Haar in seiner sonst so perfekten Suppe, wir entlarven die heimlichen Fehler und Laster der Tugendsamen, und wir leuchten bemüht die Schattenseiten eines Menschen aus, der uns durch seine Macht, seinen Reichtum oder seine Schönheit neidisch macht. Der Großteil schnippischer, hämischer oder schlicht verleumderischer Bemerkungen im Alltag ist wohl Neidverarbeitung – sie werden geäußert aus dem Bedürfnis heraus, ein beneidetes Objekt vom Sockel zu stoßen (oder den Sockel zumindest »anzupinkeln«). Wer sich die »Entlarvung« und das »Zurechtstutzen« derer, die in irgendeiner Weise über den Durchschnitt hinausragen, zur Gewohnheit macht, enttarnt sich trotz der Selbststilisierung als Aufklärer schnell als Neider. Die aggressive oder hämische Entwertung von Großkopferten aller Art durch einen Chefzyniker oder den Spötter aus Berufung mag für das Publikum eine Zeit lang unterhaltsam sein, als Dauerpose ist sie verdächtig.

Idealisierung ist die Strategie, dem Neidschmerz durch die Flucht nach vorn zu entkommen: Der Neider hebt das Objekt, das er beneiden müsste, in eine Sphäre, in der er es nur noch neidlos bewundern kann. Weil es so entrückt ist und weil es sich durch Fähigkeiten und Eigenschaften auszeichnet, die einen Vergleich von vornherein absurd erscheinen lassen, findet der Neid keine Nahrung. Das Ideal ist »außer Konkurrenz«.

In der *Projektion* dreht der Neidische den Spieß um: Er entdeckt zu seiner Erleichterung und Zufriedenheit, dass der Neidschmerz nachlässt, wenn er andere auf sich neidisch machen kann. Damit die auch wirklich Grund für ihren Neid haben, strengt er sich wahnsinnig an, um Geld, Macht, Einfluss, Schönheit, Wissen zu erringen – was immer der Maßstab für einen Vergleich sein könnte, dem er selbst entgehen will. Projektion bedeutet, dem Neid zuvorzukommen. Ich mache mich selbst zum Urmeter schmerzhafter Vergleiche, die andere anstellen.

Viele Philosophen haben über den Neid geschrieben, niemand jedoch mit größerer Intensität und schärferem Blick als die vier Junggesellen Kant, Schopenhauer, Nietzsche und Kierkegaard. Immanuel Kant sah im Neid eine natürliche Regung des Menschen, die allerdings erst dann zum Laster werde, wenn er ihr nachgibt und sie auslebt. Neid ist für ihn »eine Leidenschaft, die nicht nur das Subjekt beunruhigt und quält, sondern auch auf die Zerstörung des Glücks des anderen zielt ...« Neid sei deshalb so schädlich, weil er uns dazu bringt, unsere eigenen Güter als von fremden überschattet zu sehen. Das geschieht offenbar leichter in Kleinstädten, wie Sören Kierkegaard beobachtet hat. Und als erster formulierte er die Beobachtung, dass Neid umso virulenter wird, je mehr eine Gesellschaft die Gleichheit propagiert: »Neid nimmt die Form des Einebnens an.« Auch Friedrich Nietzsche hielt den Neid für eine nivellierende gesellschaftliche Kraft, er sah in der französischen und in anderen Revolutionen einen mächtigen Neidimpuls am Werk. Für das Individuum aber ist der Neid verheerend, weil er *nihilistisch* ist: das Sinnbild unendlicher innerer Leere. Denn nicht, was einer hat, sondern was er *nicht* hat, steht im Zentrum seiner Aufmerksamkeit. Und die Missgunst verlangt darüber hinaus, dass auch andere nicht haben sollen, was er nicht hat!

Auch der Pessimist Schopenhauer war ein Neid-Experte: »Der grenzenlose Egoismus unserer Natur hat mehr oder weniger in jeder menschlichen Brust einen Vorrat an Hass, Wut, Neid, Verschlagenheit und Bösartigkeit angesammelt, wie das Gift in einem Schlangenzahn, das nur auf eine Gelegenheit wartet, entladen zu werden, und wie ein entfesselter Dämon wütet und tobt.« Der Neid wird in Schopenhauers Einschätzung immer von einem gerüttelten Maß an Hass angereichert. Schopenhauer glaubte auch: »Weil Menschen sich unglücklich fühlen, können sie den Anblick von jemandem nicht ertragen, vor dem sie glauben, er sei glücklich.« Das erscheint nicht zwingend – der Neidische muss sich gar nicht unglücklich fühlen, um neidisch zu sein, es ist umgekehrt erst der Neid, der unglücklich macht.

Der Historiker Jacob Burckhardt erinnerte daran, dass das so verklärte Griechenland der Antike, die Wiege der Demokratie, periodisch von regelrechten Neidepidemien geschüttelt wurde. Es war wohl gerade die griechische Erfindung der Demokratie, die aus Hellas eine ausgeprägte Neidgesellschaft gemacht hat. Weil die Tüchtigen und die Tapferen, die Klugen und die Weisen nun Chancen erhielten, die sie in einer Autokratie oder einer Tyrannis nie erhalten hätten, erwachte nun eine unheimliche Macht – der Neid des Bürgers auf den anderen Bürger. Neidisch waren die Athener beispielsweise auf besonders erfolgreiche Feldherren, sogar auf besonders tugendhafte Mitbürger. Und so ersannen die Demokraten ausgeklügelte Rituale, damit der Neid ihre Polis nicht zerreiße und Feindschaft säe. Die Kanalisierung des Neides geschah etwa in Form des Ostrazismus, des Scherbengerichts. Der Name eines Verdächtigen wurde auf Tonscherben geschrieben, die wurden eingesammelt, und bei einem bestimmten Quorum wurde der Betreffende verbannt – üblicherweise für zehn Jahre. Mit anderen Worten: Das Objekt des Neides wurde entfernt, aus den Augen, aus dem neidischen Sinn. Die offizielle Begründung für diese Nivellierung der Herausragenden und allzu Beliebten war die Tyrannisgefahr: Ein Günstling des Schicksals oder der Götter könnte aus seinem Erfolg besondere Vorrechte ableiten oder gar auf einer Woge der Zustimmung die Herrschaft an sich reißen. Dem musste man vorbeugen, das »rechte Maß« sollte gewahrt bleiben, auch wenn es wohl das Mittelmaß war. Die Neidabwehr geschah unter dem Deckmantel der Bescheidenheit. Die Griechen der klassischen Epoche hatten aber nicht nur ein Problem mit ihrem eigenen Neid, sie mussten zudem auch immer den Götterneid fürchten. Denn auch die Olympier sind neidisch – auf ihre eigenen Geschöpfe! Und wieder mussten Rituale die Gefahren des Neides abwehren – in diesem Fall wurden die Götter durch Opfer beschwichtigt.

And the winner is ...

Wenn uns Böses widerfährt, wenn wir Pech haben, krank werden, unverdient erscheinende Niederlagen und Schläge erdulden müssen – dann taucht unweigerlich die Hiob-Frage auf: *Warum ich?* Womit habe ich das verdient? Warum muss mir das passieren? Dem Neidischen provoziert der Blick auf das Glück, den Besitz oder den Erfolg eines anderen die Frage: *Warum nicht ich?* Warum verdient der andere mehr, obwohl er auch nicht mehr leistet als ich? Warum hat er die bessere Figur, das größere Haus? Warum scheint er mehr Spaß im Leben zu haben, beliebter und glücklicher zu sein als ich?

    Warum, so fragen sich zum Beispiel Künstler oder Wissenschaftler, geben ihm verblendete, überforderte, vielleicht sogar korrupte Juroren den Preis, der eigentlich mir zusteht? In jedem Frühjahr wird ein besonderes Schauspiel aufgeführt, in dem es um Kunst und Gunst, um Anerkennung und Niederlage geht. Wenn Hollywood in der *Academy-Awards*-Nacht die Oscars vergibt, werden Millionen Zuschauer Zeuge eines immer gleichen und doch spannenden Rituals. Sie sehen die Anspannung in den Gesichtern der jeweils fünf für den Oscar Nominierten. Dann kommt der Augenblick der Wahrheit: *And the winner is* ... Der Conferencier reißt den Umschlag auf – und nennt einen der fünf Kandidaten in einer Kategorie. Der oder die springt euphorisch auf, eilt zur Bühne, haspelt seine Danksagungen herunter ... wir kennen das. Die psychologisch spannenderen Szenen sind aber die, wenn die Kamera auf die Gesichter der Verlierer schwenkt. Das sind in der Regel gute, erfahrene Schauspieler – und doch: In diesem Moment ist es schwer, das Stück zu geben »Wie ich mich freue für XY!« Stattdessen ist über ihr Gesicht eine Frage geschrieben, die sie nun (und für vermutlich längere Zeit) beherrschen wird: *Warum nicht ich?* Der Regisseur Martin Scorcese, der so viele gute Filme auf seinem Konto hat und den die *Academy* Jahr für Jahr übergeht, hatte dieses Gesicht im März 2005, als Clint Eastwood den Regie-Oscar erhielt. *Warum nicht ich?*

Neid ist schon schlimm, wenn er uns bei einem Vergleich zu unseren Ungunsten überfällt. Sein Schmerz steigert sich jedoch noch ins kaum Erträgliche, wenn wir uns zu Unrecht als Verlierer fühlen und nicht nur mit dem launischen Schicksal, sondern mit vermeintlicher oder offenkundiger Benachteiligung durch Menschenhand hadern. Neid, gepaart mit gekränktem Stolz, ist eine Hölle für sich. Peter Handke zog sich, nachdem er mehrere Jahre hintereinander mit seinen Stücken am Theaterfestival in Oberhausen teilgenommen hatte, im vergangenen Jahr mit einer verbitterten Erklärung zurück: Er werde nie wieder teilnehmen. Auch er war Jahr für Jahr bei der Prämierung des besten Stücks übergangen worden.

Ein Treibhaus des Neides sind unsere Tagträume. In ihnen fantasieren wir uns all das herbei, was wir im wirklichen Leben nicht erreicht haben und vielleicht auch niemals bekommen werden. In Tagträumen kompensieren wir die Ungerechtigkeit der Welt, dort herrscht *unsere* Gerechtigkeit – unsere berechtigten Wünsche nach Ruhm und Ehre, Geld und Lust werden erfüllt, die Gedanken sind frei! Aber wehe, wenn diese fantasierten Wunscherfüllungen und erdachten Kompensationen in die Realität hineinreichen – wenn wir beispielsweise erleben müssen, dass andere in der Wirklichkeit so glücklich sind, wie wir es für uns in unseren kühnsten Fantasien ausgemalt haben. *Warum die und nicht ich?*

Neid: Das Empfinden eines Mangels

Ist Neid nur ein unangenehmes Gefühl oder ein Charakterdefekt? Wie flüchtig oder wie beharrlich ist Neid? Wie viel davon ist normal, wann kippt er ins Pathologische? Und gibt es so etwas wie ein Neidprofil: Sage mir, wen du um was beneidest, und ich sage dir, wer du bist!? Wenn jemand beschreiben soll, wie sich Neid anfühlt, dann kommt er dieser Bitte in der Regel mit einer Erzählung nach: Wann das Gefühl aufkam, welches der Auslöser war, wie es Besitz ergriff vom Denken, wie man dagegen ankämpfte und das Neidgefühl unter Kontrolle halten wollte, wozu es einen getrieben hat, und so weiter. Mit anderen Worten: Neid ist in eine Erzählung, in einen Kontext eingebettet, er ereignet sich als emotionale Episode. Aus der Analyse solcher Episoden destillierte W. Gerrod Parrott diese Definition: »Neid entsteht, wenn jemand einen Mangel empfindet und etwas begehrt, was ein anderer hat, oder wenn er wünscht, dass es der andere auch nicht hat. Neid kommt auf, wenn die Eigenschaften, Leistungen oder Besitztümer des anderen die eigenen in einem schlechteren Licht erscheinen lassen. Neid wird typischerweise als Minderwertigkeitsgefühl, als Begierde oder als Missgunst gegenüber der beneideten Person empfunden.«

Neid ist ein Warngefühl: Es ist deshalb so allgegenwärtig und manchmal so vehement, weil es eine Bedrohung des Selbstbildes und des Selbstwertgefühls anzeigt. Im Zentrum der Neidmechanik steht immer ein Vergleich: Durch Vergleiche mit anderen Menschen definieren wir unser Ich, wie der Sozialpsychologe Leon Festinger in den fünfziger Jahren zeigen konnte. Wir vergleichen uns in jenen Eigenschaften und Maßstäben, die uns wichtig sind und mit denen wir unser Selbstbild zusammenbauen: Da gibt es die eher allgemeinen Kategorien wie Aussehen, Fitness, Gesundheit, Ansehen, Erfolg. Und es gibt speziellere Maßstäbe – wenn wir uns für Experten halten oder bisher geglaubt haben, wir seien ein besonders guter Witzeerzähler. Und nun stoßen wir auf jemanden, der uns überlegen ist – der eleganter gekleidet ist, die Witze besser erzählt (und die Leute noch mehr zum Lachen bringt als wir), der mehr verdient, obwohl er jünger ist. Unser Selbstbewusstsein erhält einen fürchterlichen Stoß.

Bis dahin haben wir »in uns geruht« – und nun müssen wir feststellen, wie labil die Selbstsicherheit ist, in der wir uns wiegen. Neid erschüttert uns vor allem dann in unserer guten Meinung von uns selbst, wenn jemand aus gleichen Ausgangsbedingungen, aus gleichen Startchancen mehr macht.

Der Sozialpsychologe Abraham Tesser hat nachgewiesen, dass die Bedrohung des Selbstwertes durch Vergleiche mit anderen zu typischen Neidreaktionen führt: Werden wir konfrontiert mit einer Person, die in der für uns bedeutsamen Dimension einen höheren Wert erzielt, lässt sich das Aufkeimen von Neid an den oft unbewussten Reaktionen ablesen, den Neid abzuwehren und seinen Schmerz im Keim zu ersticken. Wir kennen alle diese typischen Neid-Kontroll-Formeln (und benutzen sie gelegentlich auch selbst), die aus dem Erste-Hilfe-Kasten bei akuten Neidanfällen stammen: So ein Swimmingpool macht doch nur Arbeit! Ein Porsche ist doch ein Zuhälterauto! Der ist zwar fachlich besser, aber ein Charakterschwein. Wenn ich wollte, könnte ich das auch, aber ich will ja gar nicht. Oder: Wirklich glücklich sind doch nur die Besitzlosen.

Natürlich suchen wir unsere Vergleiche nicht dort, wo wir von vornherein schlechter abschneiden müssen – wir beneiden Bill Gates nicht um seinen Erfolg und seine Milliarden, nicht Roger Federer um seine Tenniskünste, nicht Julia Roberts oder Brad Pitt um ihr Aussehen. Wir finden die Maßstäbe für unsere Fähigkeiten oder Eigenschaften in unserer näheren Umgebung: Geschwister, Nachbarn, Freunde, Kollegen. Das macht die Sache nicht unbedingt entspannter. Neid schmerzt, wenn ein Freund im Lotto gewinnt, wenn die Schwester vom Traumurlaub schwärmt (und unserer war verregnet). Neid quält noch heftiger, wenn wir uns für gut halten – und trotzdem nicht den verdienten Lohn erhalten: Wenn ich in der Schauspielgruppe schon von Anfang an engagiert mitmache, und einer, der erst vor kurzem dazustieß, bekommt die Hauptrolle im nächsten Stück. Wenn der Zeitungsschreiberling meine mannschaftsdienliche Leistung nicht gesehen hat und ich am Montagmorgen im Spielbericht der Zeitung ausschließlich über die Glanzleistung des blöden Mittelstürmers lesen muss.

Wenn die Kollegin befördert wird, obwohl ich es war, der die entscheidenden Ideen hatte.

Es gibt in jeder gesellschaftlichen Schicht immer jemanden, dem es etwas besser geht, der schöner, glücklicher, erfolgreicher ist. Vor allem unverdientes Glück wirkt als Neidauslöser. Der Pechvogel Donald Duck muss immer wieder das Glück des Taugenichts Gustav Gans ertragen. Sogar die kleinen Unterschiede sind unserem Seelenheil abträglich: Geringfügige, eher symbolisch anmutende Gehaltsunterschiede sind oft von großer Wirkung: In Experimenten hat sich immer wieder gezeigt, dass die meisten Arbeitnehmer eher bereit sind, selbst weniger zu verdienen, wenn nur der Kollege gleich wenig oder noch weniger erhält. Schwer zu ertragen dagegen ist eine Gehaltszulage, wenn der andere ein paar Euro mehr kriegt. Der Schriftsteller George Steiner sieht in Neid und Bosheit das Produkt großer sozialer Nähe: »Bosheit wird erzeugt durch niedrige Gartenzäune, sie entsteht in engen Gassen, wo Menschen ununterbrochen ihr Schultern aneinander reiben, dort, wo dieses Mannes Obstgarten einen Schatten auf jenes Mannes Weingarten wirft ...«

Die Neidmaschine namens Marketing

Der Neid ist die emotionale Triebfeder, die uns nach Kompensationen suchen lässt, wenn unser Selbstwertgefühl herabgesetzt wurde. Neid funktioniert seltsamerweise auch als ein Gefühl, mit dem wir die Beschämung, die in diesem Vergleich liegt, überwinden können. Ja, er kann geradezu als Schutz vor dem Abgleiten in die Depression oder Verzagtheit angesehen werden. Als Neidische resignieren wir nicht, denn das Gefühl stachelt unseren Ehrgeiz an und macht uns aggressiv und kämpferisch. Neid ist das unverzichtbare Stimulans unserer Gesellschaft. Die Fortschritts- und Wachstumsideologie hat sich der privaten Träume und Wünsche bemächtigt, hat sie beflügelt und ins Unermessliche gesteigert. Der Philosoph Peter Sloterdijk sieht unsere kapitalistische Gesellschaft sogar als ein »Neidkraftwerk« an, das die Wünsche der Menschen ständig anheizt.

Die heutige Konsumgesellschaft muss bei den Verbrauchern permanent Wünsche und Ziele stimulieren, um die Ökonomie in Gang zu halten – Kaufzurückhaltung oder gar partielle Konsumverweigerung, wie sie derzeit in Deutschland geübt werden (»mangelnde Binnennachfrage«), gelten als eine der Hauptursachen für Wirtschaftskrise und Stagnation. Um den Konsum in Gang zu bringen (und zu halten), auch wenn die Märkte längst gesättigt sind und die Deutschen beispielsweise ihre Autos heute durchschnittlich acht Jahre lang fahren, müssen immer neue Marketingstrategien erdacht werden. Es reicht nicht mehr, gute Ware preiswert anzubieten oder mit einem Statuswert »aufzuladen«. Die zusätzlichen neuen Kaufanreize müssen durch aufwändige Szenarien und »Geschichten« um die Produkte herum geschaffen werden: Eines dieser Szenarien ist die *Dream Society*, die der dänische Wirtschaftswissenschaftler Rolf Jensen entwirft: Es ist entscheidend, die Imagination des Kunden zu stimulieren, seine Sehnsüchte, Träume und geheimen Wünsche anzusprechen. Er kauft nicht nur ein Produkt, sondern befriedigt mit dem Kauf seine Bedürfnisse nach Zugehörigkeit, nach Umsorgtwerden und Seelenruhe, nach Abenteuer oder Geborgenheit. Um jedes dieser Bedürfnisse lässt sich ein Markt aufbauen, und eine gute Marketingstrategie bemüht sich, »die Geschichte hinter dem Produkt« (»das Ei stammt von glücklichen, frei laufenden Hühnern«) zu erzählen oder ein Lebensgefühl zu erzeugen (der *Latte macchiato grande* mag zwar übertquert sein, aber wer bei *Starbucks* sitzt, fühlt sich dem urbanen Set zugehörig). Die Marketingexperten Joseph Pine und James Gilmore sehen in der *Experience Economy* (Erlebnisökonomie) den neuen Zugriff auf die Wertschöpfung: Menschen wollen heute nicht einfach etwas kaufen und besitzen, sie wollen etwas erleben – schon während des Kaufens und danach. Menschen sind Sammler – nicht nur von Gütern, sondern auch von »guten und glücklichen Momenten« in ihrem Leben.

Was haben diese Marketing-Ideen mit dem Neid zu tun? Sie schaffen eine neue Umwelt, in der es nicht mehr nur um »Mehr« und um Statussymbole geht. Es geht nicht mehr nur um ganz konkrete Wünsche und Ziele, sondern auch um eine abstrakte und generalisierte Form der Neiderzeugung, um eine latente, aber immer präsente und leicht zu mobilisierende Unzufriedenheit mit dem Status quo. Wir neiden dem Nachbarn weniger das größere Haus oder das neue Auto, sondern den Spaß und die Erlebnisse, die er hat, und die Zufriedenheit, die er ausstrahlt.

Dieses Gefühl des Mangels inmitten des Überflusses nennt der Wirtschaftswissenschaftler Paul Samuelson die »relative Deprivation«: Nicht das objektive Niveau der so genannten Lebensqualität und auch nicht die Sinnhaftigkeit eines Vergleichs mit einem Mitmenschen zählen, sondern der *gefühlte* Unterschied zum Anspruch. Der leise Schmerz des Noch-nicht-Habens kann immer nur für eine kurze Zeitspanne gelindert werden. Die Logik eines Glücks, das an den Erlebniskonsum und das Konsumerlebnis gekoppelt ist, setzt dessen schnelle Vergänglichkeit voraus. Nur das jeweils Neue, das gerade nicht Erreichbare ist das Begehrenswerte. Neid ist der heimliche Motor unseres Wünschens, Strebens und Konsumierens. Neu ist jedoch, dass selbst die Verwirklichung materieller Wünsche und das Gleichziehen mit einem beneideten Menschen den Neid noch nicht zum Abklingen bringt. Deshalb sind alle Konsumgüter mit einem emotionalen und ideellen Mehrwert aufgeladen: Denn nicht die Dinge selbst machen uns glücklich, nicht das Überwinden des Neidgefälles oder gar das Übertrumpfen des beneideten Nachbarn, Kollegen, Freundes bringen den Neid zum Schweigen, sondern erst das Erleben und die Glücksgefühle, die den Konsum oder Besitz begleiten. Der Neidforscher Rolf Haubl meint: »In der Regel wird nicht wirklich das Gut geneidet, das im Vordergrund steht, das Auto, die Villa, die größere Schönheit. Das Eigentümliche ist: Man neidet den anderen das Ansehen, das Glück und die Zufriedenheit, also innere Zustände, die diese – so die Annahme – durch die beneideten Güter erreichen. Selbst wenn zwei Freundinnen das gleiche Kleid kaufen, neidet die Neidische der anderen dasselbe Kleid. Warum? Weil sie unterstellt, dass die Freundin die Fähigkeit haben könnte, aus diesem Kleid mehr Bewunderung oder Aufmerksamkeit herauszuschlagen.«

Der tiefere Sinn einer Todsünde

Der Soziologe Helmut Schoeck hat 1966 das maßgebende Werk unserer Zeit über den Neid geschrieben – und ihn damit wieder auf die wissenschaftliche Tagesordnung gesetzt, von der er lange Zeit verschwunden war. Schoeck erkennt im Neid eine der Haupttriebkräfte in allen Gesellschaften. Er ist zum großen Regulator aller zwischenmenschlichen Beziehungen geworden. Denn vor allem dort, wo Aufstieg möglich ist, wird der neidische Vergleich wichtig und zur permanenten Übung: Wo stehe ich im Vergleich zu den anderen? Deshalb haben nahezu alle Gesellschaften mächtige Institutionen erfunden, um die potenziell zerstörerische Emotion in Schach zu halten und den Neidimpuls – bevor er sich in gefährlichen Ressentiments, in Hass, Raub, Bürgerkrieg oder permanenten Verteilungskämpfen Bahn bricht – zu zivilisieren. Hat diese so giftige Emotion vielleicht eine nützliche Seite? Ist sie möglicherweise eine »List der Vernunft«, ähnlich der Habgier und dem Hochmut, die Menschen ja ebenfalls zu großen Leistungen anstacheln? Hatte Aristoteles Recht, als er in seiner *Rhetorik* den »guten Neid« beschrieb, der darin bestehe, dass er in Bewunderung münde und im Wunsch, dem Bewunderten nachzueifern?

Muss der Neid nicht sogar eine positive Seite haben? Die Frage erscheint umso berechtigter, als diese »Todsünde« archaisch erscheint, aber doch in allen Zeiten gegenwärtig und wirksam war. In keiner denkbaren Gesellschaftsordnung ist jemand wirklich neidlos, und auch in so konträr verfassten Systemen wie Kapitalismus und Sozialismus wirkt die anthropologische Konstante Neid auf die eine oder andere Art. Helmut Schoeck fragt also: »Kommt dem Neider auch eine positive Rolle im Kulturwandel, in der zivilisatorischen Aufwärtsentwicklung zu?«

Und er bejaht die Frage. Als zivilisatorisch können nicht nur die Antagonisten des Neides gelten, also all die Institutionen und Tugenden, die ihn in Schach halten. Der Neid muss auch Positives haben, wenn er so allgegenwärtig und unausrottbar wirkt. Dieses Positive, die »unsichtbare Hand des Neides«, liegt darin, dass »die Vor- oder Alleinherrschaft einer Gruppe in einer Gesellschaft ... potenziell durch den Neid der Gruppenmitglieder aufeinander oder einen ihrer Führer begrenzt« ist und so »die Allgegenwart des Neides der unbehinderten Machtkonzentration entgegenwirkt, also zur Zerstreuung der Macht führt, es aber andererseits eine Zähmung der Macht braucht, um die meisten schöpferischen Neuerungen zuzulassen, um überhaupt Humanität zu gestatten, können wir den Neid nicht nur als negative Erscheinung auffassen.«

Der Philosoph Max Scheler hatte schon vor Schoeck diese »innovative Kraft« des Neides beschrieben. Der vom Ressentiment erfüllte Mensch sei mehr als andere bereit, Neuerungen zu übernehmen und an sich zu arbeiten, denn er will ja an die Spitze gelangen, er will mithalten, er »will es denen zeigen«. Diese Haltung habe nicht nur destruktive, sondern auch innovative, unternehmerische, aufbauende Ergebnisse hervorgebracht. Damit diese Entgiftung des Neides und seine Transformation in eine Produktivkraft stattfinden kann, muss sich der Neider vom missgünstigen, scheelsüchtigen Brüter in einen ehrgeizigen Konkurrenten des Beneideten wandeln. Dies gelingt, wenn er erkennt, dass bloßes Vergleichen nur den Schmerz verlängert und die einzig mögliche Linderung oder gar Heilung des Neidschmerzes im Aktivwerden liegt.

Ein anderes, weniger aufwändiges Mittel gegen den Neid schlägt der Publizist Frank Schirrmacher vor: »Wir leben wie in einer riesigen Plantage, in der die Affekte kultiviert werden. Wie in einem Gewächshaus, in dem der Neid jeden Morgen gegossen wird wie in Holland die Tomaten ... Lebensgeschichten wie etwa von Kafka, Thomas Mann, Mozart relativieren im Grunde so unendlich viel. Sie sind ein gutes Mittel gegen den Neid, sie müssten es jedenfalls sein.« Denn, so argumentiert Schirrmacher, wer die wahren Lebensumstände kenne, wer die Entbehrungen, Kämpfe und Widrigkeiten im Blick behalte, die die Beneideten zu überwinden hatten, der will gar nicht mehr mit ihnen tauschen. Denn gerade darin liegt ja das Problem des Neidischen: Er fixiert sich ganz auf den *Ertrag*, auf das Ansehen, auf Status und Geld, über das der Beneidete verfügt, und er blendet den oft langen und steinigen Weg zum Erfolg aus.

Die Rache der Zukurzgekommenen

Der Neid ist deshalb so zerstörerisch, weil er das Leben des Neidischen verkrüppelt – er lässt ihn nicht seiner eigenen Agenda nachgehen, die Aufmerksamkeit wird völlig vom Objekt des Neides absorbiert.

In einer Art Neidspirale wühlt der Neid viele andere negative Gefühle auf, er macht zuerst traurig, führt dann zu Missgunst und Herabsetzung, dann zu Schadenfreude, schließlich zu Hass. Neidische sind häufig Zukurzgekommene, Verlierer, Beschämte, und ihre Rache ist oft fürchterlich: Hitlers Wut, sichtbar und hörbar in jeder seiner geifernden Reden, entspringt dem Neid des Versagers, der nicht in die Kunstakademie aufgenommen wurde und der im Wiener Männerheim seinen Hass auf die Erfolgreichen, Bessergestellten nähren konnte. *Mein Kampf* ist das Destillat von Neidkomplexen und Ressentiments. Der Antisemitismus ist nicht nur bei Hitler ein Hass, der auf tiefen und nie eingestandenen Neidgefühlen gründet. Es ist der Hass auf eine Gruppe, meist eine Minderheit in der Gesellschaft, die reicher, erfolgreicher und privilegierter erscheint als die eigene. Es ist der Neidhass der Türken auf die Armenier, der Hutus auf die Tutsis. Der Nationalsozialismus lenkte den Neid der verarmten Mittelschichten in Deutschland und Österreich auf die erfolgreichen Juden in den Professionen, in Wirtschaft und Wissenschaft. Im Wien des Jahres 1936 machten die Juden 9 Prozent der Bevölkerung aus, aber sie stellten 60 Prozent der Rechtsanwälte, mehr als 80 Prozent der Chefredakteure und mehr als die Hälfte aller Ärzte. Deutlich überrepräsentiert waren die Juden auch im Bankgeschäft, in den Universitäten und im künstlerischen Leben der Stadt. Ähnlich lagen die Verhältnisse in Berlin bis zum Jahre 1933.

Diesem tödlichen Neid hat Otto Dix in seinem Gemälde »Die sieben Todsünden« Gestalt gegeben. Im Zentrum eines Bildes voller lemurenhafter und monströser Figuren erkennen wir ein gelbgesichtiges, verschlagenes Männchen mit dem typischen Bürstenbart: Adolf Hitler. Der Postkartenmaler und Versager aus dem Wiener Männerheim hätte nicht zum Reichskanzler aufsteigen und sein mörderisches Programm verwirklichen können, ohne den millionenfachen Neid auch in anderen Deutschen zu wecken und ihre tief eingefressenen Ressentiments zu wecken und zu instrumentalisieren.

Als die Nazis an der Macht waren, konnte sich das Ressentiment auf vielfache Weise austoben und der Neidimpuls befriedigt werden. In der ersten Phase gehörte die systematische Demütigung der früher Beneideten zu den hervorstechendsten Taten: Der SA-Mann konnte den jüdischen Ladenbesitzer oder Arzt zwingen, das Pflaster mit der Zahnbürste zu schrubben. Bevor der Hass in den organisierten Massenmord überging, wurden im Zuge der »Arisierung« des jüdischen Besitzes schon mal die dringendsten Neidgefühle gestillt. Man arisierte nicht nur die Firmen, Fabriken und Kaufhäuser der Juden. Auch um die Bettwäsche, Möbel und Pelzmäntel der ehemaligen Nachbarn entbrannte eine Orgie der Habgier; die Volksgenossen erwiesen sich als wahre Neidgenossen: als Schnäppchenjäger *avant la lettre*.

Ist Neid ein demokratisches Gefühl?

Gleichheit, das Ideal der gerechten Gesellschaft, stößt sich an der unverrückbaren Tatsache, dass Menschen in vielerlei Hinsicht nicht gleich sein können und niemals sein werden, deshalb bedeutet Gleichheit in Demokratien in der Praxis: Gleichheit ist der erträglichste Grad von Ungleichheit. Zwei moderne Ideen, das Modell der Meritokratie und das Paradigma der Gleichheit, kollidieren in der Realität immer wieder miteinander: In der Theorie der demokratischen Gesellschaft sollen alle die gleichen Startchancen haben und die Besten setzen sich im fairen Wettbewerb durch. Dieser Wettbewerb kommt auch dem großen Ganzen zugute – in der Meritokratie entscheiden Verdienste und Leistungen, und die Besten sitzen an den Schaltstellen der Macht. Selbst wenn diese Idealvorstellung höchstens in Annäherungen erreicht wird, der Wettbewerb findet statt – und zwangsläufig gehen dabei viele leer aus. Selbst viele Begabte und Tüchtige bleiben »unter ihren Möglichkeiten«, Möglichkeiten, die ihnen das demokratisch-meritokratische System in Aussicht gestellt hat. Obwohl das

Prinzip der Meritokratie vorsieht, dass die Verlierer ihre Niederlage akzeptieren, denn die Chancen waren ja gleich und der Wettbewerb lief nach klaren Regeln ab, so sind die Verlierer doch neidisch. Es bleibt die Frage: *Warum der und nicht ich?*

Neid kommt umso mehr auf, wenn all die Prämissen – Fairness, Transparenz, Chancengleichheit – als nur »auf dem Papier stehend« betrachtet werden. Wenn der Verdacht aufkeimt, ob zu Recht oder zu Unrecht, es seien letztlich doch Tricks, Machenschaften und verdeckte Privilegien gewesen, die anderen zum Sieg verholfen hätten. Hält dieser aus Neid gespeiste Groll an, verfestigt er sich zum Ressentiment: Das subjektive Gerechtigkeitsgefühl ist nachhaltig verletzt, und ein Gefühl der Ohnmacht verschärft die Situation – denn alle Anstrengungen, den Neid auf »normalem« Wege abzubauen, sind vergeblich.

Das Ressentiment ist der verkapselte Wunsch nach Erniedrigung des Erfolgreichen, Besseren. Er muss entlarvt, wenn möglich auch noch gedemütigt und zu Fall gebracht werden. Der Ersatz für den eigenen Misserfolg ist eine wichtige Emotion der Neidverarbeitung: die Schadenfreude. So ist etwa die Agenda der *Yellow Press* vor allem massenwirksamer Neidabbau nach dem Muster: Auch die Reichen haben ihre Sorgen, auch die Schönen müssen sterben, und wenn wir lange genug an der Oberfläche kratzen und suchen, dann entdecken wir, dass die Beneideten genauso klein und schäbig sind wie wir.

In einem dem Ressentiment gewidmeten Sonderheft der Zeitschrift *Merkur* schreiben Karl Heinz Bohrer und Kurt Scheel in ihrem Editorial: »Das Ressentiment richtet sich immer gegen den Sieger – oder wen man dafür hält. In unseren Zeiten, wo durch die Massenmedien die ganze Welt als Vergleichsfeld zur Verfügung steht, ist es ein leichtes, jemanden zu finden, der hat, mehr hat – warum er, warum nicht ich? Dies ist ein Unrecht, und deshalb verwendet man erheblichen Scharfsinn darauf, es als solches zu entlarven.« Es ist eine paradoxe Situation: Was in extrem ungleichen, zum Beispiel feudalen Gesellschaften klaglos akzeptiert wurde, weckt nun in demokratischen Gesellschaften destruktive Gefühle – Neid, Missgunst und Ressentiment. Das Versprechen größerer Gleichheit löst große Hoffnungen und einen fatalen Wettbewerb aus: Es gibt zu viele Enttäuschte. Den Beginn der bürgerlichen Demokratie beschrieb deren Beobachter Alexis de Tocqueville: »Ist die Ungleichheit das allgemeine Gesetz einer Gesellschaft, so fallen die stärksten Ungleichheiten nicht auf; ist alles ziemlich eingeebnet, so wirken die geringsten Unterschiede kränkend ... Das ist der Grund für die merkwürdige Melancholie, welche die Bewohner der Demokratien inmitten ihres Überflusses plagt.«

Die größere Gleichheit in modernen Gesellschaften, namentlich Demokratien, vergrößert die Referenzgruppe für unsere persönliche Befindlichkeit, für unseren Status, für unser Selbstwertgefühl: Plötzlich vergleichen wir uns mit Millionen. Aus dem gelegentlich aufflackernden Neid, der durch einen scheelen Blick über den Gartenzaun entzündet wurde, wird ein permanent am Köcheln gehaltenes Gefühl, im Vergleich zu anderen schlechter abzuschneiden.

Der große Theoretiker der Gerechtigkeit, John Rawls, versuchte, eine Formel für die Lösung dieses Gleichheitsparadoxes zu finden. Im Grunde geht es dabei um nicht weniger als eine Vorbeugung gegen gefährliche Neidkomplexe und Ressentiments. Rawls Formel lautet: Wenn es schon Ungleichheiten gibt, und wenn sie unvermeidlich sind, dann dürfen sie wenigstens nicht übermäßig groß sein – und die Vorteile dieser Ungleichheit müssen für alle ersichtlich sein. Die Unterlegenen im Wettbewerb müssen außerdem die Gelegenheit erhalten, ihr Gesicht zu wahren und ihre wahrgenommene Inferiorität zu entdramatisieren. Und es hilft zudem, gefährlichen Neidkomplexen vorzubeugen, wenn die Unterlegenen nur *vorläufige* Verlierer sind und zu einem späteren Zeitpunkt den Wettbewerb gegen die Sieger wieder aufnehmen können. So könnte der Neid in eine fruchtbare Konkurrenz und Rivalität umgewandelt werden. – So weit das Rawlsche Ideal. In der Realität wird es darum gehen, wie moderne demokratische Gesellschaften eine Politik zur Beschwichtigung der Ressentiments betreiben können, welche ideellen und materiellen Kompensationen sie den Verlierern bieten und welche Ventile und Spielfelder sie für die negativen Gefühle eröffnen. Diese Fragen treiben heute die deutsche Gesellschaft in besonderem Maße um.

Einerseits gibt es die Tendenz, Gleichheit herzustellen – zumindest an der Oberfläche. Der Egalitarismus der Werbung ist tiefer greifend als jedes sozialistische Manifest. Den Ungleichen wird suggeriert, sie wären gleich, hätten das gleiche Recht auf die Segnungen der Waren- und Konsumwelt. Die Marktwirtschaft ist als solche notwendigerweise eine demokratische, und ihre Apologeten werden nicht müde zu betonen, dass das Volk in seinen Kaufentscheidungen frei sei und dadurch tagtäglich auch »abstimme«. In der Tat ist die Marktwirtschaft ein großer Gleichmacher, und sie wird auf ihre Weise sogar immer »demokratischer«, zum Beispiel in der Mode: *Haute Couture* war einmal den Reichen vorbehalten, heute ist sie auf raffinierte Weise demokratisiert: Lagerfeld-Klamotten gibt es auch bei H&M, und umgekehrt werden in der Luxussphäre immer häufiger Elemente einer Massenkultur verwendet.

Jenseits der Waren- und Konsumsphäre jedoch sind längst weniger egalitäre Tendenzen vorzufinden. Die Unterschiede werden größer und größer, wenn es um die reale Teilhabe an gesellschaftlichem Reichtum und Macht geht. Die bisherigen Kompensationsmechanismen und Neidbeschwichtigungsstrategien werden mit ökonomischen Begründungen nach und nach außer Kraft gesetzt. Was im so genannten »rheinischen Kapitalismus« noch funktionierte – der von einer Mehrheit als halbwegs gerecht empfundene Ausgleich –, wird in der »Berliner Republik« als verzichtbar angesehen. So werden beispielsweise die so genannten »Modernisierungsverlierer« als nicht mehr integrierbar abgeschrieben; auf ihre möglicherweise aufkommenden Neidgefühle wird ebenso wenig Rücksicht genommen wie auf den Neid der schmelzenden Mittelschicht, die sich über die Bereicherung und die Privilegien der politischen und wirtschaftlichen »Eliten« empört.

Dass dieser Neid immer noch virulent ist und vielleicht in Zukunft noch mehr in ein gefährliches Ressentiment mutieren kann, zeigt eine sozialpolitische Vignette des Publizisten Klaus Hartung (im Kursbuch *Die Neidgesellschaft*). Neid durchdringe die Handlungsweisen und Verordnungen des Staates und seiner Organe angeblich bis ins Kleinste. Hartung spricht von einer »Verstaatlichung des neidischen Blicks«: Der deutsche Sozialstaat mit seinen ausgeprägten Gerechtigkeits- und Ausgleichsmechanismen habe leider keine selbstbewusste, in sich ruhende Bürgerkultur geschaffen, keine Mittelschicht mit hohem Lebensstandard, sondern »eine Mehrheit von Minderheiten, Betroffenen, Zu-kurz-Gekommenen, die immer mehr wollen.« Hartung schildert den Fall des Berliner Luxushotels *Adlon*, das mit den Behörden darum kämpfte, einen roten Baldachin am Eingang anbringen zu dürfen. Der Antrag wurde abgelehnt. Denn, so die Argumentation des Bezirksamtes Mitte, der Baldachin käme »nur einer Minderheit von reichen Gästen« zugute, und dafür dürfe man das Erscheinungsbild der Straße *Unter den Linden* nicht verändern. In diesem Bescheid artikuliere sich weniger die Schikane eines Beamten, sondern, schlimmer noch, eine Routine: »Das hieße, dass das anerkannte Allgemeine, die sozialpolitische Perspektive selbst vom Neid durchdrungen werden kann und wird. Die Amtssprache … operiert mit sozialen Phantomen, die man ›Bevölkerungsdurchschnitt‹ oder ›kleiner Mann‹ nennen könnte. Der Staat steht selbst verbittert im Regen, während der Luxusgast unter dem Baldachin zu seiner Suite geleitet wird.«

In Talkshows taucht unweigerlich der Satz auf »Das hier ist eine Neiddebatte!«, wann immer es um die Kritik an der Überversorgung von Politikern, um die Selbstbedienung von Managern oder um die Erbschafts- oder Unternehmensbesteuerung geht. Dabei gibt es zwischen den demokratischen Staaten, die sich als Wohlfahrtsstaaten verstehen und sich den Prinzipien sozialer Gerechtigkeit verpflichtet fühlen, große Unterschiede. Der Neid ist offenbar unterschiedlich stark ausgeprägt und hängt in großem Maße von nationalen Mentalitäten und der Kraft kultureller Mythen ab: In einer aufstiegsorientierten Gesellschaft wie der amerikanischen ist der Neid auf Millionäre und Milliardäre sehr gering, und auch die Phantasiegehälter von Managern lösen keine Neiddebatte aus. Noch immer wirkt der Glaube, dass es die vertikale Mobilität jedem erlaubt, aufzusteigen und es den Reichen gleichzutun.

Regelrechte »Neidgesellschaften« schienen, wenn es um Steuern und Umverteilung ging, neben der Bundesrepublik bis vor kurzem noch die skandinavischen Staaten zu sein, die einem sozialen und egalitären »Volksheim«-Ideal verpflichtet waren. Das Prinzip der Steuerprogression, die die Reichen stärker belastet und besteuert und die Erbschaftssteuer, die das »unverdiente« Vermögen zugunsten der Gemeinschaft schmälert, sind die klassischen Neidverarbeitungsinstrumente eines Staates. Steuersysteme sind die in Gesetze gegossenen Strategien gegen den Neid.

Wer sagt denn, dass das Leben fair ist?

In dem südafrikanischen Film *Die Götter müssen verrückt sein* bringt eine achtlos aus einem Flugzeug geworfene, leere Colaflasche Unglück in einen Clan von Buschmännern, die als Jäger und Sammler weit abgeschieden in der Kalahari leben, in glücklicher Eintracht und Zufriedenheit. Einer der Jäger findet die Flasche, bringt sie mit in sein Dorf – und in die friedliche, fast paradiesische Idylle ziehen Zank und Zwietracht ein: Jeder will das seltsame, eigentlich unbrauchbare Ding für eine Weile haben, es gibt Tränen und Streit. Eindrucksvoll die Szene, in der die Buschleute plötzlich voller Beschämung erkennen, dass sie sich wegen etwas entzweit haben, was sie bis dahin nicht kannten: den Neid auf *Besitz*. Sie, die sonst alles miteinander teilten, wurden aggressiv, weil einer etwas hatte, was »einmalig« war. Die Buschleute lösten ihr Problem, indem sie den neid- und streitauslösenden Gegenstand aus ihrer Welt beförderten: Ein Jäger nahm das Ding, lief bis an den Rand einer gigantischen Schlucht und warf es in den Abgrund. Meist lässt sich der Neid nicht so einfach entsorgen.

Neid und Ressentiment finden ihren Nährboden in den Ungleichheiten aller Art. Neidisch wird der sein, der sich nicht mit der Tatsache abfinden kann, dass das Leben nicht gerecht ist, dass es seine Güter ungleich verteilt und dass es zwischen Menschen nur selten so fair zugeht wie bei einem Freundschaftsspiel der Amateure. Und selbst in der gerechtesten aller Gesellschaften wird es immer Menschen geben, die schöner, klüger oder erfolgreicher sind als andere. Der scheele Blick, der missgünstige Vergleich ist nie völlig auszurotten.

Es ist jedoch mehr als eine Frage des individuellen Charakters oder des schiefen Vergleiches, ob man den Erfolg des anderen als eine Niederlage für sich selbst ansieht oder ob man ihn neidlos akzeptieren kann. Lässt sich die neidverzerrte Welt- und Selbstbetrachtung überhaupt korrigieren?

Zunächst ist es wichtig, den eigenen Neid nicht zu verleugnen. Er ist ein soziales Signalgefühl, das auf vermeintliche oder echte Unterschiede hinweist und die eigene Person auf den Prüfstand hebt. Deshalb ist Neidgefühlen nur beizukommen, wenn eine Umdeutung der Annahmen gelingt, die unseren Selbstwert konstituieren: Was macht mich zu einem wertvollen Menschen? Wo liegen meine Defizite? Woher rührt die Überzeugung, mir stünde dieses oder jenes zu? Wie berechtigt ist diese Überzeugung? Und letztlich: Was macht mich zufrieden? Wahre Zufriedenheit ist keine Frage von Besitz, Macht, Status oder anderen äußerlichen Dingen, sondern des guten Selbstgefühls und eines tieferen Lebenssinns. Wir haben die Kontrolle über unsere Gemütszustände, ebenso über die Ziele, die wir uns setzen, und über die Wahl der Werte, die wir für wichtig erachten. Neid ist in vielen Fällen ein Reifungsdefizit: Man bleibt fixiert auf »kindliche« Maßstäbe des Lebenserfolges und der Zufriedenheit: Beliebtheit, Besitz, Macht, Spaß ...

Ein irrationaler Neid wird heute beispielsweise durch die Suggestion entfacht, dass jeder alles werden kann – ein bisschen Mühe und Glück vorausgesetzt: Jeder hat das Recht, ein Künstler, Sänger, Dichter, Schauspieler, Romancier oder Fotograf zu sein. Daher gibt es so viele untalentierte Menschen, die sich mit Hingabe an Karrieren in diesen Feldern versuchen. Unweigerlich müssen sie die Erfahrung machen, dass »es nicht reicht«, dass ihr Dilettantismus nicht einmal zur mittelmäßigen Performance befähigt. Die Rache der Gescheiterten ist fürchterlich: Wenn ich nicht malen kann, dann zerstöre ich wenigstens den Formenkanon und gebe meine Krakel als Kunst aus. Wenn ich nicht singen oder musizieren kann, dann erkläre ich meine Geräusche zur Avantgardemusik, wenn ich nicht dichten kann, erkläre ich die Prosodie für obsolet und mein Gestammel zu postmoderner Lyrik. So lässt sich der Neid auf Kosten der Qualität beschwichtigen, und die Unbegabten erhalten ihre Genugtuung. Aber Mittelmäßigkeit ist keine Schande, und denen, die Hervorragendes leisten, sollten wir Respekt und Anerkennung neidlos gewähren können, ohne uns dabei selbst klein zu fühlen.

Alles eine Frage der Perspektive

Die Prophylaxe des Neides besteht in der Kunst der Perspektive: Es hilft, sich »abwärts« zu vergleichen – mit Menschen, die weniger vom Glück begünstigt wurden als wir. Dankbarkeit ist ein weiterer wichtiger Neid-Antagonist. Indem wir lernen, den Blick auf das zu richten, was wir haben, lässt sich vom Neid ablenken, er lässt sich »ausblenden«: *Count your blessings*. In der eingangs geschilderten Professoren-Geschichte bestand die Therapie darin, den Blick auf ebendiese realen Segnungen oder »Besitzstände« an Zufriedenheit zu richten und die Irrationalität des eigenen Neides kritisch zu analysieren: Er schmerzt, ohne uns irgendwie voranzubringen. Warum also dabei verweilen?

Ob wir Neid empfinden, hängt von unseren subjektiven Maßstäben ab. Ob dies wirklich *unsere* Maßstäbe sind, ob wir sie immer klug wählen, ist eine Frage der Reflexion, des Abwägens. Wenn uns Neid zu dieser Reflexion veranlasst, so kann er ein produktives »Durchgangsstadium« sein. Die amerikanischen Emotionsforscher June Tangney und Peter Salovey empfehlen, aufkommende Neidgefühl auch zur Selbstdiagnostik zu nutzen: »Wenn er von begrenzter Intensität und Dauer ist, kann Neid ein Motivator sein. Eine Möglichkeit, wie Menschen zum Erreichen neuer Ziele motiviert werden können, ist, ihren Neid ins Joch zu nehmen, um ein zielgerichtetes Verhalten voranzutreiben ... Eine zweite adaptive Funktion des Neides ist seine mögliche Rolle in der Ausbildung und Klärung der Identität.« Die meisten Menschen haben ein deutliches Gespür dafür, dass bestimmte Situationen oder Personen sie neidischer machen als andere. So entsteht geradezu ein individuelles »Neidprofil«. Das emotionale Feedback, das diese Neidempfindungen liefern, informiert uns über die Dimensionen des Selbst, die für unsere Identität besonders wichtig, vielleicht entscheidend sind: »Was erfahren wir über uns, wenn der Neid über den Nobelpreis eines Kollegen bei uns nur Grübeleien darüber auslöst, was man mit dem Preisgeld alles machen könnte, und wenn wir dem neuen Ruhm jedoch kaum Aufmerksamkeit widmen?« Tangney und Salovey halten diese Reaktion für einen Hinweis auf eine materielle Gesinnung und eine Geringschätzung öffentlicher Anerkennung: Man ist scharf aufs Geld, aber nicht auf den Ruhm.

Die Welt ist nicht gerecht – aber wir haben die Wahl der Maßstäbe: Ist es sinnvoll, sich mit Glückskindern, mit geborenen Virtuosen, mit hochbegabten Wissenschaftlern, mit begnadeten Sportlern zu vergleichen? Das Leben ist kein Gewinnspiel, es geht im Wesentlichen nicht darum, Trophäen zu sammeln oder andere auszustechen – zumindest sollte es nicht darum gehen. Arbeit am Neid ist Arbeit am Selbst: Sich selbst zu überzeugen, dass neidische Vergleiche das eigene Leben blockieren können – und darüber nachzudenken, welche Maßstäbe des Glücks man für sich akzeptieren will. Lebenskunst besteht manchmal auch darin, selbst mit den schlechten Karten, die uns das Schicksal ausgeteilt hat, ein gutes Spiel zu spielen.
Neid lässt sich vermeiden, wenn man die Qualitäten anderer anerkennen lernt: Vielleicht hat der andere die Dinge, um die ich ihn beneide, verdient. Vielleicht hat er hart gearbeitet, um nun besser dazustehen. Und wahrscheinlich kenne ich die verborgenen Kosten nicht, die seine sichtbaren Vorteile mit sich brachten: der Verzicht auf Freizeit, auf Bequemlichkeit oder Beliebtheit.
Ganz ohne Neid wären wir fatalistisch oder lethargisch. Neid stimuliert uns zu Anstrengungen, im Idealfall auch zur Arbeit an uns selbst, zur Selbstverbesserung. Neid kann ein Signal sein, dass es ungerecht zugeht; er kann uns dazu motivieren, Gerechtigkeit herzustellen. Was gerecht ist, was uns zusteht, was wir anderen gönnen – all das ist nicht fixiert. Neid ist kaum auszurotten – aber wir können lernen, den Neid als kreative Kraft zu nutzen.

Habgier

Avaritia

Die Höllenstrafe: In einem Kessel heißen Öls gekocht werden. (extra vergine)

»Meine Damen und Herren, wir sind nicht hier, um in Fantasien zu schwelgen, sondern uns der politischen und ökonomischen Realität zu stellen ... Das neue Gesetz der Evolution im Amerika der Unternehmer scheint inzwischen das Überleben der Untüchtigsten zu sein. Bei mir gibt es das nicht, bei mir macht man es entweder richtig oder man wird eliminiert. In den letzten sieben Deals, an denen ich beteiligt war, gab es 2,5 Millionen Aktienbesitzer, die einen Profit von 12 Milliarden Dollar vor Steuern gemacht haben (Beifall). Danke! Ich zerstöre keine Unternehmen, ich befreie sie! Der Punkt ist, meine Damen und Herren, dass Habgier – ich finde kein besseres Wort – etwas Gutes ist. Habgier ist richtig. Habgier funktioniert. Habgier schafft Klarheit, Habgier kommt zum Wesentlichen, sie erfasst das Wesen des evolutionären Geistes. Habgier in all ihren Formen – Gier nach Leben, nach Geld, nach Liebe, nach Wissen – hat den Aufstieg der Menschheit markiert ...«
      Michael Douglas als Gordon Gekko im Film *Wall Street*, 1987
      (modelliert nach Ivan Boesky, dem Spekulanten, Junk-Bond-
      Händler und Betrüger)

Ist Gier wirklich die große Aufstiegshilfe der Menschheit? Ist sie der Motor der Gesellschaft und das eigentliche Geheimnis jeder Entwicklung? Ist die Unersättlichkeit des Einzelnen eine List der Vernunft, die uns zu Frieden und Fortschritt, zur Zivilisation verholfen hat? Oder ist das Gegenteil wahr: Habgier ist und bleibt die Todsünde, die alles korrumpiert und zerstört – zuerst das Menschliche, dann die Gesellschaft und letztlich sogar die Grundlagen unserer Existenz, die Ökosphäre? Solche Fragen treiben uns heute wieder um. Jenseits theologischer Überlegungen kristallisieren sie sich als die Hauptfragen gegenwärtiger Politik heraus: Wie viel Leine darf, muss man der Gier lassen, welches Maß an Bereicherungsmöglichkeiten sind gut für eine Gesellschaft? Und was die Lebensführung des Einzelnen betrifft: Wie viel Geld und Besitz muss man haben, um gut leben zu können? Wie geil ist Geiz wirklich?

Die Antworten fallen höchst unterschiedlich aus. Sie sind geprägt vom jeweiligen Menschenbild und vom favorisierten Gesellschaftsmodell. Aber es dominiert eine säkularisierte Sicht der Habgier – sie ist als »gesundes Erwerbsstreben« nicht nur das Leitmotiv und der eigentliche Kern der so genannten neoliberalen Wirtschaftspolitik, sie durchzieht alle Sphären und Ebenen der Gesellschaft. Habgier ist, wenn sie einigermaßen regelhaft ausgelebt wird, gesellschaftsfähig. Das zeigen schon die vielen Euphemismen, die für die ganz alltägliche Habgier erfunden wurden: Jemand hat finanziellen Erfolg, hat einen guten Schnitt gemacht und seine Schäfchen ins Trockene gebracht, hat abgesahnt. Es gibt kaum jemanden, auch nicht unter den Tugendhaftesten, der nicht mindestens eine kleine Habgier befriedigt, wenn er ein »Schnäppchen« machen kann, und es wäre nachgerade töricht, keine optimale Rendite erzielen zu wollen oder für die ökonomische Sicherheit zu sorgen.

Die Habgier hat eine riesige Grauzone geschaffen – zwischen legal und legitim, zwischen anständig und anrüchig, zwischen Moral und Cleverness. Alles, was nicht gerade plumper Diebstahl oder glatter Betrug ist, lässt sich irgendwie rechtfertigen und wird achselzuckend toleriert. Geldgier und Korruption in Politik und Wirtschaft gelten längst als der Normalfall, Soziologen sprechen von »kriminogenen Strukturen«, wenn etwa das Gesundheitswesen oder öffentlich-rechtliche Medienanstalten nur noch aufgrund kaum kontrollierbarer Geldflüsse, durch »Drittmittel«, Sponsorengelder und Subventionen funktionieren. »Kriminogen« sind diese Interessengeflechte, weil sie förmlich zum Kassieren, Manipulieren und Betrügen einladen. In den Wissenschaften, im Profisport, in der Unterhaltungsbranche, in der E-Kultur gilt: Wer kann, versucht mit allen Mitteln und so schnell wie möglich, reicher zu werden. »Kriminogen« sind aber auch offenbar Großtankstellen, wie der Zentralverband des Tankstellengewerbes berichtet: Der Benzinklau greife um sich – je größer eine Tankstelle, je mehr Zapfstellen sie hat, desto leichter verliere das Personal die Übersicht, und das werde immer häufiger von Gratis-Tankern genutzt. Die Zapfstellen stehen nicht nur bei Esso oder BP, sie sind auch in den Konzernen, in den Mammutbürokratien Brüssels, in Ministerien und Verwaltungen.

Das heutige *Enrichessez-vous!* gilt ebenso wenig als unanständig oder unmoralisch wie zu Zeiten der Zweiten Republik in Frankreich. Der Publizist Heribert Prantl schreibt in einem Kommentar über die Korruptionsskandale bei Volkswagen: »Der simple Satz ›So etwas tut man nicht!‹ hat offensichtlich seine Kraft verloren … Es gab in den vergangenen Jahren eine Kaskade von kleinen und mittleren Unsauberkeiten, Unlauterkeiten und Schummeleien, es gab die Affären mit falschen Abrechnungen, privat genutzten Dienstwagen, es gab Dienstflüge, die nicht unbedingt welche waren … es gibt allenthalben eine fatale Neigung, nur noch danach zu fragen, ob etwas eklatant gegen die Strafgesetze verstößt. Wenn nicht, dann gilt die Devise *anything goes*.«

Die Grenzen zwischen »gesundem« Erwerbstrieb und krimineller Vorteilsnahme sind fließend, und da so viele in den meinungsprägenden Milieus in Versuchung geraten, wächst das Verständnis für die vielen Formen der Gier. Sie hat zudem die Weihen der herrschenden ökonomischen Theorie, die nichts Schlimmes daran finden kann, dass die Reichen immer reicher werden – im Gegenteil: Von einer nötigen und sinnvollen »Spreizung« der Einkommen ist die Rede, womit die verbesserten Profitmöglichkeiten auf der einen und soziale Leistungsbeschränkungen plus Geringlöhne auf der anderen Seite gemeint sind. Wer die Habgier kritisiert, wird selbst einer Todsünde bezichtigt: Er ist entweder faul oder neidisch.

Halb resigniert, halb realistisch müssen selbst jene, die trotzdem in der Habgier ein moralisches und gesellschaftliches Problem sehen, eingestehen: Der Primat eines bestimmten Wirtschaftsmodells über die Politik scheint unabänderlich. Man kann offenbar nichts dagegen machen. Zur Marktwirtschaft und ihren »Gesetzen« gibt es keine überzeugende Alternative (mehr). Oder, wie es das *Thatcher-Theorem* behauptet: TINA, *There is no alternative!* Das letzte gesellschaftliche Modell, das die menschliche Habgier eingrenzen wollte, ist auf der ganzen Linie gescheitert. Die alten *Nomenklaturas* der sozialistischen Staaten schafften den blitzschnellen und fast nahtlosen Übergang in die neue Kapitalistenklasse oder in die nationale Mafia, wobei die Strukturen und Methoden beider Organisationsformen sich oft sehr weit überschneiden. Die Kleptokraten und Oligarchen der post-sozialistischen Sowjetunion und ihrer Satelliten haben der triumphalen Geschichte des menschlichen Urtriebs Gier nur ein weiteres historisches Kapitel hinzugefügt.

Bereichert euch! Das Sequel

Wir sind weltweit offenbar in eine neue Phase der Selbstbereicherung eingetreten. Der Kapitalismus befreit sich von allen Rücksichtnahmen und Gegengewichten. Mit den staatlichen Grenzen sind im Zuge der Globalisierung auch andere Grenzen gefallen. Außer einer hilflosen Rhetorik, die sich in Raubtiervergleichen und Heuschrecken-Debatten erschöpft, scheint es keine Gegenmittel zu geben. Schon das Wort »Globalisierungkritiker« für die neuen antikapitalistischen Bewegungen wirkt allmählich komisch, so etwa wie »Wetterkritiker« ... In der politischen Praxis geht es nur noch um die Grade der Grausamkeiten gegen die Verlierer im globalen Wettbewerb. Die sozialistischen, kirchlichen oder allgemein-moralisierenden Appelle, über den Eigennutz das Gemeinwohl nicht zu vernachlässigen, fruchten nicht nur überhaupt nicht, sie müssen inzwischen schon als Teil der Beschwichtigungsversuche gesehen werden. Zu zeitgemäßen Chiffren der Habgier sind in unserem Land die Namen prominenter Akteure wie Esser, Ackermann oder Schrempp geworden, und an den Fantasiegehältern der Manager entzünden sich Wut und Neid nicht nur der eindeutigen Verlierer, sondern auch der zunehmend vom Abstieg bedrohten Mittelschicht.

Dabei ist es erst wenige Jahre her, dass die enorme destruktive Macht der Gier überdeutlich zutage trat. Eine große Ernüchterung folgte dem Rausch der *New Economy* und der kurzen Blütezeit des so genannten Casino-Kapitalismus, als Millionenvermögen per Mausklick gemacht und wieder verloren wurden – und als über Nacht ganze Branchen wieder verschwanden und Millionen ihre Ersparnisse in riskanten Börsengeschäften verspielt hatten. Doch die Ernüchterung führte nicht zu einer Veränderung des Systems. Nur die Zahl der Mitspieler hatte sich reduziert. Das Spiel ging weiter. So genannte Mega-Merger und feindliche Übernahmen blieben das bevorzugte Spiel der Topmanager. Ihren Kampf um Größe, Macht und persönlichen Reichtum führen sie ohne Rücksicht auf Verluste: In über 50 Prozent der Firmenzusammenschlüsse kam es zu einer deutlichen Reduzierung statt zur Mehrung der Aktienvermögen. Alle Mittel sind in diesem Kampf recht, von der schlichten Bilanzfälschung bis zu raffinierten Betrugsmanövern, mit denen sich die Kurse kurzfristig manipulieren lassen. Die Firmennamen Parmalat in Italien, Worldcom oder Enron in den USA, Mannesmann/Vodaphone in Deutschland stehen für solche Praktiken.

In den meisten dieser Fälle von extremer, häufig krimineller Gier, die zudem noch gepaart ist mit Verantwortungslosigkeit gegenüber den Arbeitnehmern, sind die Akteure eben nicht Kapitalisten alten Stils, sondern Manager, Vorstandsvorsitzende, oder, im neuen Jargon, CEOs, *Chief Executive Officers* – also keineswegs Eigentümer, sondern »nur« Mandatsträger, Sachwalter der eigentlichen Besitzer eines Unternehmens, der Anteilseigner, im neuen Jargon *Shareholder*. Diese Aktienbesitzer agieren nicht mehr selbst, sie nehmen nur noch den Gewinn entgegen. Die kritische Frage ist unter solchen Verhältnissen: Was ist jeweils das Interesse des großen Ganzen, also der Firma und der in ihr Beschäftigten, und was ist das persönliche Interesse derer, die sie führen, ohne sie zu besitzen? Welches Interesse überwiegt bei konkreten Entscheidungen? Der neue managementgeführte Kapitalismus hat das wirtschaftliche Handeln und die Verantwortung auf fatale Weise entkoppelt. Was gut ist für Esser, Ackermann oder Schrempp muss nicht gut sein für die Firma.

Das Beispiel Mannesmann ist musterhaft: Eine Handvoll Manager hat für einige Millionen in die eigene Tasche einer anderen Firma, nämlich Vodaphone, ein Unternehmen im Wert von dreistelliger Milliardenhöhe zugeschanzt. Habgier hat diesen Prozess der Verantwortungslosigkeit beschleunigt: »Sie sollen sich schämen, sagt man ihnen; vorgeblich für die Höhe ihrer Bezüge, die in keiner Relation mehr zu ihrer ›Leistung‹ stünde – dabei weiß jeder, dass bei diesen Größenordnungen Leistungen und ihre Entlohnung, wie immer man beides bestimmen will, keine Rolle mehr spielen, sondern allein Interessenlagen. Faulheit ginge in Ordnung, selbst bei bedeutend höheren Bezügen, wenn man nur der Interessenidentität von Eigentum und Entscheidung sicher sein könnte. Genau dies kann man aber nicht. Stattdessen hat man es mit einer ebenso prinzipiellen wie schlauen Subalternität zu tun, die für ein Linsengericht, das sie selbst verzehrt, das Erstgeborenenrecht ihres Auftraggebers zu verhökern bereit ist. Es geht nicht um ›Gier‹ versus ›Neid‹. Es geht um das Misstrauen gegen eine neue Klasse von beängstigend unbalanciertem Zugriff auf die gesellschaftlichen Mittel.« – Burkhard Müller in der *Süddeutschen Zeitung*.

Wer wird Millionär?

Die Gier der Spekulanten während des kurzen Booms am »Neuen Markt« zeigte sich in einer besonderen Variante. Sie wies alle Züge einer Sucht auf. Habgier und ein schnell ins Pathologische abgeglittener Spieltrieb verbanden sich zu einer Zockermentalität, zu einem Geisteszustand kurzzeitigen Irreseins. Ein besonders gut sichtbares Beispiel dafür war die Versteigerung der UMTS-Lizenzen durch den zuständigen Minister, sie stellte eine klassische Casino-Situation dar: Wie im Spielrausch boten die Manager verschiedener Telekommunikationsfirmen um die Wette – die »Sieger« zahlten unglaubliche Summen, die nach Meinung aller Experten weit über den jemals zu erwartenden Gewinnen aus der Vermarktung dieser Technik lagen. Diese Einschätzung hat sich inzwischen bewahrheitet.

Die Spielschulden der großen Zocker zahlen meistens andere: Die deutschen Lebensversicherer, geblendet von den schnellen Gewinnchancen, haben etwa 100 Milliarden Euro an der Börse versenkt, zum Schaden der Versicherten.

Das Reichwerden ohne nennenswerte Arbeit, Millionär mit fünfundzwanzig Jahren sein, wurde für eine Generation ein erstrebenswertes Lebensziel. Ein mit Luftgeschäften kurzfristig reich gewordener Twen namens Lars Windhorst wurde von Kanzler Kohl sogar zum Vorbild für andere Jugendliche gepriesen. Durch *Daytrading* oder *Junk-Bond*-Handel waren in der Tat zeitweise bis zu 1 000 Prozent Gewinne am Neuen Markt möglich. Kauf und Verkauf von Aktien hängen in den meisten Fällen jedoch nicht von realen wirtschaftlichen Gegebenheiten ab, sondern vom Verhalten der »Mitspieler«. Das Merkmal des gierigen Spielens ist der schnelle Verlust des kritischen Denkens, die Ausschaltung aller Vernunft. Gier, die Hoffnung auf den schnellen Gewinn plus magisches Denken bildeten das Syndrom, von dem viele befallen waren. Nicht, dass das Spielen in theologischer Sicht günstiger beurteilt würde als die nackte Gier: Die Zocker sind nämlich nicht nur habgierig, sondern auch noch träge. Sie sind sogar zu faul, das Geld durch irgendeinen Anschein von Arbeit zu verdienen.

Dass diese Gier in uns allen schlummert, zeigte sich in den Hochzeiten des Neuen Marktes: Es braucht nur die richtige Ansprache, um sie zu wecken. Dann werden aus zufriedenen, in sich ruhenden Menschen, die in ihrem früheren Leben für Couponschneider und Börsenhaie nur Verachtung übrig hatten, selbst richtige Spielernaturen. Die plötzlich real erscheinende Aussicht auf schnellen Reichtum bringt immer wieder Verhaltensweisen und Denkmuster zum Vorschein, für die man sich in nüchterneren Zeiten schämt. Aber das künstlich erzeugte Börsenfieber machte vor zehn Jahren aus den eher börsenskeptischen Deutschen Spekulanten, die sich für gewieft hielten. Millionen gerieten in den Sog der Casinostimmung. Kneipen- und Saunagespräche drehten sich plötzlich um Gewinnmitnahmen und Geheimtipps.

Die Umerziehung von braven Sparern zu Börsenzockern gelang, weil plötzlich jeder jemanden zu kennen schien, der stolz über seine sagenhaften Gewinne an der Börse berichtete. Selbst die Zögerlichen ließen sich anfixen – und sei es durch so genannte Volksaktien. Die Telekom-Aktie diente als Einstiegsdroge. Bekannte Schauspieler und Entertainer wie etwa der so Vertrauen erweckend guckende Manfred Krug animierten die Kleinanleger – gegen die Skepsis von Börsenprofis – zum Kauf der T-Aktie. Der Psychoanalytiker Tilmann Moser schrieb auf dem Höhepunkt der Börsenhysterie in der *Frankfurter Allgemeinen Zeitung:* »Ich habe an mir und an anderen beobachten können, dass ich auf Gewinne und Verluste an der Börse nicht mit normal-erwachsenem Gemüt reagiere, sondern so, als gehe es um Belohung oder Strafe ... Geldvermehrung über Nacht berührt bei vielen streng Erzogenen das kindliche Gewissen: Es kann etwas nicht ganz in Ordnung sein ... In allen Menschen schlummern kindliche Gefühle, die sich später durchaus ein erwachsenes Gewand zulegen können: Neid, Rivalität, Wünsche nach Anerkennung und Besitz, die heimliche Sehnsucht nach Aufwertung, nach dem »großen Los« und schließlich Gier, die um so stärker im Unbewussten wirkt, je rüder wichtige kindliche Bedürfnisse durch Versagung frustriert wurden. Die Neuemissionen (an der Börse) und vor allem ihr publizistischer Begleitlärm haben Zugang gefunden zu diesen fast magischen Sehnsüchten nach Wiedergutmachung und Auszeichnung, nach Trost und Löschung der Gier und des Neides.«

Habgier macht alle glücklich, mehr oder weniger

Die Neoliberalen aller Länder berufen sich im Wesentlichen auf zwei Argumente, die auch Gordon Gekko in seiner viel zitierten Ansprache verwendete: Habgier ist erstens tief im menschlichen Wesen verankert, und Habgier ist, zweitens, gut für die Wirtschaft. Also ist es vernünftig, ihr ein optimales Spielfeld zu bereiten und sie sich entfalten zu lassen. Beide Argumente hat der Theoretiker des frühen Kapitalismus, der schottische Wirtschaftsphilosoph Adam Smith, in bestechender Weise miteinander verknüpft. Für ihn offenbart sich in Habsucht und materiellem Egoismus eine List der Natur. In der Gier lässt sich das wundersame Wirken einer »unsichtbaren Hand« erkennen. Sie lenkt das Gewinnstreben der vielen Einzelnen und fügt es zu einem sinnvollen Ganzen zusammen. So wird die oftmals abstoßende Eigenschaft Habgier transzendiert und zum Baustein eines ökonomischen Grundgesetzes. Smith schrieb: »Nicht von der Gutmütigkeit des Metzgers, des Brauers oder des Bäckers können wir unser Abendessen erwarten, sondern davon, dass sie ihr eigenes Interesse im Auge haben.«

Die Historie scheint immer wieder für diese Theorie zu sprechen. Als die puritanischen Pilgerväter 1620 bei Plymouth im heutigen Connecticut landeten, richteten sie zunächst ein kommunales System der Landwirtschaft ein. Bereits nach drei Jahren gaben sie es auf – es funktionierte so schlecht, dass eine Hungersnot drohte. Stattdessen erhielt nun jede Familie ein eigenes Stück Land und war für dessen Bebauung verantwortlich. William Bradford, der zweite Gouverneur der Plymouth Colony, stellte in seinem Bericht fest, dass die privaten Grundstücke sehr viel besser bestellt wurden und die Ernten wesentlich reicher ausfielen als im kommunalen System. Die Menschen strengen sich einfach mehr an, wenn es um ihr eigenes Land, um ihren eigenen Erfolg geht.

Diese Erzählung aus der Frühzeit der amerikanischen Geschichte ist Wasser auf die Mühlen all derer, die im Privateigentum den Kern guter Bürgerlichkeit erkennen. Eine Studie aus dem Jahre 1999, die im *Journal of Urban Economics* veröffentlicht wurde, kommt zu dem Schluss, dass Hausbesitzer bessere Bürger seien als Mieter: Sie engagieren sich angeblich mehr in der Lokalpolitik und in Vereinen, sie gehen in größerer Zahl wählen und helfen mit, lokale Probleme zu lösen.

Was liegt also näher, als möglichst viele Menschen zu Besitzern zu machen? Die »konservative Revolution« unter George W. Bush in den USA will in dessen zweiter Amtszeit die *Ownership society* vorantreiben: Jeder soll seine eigene Altersvorsorge, seine eigene Krankenversicherung, seine eigene Immobilie »besitzen«. Die Menschen würden so nicht nur zum Sparen angeregt, sie hätten auch mehr Entscheidungsfreiheit über ihre eigenen Lebensverhältnisse. Der renommierte Wirtschaftswissenschaftler Robert J. Shiller sieht in dieser Politik der »reinen Lehre« des Individualismus ein großes Risiko für den Einzelnen: Die Jobs sind nicht sicherer geworden, die Globalisierung treibt die »kreative Zerstörung« ganzer Branchen voran und macht eine Langzeit-Lebensplanung fast unmöglich, der Aktienmarkt ist extrem unvorhersagbar geworden, und in vielen Bereichen der Wirtschaft setzt sich das Prinzip »*winner takes it all*« durch – ein verschwindend geringer Prozentsatz der Bevölkerung wird immer reicher, die meisten anderen verdienen immer weniger. Die ökonomische Ungleichheit wächst. Eine »Gesellschaft der Eigentümer« verliert allmählich die Instrumente, mit denen soziale Schieflagen und Ungerechtigkeiten ausgeglichen werden können.

Immerhin lässt sich der ausgeprägte Unternehmergeist der Amerikaner vorerst noch durch diese Bush-Vision herausfordern. Aber der traditionelle Optimismus, der so lange für wirtschaftliche Erfolge und Wachstum gesorgt hat, ist heute sehr gefährlich. Es gibt viel zu wenig Absicherung gegen Rückschläge (die Sparquote beträgt 1 Prozent, gegenüber 12 Prozent in Deutschland), und es gibt zu viel blindes Vertrauen auf die Wertsteigerung von Immobilien. Es ist hoch riskant, auf zukünftige Gewinne zu hoffen in einem zunehmend unsicheren Markt für Aktien, Immobilien und Arbeitsplätze. Die Lebensrisiken werden weiterhin zügig privatisiert, mit der Gefahr des tiefen Absturzes. Der Köder heißt: Du kannst reich werden! »Die Gefahr droht, dass die USA in eine Nation der Spieler verwandelt werden. Und wie jeder weiß, der jemals eine Spielbank besucht hat – die meisten Spieler verlieren«, schreibt Shiller 2005 in *The Atlantic*.

Gute Gründe für die Gier

Trotz aller Warnungen und Einwände erfährt das Evangelium nach St. Adam immer neue Exegesen. »Habgier funktioniert wirklich«, meint der Wirtschaftswissenschaftler James Gwartney von der *Florida State University*, ein Schüler des Wirtschafts-Nobelpreisträgers Milton Friedman. »Anreize sind wichtig. Der motivierende Faktor, der uns wirtschaftlich aktiv werden und uns neue Ideen ausprobieren lässt, ist die finanzielle Belohnung.« Und deshalb sei das kapitalistische Modell das beste für eine Gesellschaft – es funktioniere, wenn alle ihren Eigennutz unbehindert fördern können. Lassen wir also nur die »unsichtbare Hand« wirken – und letzten Endes profitiert jeder davon.

Den Beweis für diese These sehen Gwartney und andere Neoliberale in den Ergebnissen, die das so genannte *Economic Freedom Project* bisher geliefert hat: Die jährlichen Berichte eines internationalen Zusammenschlusses vieler konservativer und neoliberaler *Think Tanks* und Forschungsinstitute erfassen Daten, die sie für Merkmale wirtschaftlicher Freiheit halten, und fügen sie zu einem *Economic Freedom Index* (EFI) zusammen. Diese Freiheit setzen sie in Beziehung zum tatsächlichen wirtschaftlichen Erfolg eines Landes, aber vor allem auch zur Bürgerrechtssituation und zur allgemeinen Freiheit. Der Grad der ökonomischen Freiheit bemisst sich danach, wie stark (oder wie wenig) der Staat in die Wirtschaft eingreift, wie hoch die Steuerlast und wie stabil der Geldmarkt ist, wie leicht alle Märkte im jeweiligen Land zugänglich sind, und danach, wie gut der Wettbewerb und die Eigentumsrechte geschützt sind. Die ökonomische Freiheit ist nach diesem Modell umso größer, je mehr sich der Staat aus dem Wirtschaftsgeschehen heraushält, je freier er den Einzelnen in seinem Erwerbsstreben handeln lässt und je niedriger er das Erworbene besteuert. Das Resultat dieser wirtschaftlichen Enthaltsamkeit des Staates ist – so zeigen die Statistiken des EFI – allgemeiner Wohlstand, höherer Lebensstandard und größere *politische* Freiheit.

Ein Lieblingsbeispiel für diese Theorie ist das frühere europäische Armenhaus Irland: Ein Bündel der »befreienden«, also deregulierenden Maßnahmen wie etwa weitgehende Privatisierungen, Steuersenkungen und Öffnung der Märkte machte aus einem rückständigen Land den »keltischen Tiger«, der jährlich 3 Prozent Steigerung im Bruttosozialprodukt in den letzten sieben Jahren aufweisen kann. Die »Entfesselung« des Unternehmertums ist die Lieblingsmetapher der Neoliberalen, Deregulierung ihr Lieblingswort. Ist Deregulierung nur der zeitgemäße Euphemismus für die Politik der Habgier?

Milton Friedman jedenfalls sieht die Theorie seines Schülers mit Wohlgefallen: »Es gab immer diesen Streit darüber, wie man Freiheit bemisst. Aber die Frage muss lauten: Wie bestimmt man die Konsequenzen der Freiheit? Wenn man die ökonomische Freiheit eines Landes einstuft, lässt sich erkennen, wo es in anderen Indizes rangiert. Und das ist nun ein gutes Maß für das, was Freiheit ist.« Das sei eine groteske Vereinfachung komplexer Sachverhalte, sagen die Kritiker dieser »ökonomischen Freiheit«. Der so genannte Freiheitsindex ist ein viel zu schlichtes, eindimensionales Maß für etwas sehr Kompliziertes.

Warum es nie genug ist

So begreiflich und mitunter »normal« oder sogar »vernünftig« das Motiv der Bereicherung selbst vielen Skeptikern manchmal erscheinen mag, so sehr verstört das große ungelöste Rätsel der Habgier: Warum häufen viele weit mehr an, als sie jemals konsumieren oder genießen können? Wer kann wirklich mehrere Häuser bewohnen, Luxusautos fahren, Segeljachten besegeln? Ist das Reichsein ein Wettbewerb unter Gleichgesinnten – wer hat die größte, letztlich abstrakte Summe? Wer kann sich die ausgefallensten Trophäen leisten? Manche Reiche begnügen sich in der Tat mit dem seltsamen Glück, auf der Liste der Superreichen ganz oben zu stehen, und pflegen einen vergleichsweise frugalen Lebensstil. Walt Disney hat die Dickens-Figur des Geizkragens Ebenezer Scrooge in einer Comicfigur popularisiert: Dagobert Duck – im Englischen heißt er Uncle Scrooge – findet sein höchstes Glück darin, wie jedes Kind weiß, kopfüber in seinen Geldsilo zu springen und im Geld zu baden. Gier und Geiz lösen sich von allen ursprünglichen Zielen und Zwecken – es bleibt als alleiniges Motiv nur noch, das bereits angehäufte Geld immer mehr Geld *hecken* zu lassen, wie Karl Marx es ausdrückte. Die Gier verselbstständigt sich und wird, psychologisch gesprochen, zu einem autonomen Motiv. Das Raffen ist nun ein Selbstzweck, das Geldzählen das einzige Vergnügen.

Vor allem eine Variante der Habgier verblüfft immer wieder aufs Neue: Warum sind gerade die Menschen besonders gierig und geizig, die es gar nicht nötig hätten? Mit einer Mischung aus Faszination und Angewidertsein lesen wir über die nicht abreißende Kette von Fällen, in denen Reiche und Prominente ihren guten Ruf dadurch ruinieren, dass sie sich auf lächerliche und unwürdige Weise als Raffkes erweisen. Millionäre feilschen um kleinste Summen oder verschaffen sich geringfügige materielle Vorteile, gut gestellte Politiker lassen sich von reichen Gönnern auf Jachten und in Ferienhäuser einladen, Topmanager und andere »Besserverdienende« frisieren ihre Spesenrechnungen, Ministerpräsidenten wollen beim Ikea-Einkauf noch einen Rabatt herausschlagen. Es ist offenbar nie genug: Der Manager Klaus Esser (ehemals Mannesmann) prozessiert um Schmerzensgeld, obwohl er 30 Millionen Euro Abfindung erhalten hat. Warum verschwendet ein Superreicher wertvolle Lebenszeit vor Gerichten? Um seine bürgerliche Ehre wiederherzustellen? Oder kann er einfach nicht der Versuchung widerstehen, noch ein paar Tausender mitzunehmen?

Die Habgier zählt zusammen mit dem Neid und dem Stolz zu den »kalten« Todsünden. Habgier ist nicht so sehr die Leidenschaft zu etwas, noch nicht einmal die Liebe zu bestimmten Besitztümern, sondern die Liebe zum Akt des Raffens und Sammelns. Es geht ums Haben, um die pure Lust am Anhäufen von Geld und Reichtum. Der Erwerb von Status- und Erfolgssymbolen dient lediglich als Gradmesser, wie weit man bei dieser Jagd schon gekommen ist. Diese Gier drängt den Menschen dazu, etwas besitzen zu wollen, was er nicht braucht, und weit mehr haben zu wollen, als er jemals genießen, verbrauchen oder nutzen kann, mehr, als eine vernünftige Vorsorge gebietet.

Das Streben nach Besitz oder Geld über jedes vernünftige Maß hinaus ist das Merkmal eines *Motivs*, das sich verselbständigt hat. Es ist nun, in der der Sprache der Psychologie, ein *autonomes Motiv*, das sich selbst genügt. Donald Trump, der archetypische amerikanische Tycoon und Milliardär *(The Donald)*, beschreibt in seiner Autobiografie *The Art of the Deal* seinen typischen Arbeitstag: Der besteht aus Hunderten von Telefongesprächen und schnellen Treffen im 15-Minuten-Takt, von frühmorgens bis Mitternacht. Immer wieder werde er gefragt, warum er so hart arbeite, wo er doch mehr Geld und Besitz angehäuft habe, als er in einem Dutzend Leben verbrauchen oder genießen könnte. Nicht um Geld gehe es ihm, schreibt Trump, auch längst nicht mehr um Dinge, die man für Geld kaufen könne: »Ich mache es, um es zu machen. Geschäfte sind meine Kunst ... Das gibt mir meine *kicks*.« Wie manche Sportfischer kein Interesse am Fisch selbst haben, sondern nur am Fangen, so sind manche Geldjäger durch den *Thrill* des Geschäftes motiviert: Es bedeutet, Risiken einzugehen, Geschick und Raffinesse zu beweisen, andere auszustechen und schließlich den Sieg auszukosten. Ein der Realität stark nachempfundener Spezialist für feindliche Übernahmen, *Larry the Liquidator* – in dem Film *Anderer Leute Geld*, gespielt von Danny DeVito –, formuliert es so: »Zu behaupten, ich sei gierig, das wäre wie wenn man sagen würde, Joe Montana wäre ein gieriger *Quarterback*, weil er so viele *Touchdowns* wie möglich werfen will.«

Ob abstrakte Raffgier oder Leidenschaft des Dealens, ob Sucht nach Kicks oder fehlgeleiteter Hamstertrieb: Wer dem autonom gewordenen Motiv der Habgier erlegen ist, der kommt nicht umhin, nach und nach alles andere im Leben nach seinem Geldwert zu bemessen: Freundschaft, Schönheit, Liebe, Erfahrung. Alles, was nicht beziffert und »umgerechnet« werden kann, verliert in den Augen des Geldgierigen seinen Wert. Er muss, als ein moderner Midas, alles zu Geld machen: Seine Beziehungen zu anderen Menschen, beispielsweise, dienen in erster Linie der Mehrung seiner Habe oder der Förderung seiner Karriere. Er benutzt sein Geld nicht, um leichter an die wichtigen Dinge des Lebens zu kommen, sondern als Grundstock für weiteren Gewinn.

Peccatum poena peccati: Der Habgierige handelt sich im Gleichschritt mit der Geldvermehrung wachsende Sorgen ein: Neben der Angst vor Dieben und vor dem Verlust des Vermögens muss er den Neid der anderen ertragen, und er wird nie wirklich wissen, ob er nur seines Geldes wegen respektiert, geschätzt und geliebt wird. Und dann dieser Schmerz, wenn einer noch reicher ist: Der Oracle-Chef Larry Ellison, Besitzer von elf Milliarden Dollar, grämte sich sehr, als er erfuhr, dass Microsoft-Chef Bill Gates um einige Milliarden schwerer ist. Und auch Harald Schmidt räsonierte nur scheinbar selbstironisch darüber, dass Günter Jauch und Thomas Gottschalk mehr verdienen als er, der wahre König der TV-Unterhaltung. Es ist nie genug.

Wenn es nicht schnell genug geht: Unanständig reich werden

Korruption ist im ganz ursprünglichen Wortsinne das Zerbrechen von Werten und Charakteren unter dem Einfluss des Geldes. Die Jagd nach Reichtum korrumpiert die Sitten: Die Aussicht auf Bereicherung macht allmählich blind für Regeln und Konventionen. Man muss schneller, energischer, cleverer sein als andere, und so gehört das Austricksen von Konkurrenten und das Ausnutzen von Gesetzeslücken und Gelegenheiten bis in Grauzonen hinein (»vielleicht nicht ganz fair, aber immer noch legal«) zu den üblichen Praktiken. Jenseits der Grauzone beginnt dann moralische Finsternis, in der »Unregelmäßigkeiten«, systematische Täuschung, Betrug, Vorteilsnahme, Bestechung, Fälschung, Unehrlichkeit, Vertragsbrüche riskiert werden. Es gibt im Grunde nur noch ein verhaltenssteuerndes Gebot: Lass dich nicht erwischen! Aber selbst das wird vergessen, wenn die Gier das Unrechtsbewusstsein abstumpft. Die fortlaufende Chronik der Skandale liefert nahezu täglich neue Fallgeschichten.

Korruption ist ein schleichendes Gift, es zersetzt das moralische Urteilsvermögen und macht unempfindlich für Gewissensbisse. Unanständig reich werden wollen ist die Devise. Unsere Gesellschaftsordnung toleriert viele Verhaltensweisen, die in der Grauzone siedeln und die nicht ausdrücklich verboten sind. Sie deckt vieles, was als Wucher und Raffgier gelten muss, sie ist nachsichtig mit den cleveren Ausnutzern von Gesetzeslücken, und oft ist sie unbegreiflich milde und zögerlich bei der Bestrafung von überführten Korrupten – zum Beispiel mit betrügerischen Ärzten, die in großem Stil falsch abrechnen, mit Hausbesitzern, die Wuchermieten verlangen, mit Banken, die in Haustürgeschäften den Käufern Schrott-Immobilien andrehen lassen und sich dann aus der Verantwortung stehlen. Freiheit ist die Freiheit, andere gepflegt über den Tisch ziehen zu dürfen.

Und Glück ist für die Gierigen das Glück bei der Jagd nach dem Geld: Aus dem *pursuit of happiness* ist ein *happiness of pursuit* geworden, meint Albert O. Hirschman und verweist darauf, dass sich das Giermotiv autonom gemacht hat und zum Selbstzweck geworden ist: Nicht ein schönes Haus, ein sorgloses Leben voller Genüsse sind der Zweck des Jagens. Nein: Der Weg ist das Ziel, würde ein buddhistisch geschulter Kapitalist sagen.

Die freien Berufe galten noch vor wenigen Jahrzehnten als Hort der Wohlanständigkeit (sie stellten einen guten Teil der ehrbaren Bürger, der »Honoratioren« einer Stadt). Dieser gute Ruf ist dahin, Ärzte, Zahnärzte, Apotheker, Architekten, Rechtsanwälte sind offenbar genauso geldgierig und skrupellos wie die Leute, denen man ohnehin schon immer jede Schweinerei zutraute: Spekulanten, Betrüger, Gebrauchtwagenhändler, Politiker …

Jetzt stellt sich, wenn man in der Zeitung über Abrechnungsskandale und den schwunghaften Handel mit gebrauchten Herzschrittmachern oder Gebührenbetrug gelesen hat, die Frage: Kann ich *meinem* Arzt oder Zahnarzt, Anwalt oder Architekten noch trauen? Sind ihre Rechnungen wirklich korrekt? Warum sind ihre Leistungsnachweise oft so wenig transparent? Denn es sind längst nicht mehr nur einige »schwarze Schafe«, die ihre Berufe in Verruf bringen. Die Habgier hat sich in den Verbänden und Standesorganisationen institutionalisiert. Sie ist, wie es ein Lieblingswort linker Systemkritiker schon immer behauptete, systemimmanent: Wo es unter den Bedingungen der Profitmaximierung eine Möglichkeit dazu gibt, da wird sie auch wahrgenommen.

Sind Habgierige doch die besseren Menschen?

Der Kapitalismus, oder, in ideologisch neutralerer Sprache, die Marktwirtschaft, wird von seinen Apologeten als die eigentlich zivilisierende, fortschrittliche Kraft der Menschheit gerechtfertigt. Er erscheint wie eine jener Kippfiguren: Die einen sehen eine hässliche alte Frau, die anderen eine schöne junge. In einem solchen Kippfigur-Mechanismus wird das, was die einen als Wurzel allen Übels sehen, von den Marktverfechtern als gelegentlich ungerechtes, im Prinzip und aufs Ganze gesehen jedoch als humanes System gepriesen. Dies gelte umso mehr, wenn man die Alternativen zur westlich-liberalen Marktwirtschaft betrachtet: Der Markt und seine logische Fortsetzung in der post-fordistischen Moderne, der Konsumkapitalismus, sind das einzig wirksame Rezept gegen religiöse oder politische Fanatismen und Fundamentalismen. Aus dem Idealbild des friedlichen Handels, der ja als Bedingung für sein Funktionieren Offenheit und Austausch und ein Minimum an Regeln braucht, wird die zivilisierende Kraft des Marktgeschehens abgeleitet: Wer Handel treibt, wer kaufen, konsumieren und genießen will, ist gegen kostspielige ideologische Spinnereien ziemlich immun.

Die mitunter unangenehmen, nicht zu ignorierenden Begleiterscheinungen des Kapitalismus – und dazu gehört eben die individuelle Habgier – seien in Kauf zu nehmen, um größere Übel wie ideologischen Fanatismus oder gewaltsame Eroberung abzuwehren. Diese Argumentation steht ganz in der Tradition der Theorien und Gesellschaftsmodelle, in denen es seit Beginn der Moderne darum geht, die individuellen Leidenschaften zu zähmen und in gesellschaftsverträgliche und -förderliche Interessen umzumünzen. Es komme darauf an, diese Interessen nicht zu leugnen oder ideologisch zu verbrämen, sondern sie in ein Regelwerk einzubinden, damit sie zur Entfaltung kommen können. Denn nichts ist zur Lösung der menschlichen Probleme so geeignet, so stabilisierend, gerecht, ausgleichend und wohlstandsfördernd wie der Markt. Deshalb ließen sich unsere Alternativen, im Blick auf die Historie und der unter dem Eindruck des zeitgenössischen religiösen Fanatismus, derart zuspitzen: Kapitalismus oder Barbarei!

Kauf dir was Schönes!

Der Konsumismus als heimliche Staats- und Lebensform braucht die Lüste, Begierden und Sehnsüchte des Einzelnen, die auf Besitz, Bequemlichkeit, auf Status oder Genuss gerichtet sind. Zum Funktionieren dieses Systems reicht es jedoch nicht, diese legitimen menschlichen Bedürfnisse zu befriedigen, sie müssen immer neu entfacht werden, um die Nachfrage am Leben zu erhalten.

Das »Muss ich haben!«-Motiv wird in unserer Wirtschaftsordnung systematisch immer wieder neu geweckt. Dieses Motiv zu wecken und wach zu halten ist eine komplizierte Kunst, die auf genauer psychologischer Analyse von Motivstrukturen und Bedürfnissen gründet. Denn der Mensch, »der alles hat und nichts mehr braucht« – eine einstmals feudale Figur –, ist heute jedermann. Es kommt darauf an, uns vermeintliche Defizite einzureden, damit wir Dinge kaufen, die wir im Grunde nicht brauchen. Der Soziologe Norbert Bolz fasst es so zusammen: »Wenn die Menschen nur einkaufen gehen würden, weil sie etwas *brauchen*, und wenn sie nur kaufen würden, *was* sie brauchen, wäre die kapitalistische Wirtschaft längst zusammengebrochen. Auf den Märkten der westlichen Welt wird also um Kunden konkurriert, die im Grunde schon alles haben, was sie brauchen. Man kann es auch so sagen: das Bedürfnis des Kunden ist zur knappen Ressource geworden. Doch zum Glück ist der Mensch das verführbare Wesen … Der Konsum integriert die postmaterialistische Gesellschaft durch Verführung. Das gemeinsame Angebot der postmodernen Märkte lautet: Wiederverzauberung der entzauberten Welt.«

So ist nicht verwunderlich, dass Shopping heute für viele Menschen das liebste Hobby ist, ihre bevorzugte Freizeitbeschäftigung. Für eine wachsende Zahl ist das Einkaufen bereits zur Kaufsucht ausgeartet, ruinös für Konto und Seelenleben. Und für Millionen ist Einkaufen eine akzeptierte Form der Selbsttherapie. Das Kaufen funktioniert als Trost, Selbstberuhigung, es wirkt nachweislich als kurzfristiger Stimmungsaufheller. Nach frustrierenden Erfahrungen, nach Verletzungen des Selbstwertgefühls oder nach der Monotonie des Berufslebens bietet das Kauferlebnis vieles zugleich: Stimulation, Selbstbestätigung, Ablenkung, sogar freundlich-neutrale soziale Kontakte.

Die ständige Suche nach Ersatzbefriedigungen und nach neuen Reizen und Waren kostet nicht nur Geld. Stundenlange Streifzüge durch Boutiquen und Kaufhäuser, ohne so recht zu wissen, was wir eigentlich wollen, vom Brauchen ganz zu schweigen, kosten auch Zeit und Energie: Kaufen und Haben-Wollen sind vor allem Ablenkungen von wesentlicheren Dingen, vom Leben selbst. Die Schnäppchenjagd ist ein eigenartiges Amalgam aus Geiz und Habgier: Statt wenige, wirklich wertvolle Dinge anzuschaffen, kaufen wir viele, im Grunde überflüssige in *Outletstores*, bei Ebay (»3 ... 2 ... 1 ... meins!«), nach stundenlangem Studieren von Kleinanzeigen und nicht zuletzt auch gereizt durch die neuerdings auch hierzulande akzeptierte Basarmethode des Herunterhandelns. – Die Jagd selbst ist das Hauptmotiv, der Besitz zweitrangig.

Die Suche nach dem Neuen, das beruhigt und befriedigt, tröstet und ablenkt, muss immer wieder neu stimuliert werden. Mode und Design sind die kreativen Mittel, mit denen der Kauftrieb am Leben gehalten wird. Von der Bekleidung über die Inneneinrichtung bis hin zum Küchengerät – alles muss deshalb in immer kürzeren Zeitzyklen überarbeitet und »modernisiert« werden. Gegen die permanente Metamorphose der Gebrauchs- und Konsumgüter ist nichts zu sagen – das Bedürfnis nach Warenästhetik ist legitim, und gutes Design bereichert unser Leben. Tatsächlich ist jedoch der größte Teil dessen, was unter der Flagge Design segelt, zuerst und vor allem die *Simulation* einer Innovation, im Kern nichts als die Kunst der Produzenten, den Wunsch nach dem Neuen, Besseren, Aktuelleren in uns zu wecken und letztlich Dinge zu kaufen, die nicht wirklich neu sind und die wir nicht wirklich brauchen. Es soll nicht zuletzt die Furcht des Kunden wecken, nicht auf dem Laufenden zu sein, auf für ihn wichtigen Gebieten als altmodisch und rückständig zu gelten.

Das Mithalten-Können beim Erwerb des jeweils »Neuen« ist letztlich auch ein Nachweis für finanzielle Leistungskraft und Geschmack. Und es ist ein wichtiges Zeichen für die Zugehörigkeit zu einer Gruppe, zu einer Bildungs- oder Lebensstil-Elite.

Dieser Drang zur Distinktion per Kaufakt nimmt im Luxussegment die Züge von Snobismus an. Snobismus bedeutet: Die Exklusivität, der Preis der Ware sind wichtiger als ihre eigentlichen Qualitäten, das Etikett des Weines ist wichtiger als sein Geschmack.

Das unablässige Kaufen und Haben-Wollen zeitigt eine ironische Nebenwirkung, eine Umkehrung der Verhältnisse: Zuerst besitzen wir die Dinge und dann besitzen sie uns. Sie kosten uns Zeit und Energie, sie brauchen Platz, sie müssen benutzt, gepflegt, gelagert, präsentiert werden. Und je mehr wir besitzen, desto mehr geraten wir in Zeitnot. So erklärt sich die Konjunktur der *Simplify*-Bücher: Die Entrümpelung ist ein Reflex auf die Anhäufung der vielen im Grunde überflüssigen Dinge, die uns einengen und zu ersticken drohen.

Vor dieser Form der Besessenheit durch die Dinge ist heute kaum noch jemand gefeit. Denn das viele Zeug, die nicht mehr getragenen Kleidungsstücke, unbenutzten Sportgeräte, das defekte Haushaltsgerät, der Elektroschrott, die ausrangierten Möbel – es stapelt sich in den Kellern und Speichern aller Schichten. Auch und gerade jener, die einmal den Lebensstil der oberen Mittelschicht als spießig und borniert verachtet, mit seiner besessenen Besitzorientiertheit verlacht haben. Die *Bobos* – die *bohémien Bourgeois* oder bourgeoisen Bohemiens waren noch in den sechziger und siebziger Jahren die schärfsten Kritiker der Besitzbürger. Heute ist der Konsumkritiker von einst in der Mehrzahl genauso ängstlich auf seinen Besitzerstatus bedacht – und der definiert sich über Bankkonto, Haus und Auto (auch wenn es ein Volvo statt eines Mercedes ist).

Was müssen wir haben, um zu sein?

Etwas besitzen zu wollen, sich mit schönen Dingen zu umgeben, sich abzusichern gegen Rückschläge und Risiken des Lebens – das sind normale, natürliche Bestrebungen und Wünsche. Was wir besitzen, wie wir unsere Umgebung ausstatten, welcher Mode wir folgen und welche Geschmacksurteile wir in Kaufentscidungen ausdrücken: Jeder Besitz hat auch einen ideellen Wert, er ist ein *statement*, eine Aussage darüber, wie wir gesehen werden wollen. Sichtbarer materieller Besitz ist immer auch eine Form der Persönlichkeitsinszenierung und Selbstdarstellung. Die erlesene private Bibliothek, die Bildersammlung, eine Designerküche, der Roadster – die Dinge machen uns Freude, wenn wir sie sehen und genießen, und gleichzeitig sollen sie zeigen, wer wir sind. Ich bin auch, was ich habe, ich bin mein Stil! So betrachtet ist die oft zitierte Dichotomie von Haben und Sein, die Erich Fromm ursprünglich formulierte, ein beliebtes Modell vornehmlich für Habenichtse und auf den ersten Blick viel zu simpel und rigide. Denn wir *müssen* einiges haben, um überhaupt *sein* zu können. Und um menschlich und zivilisiert zu leben, darf es heute um einiges mehr sein als das Existenzminimum.

Erich Fromm sah das sehr wohl und er unterschied ein »seinsorientiertes« und ein »besitzorientiertes« Haben: Der Mensch könne natürlich nicht ohne zu haben leben, aber in den ersten 40 000 Jahren seiner Geschichte sei er sehr gut mit funktionalem Haben ausgekommen. »Funktionales Eigentum ist ein existenzielles und aktuelles Bedürfnis des Menschen; institutionalisiertes Eigentum hingegen befriedigt ein pathologisches Bedürfnis, das durch bestimmte sozio-ökonomische Umstände bedingt wird. Jeder Mensch muss ein Dach über dem Kopf haben, Werkzeuge, Waffen, Gefäße. Diese Dinge braucht er zu seinem biologischen Überleben; andere Dinge braucht er zu seinem geistigen Überleben: Ornamente, Schmuckstücke, künstlerische und ›heilige‹ Gegenstände ... Der Wandel in der Funktion der Besitzgegenstände tritt dort ein, wo das, was man besitzt, kein Mittel mehr für größere Lebendigkeit und Produktivität ist, sondern nur noch dem passiv-rezeptiven Konsumieren dient.«

Das besitzorientierte Haben erfüllt aber noch andere Funktionen: In einer Gesellschaft, in der Besitz zum Maßstab aller Dinge geworden ist, verleiht Besitz Macht, aber auch Bewunderung und Berühmtheit. Karl Marx schreibt in seinen Philosophisch-ökonomischen Manuskripten 1844: »Was durch das Geld für mich ist, was ich zahlen, was ich kaufen kann, *das bin ich*, der Besitzer des Geldes selbst ... Die Eigenschaften des Geldes sind meine – seines Besitzers – Eigenschaften und Wesenskräfte. Das, was ich bin und vermag, ist also keineswegs durch meine Individualität bestimmt. Ich bin hässlich, aber ich kann mir die schönste Frau kaufen. Also bin ich nicht hässlich, denn die Wirkung der Hässlichkeit, ihre abschreckende Kraft ist durch das Geld vernichtet … Ich bin geistlos, aber das Geld ist der wirkliche Geist aller Dinge, wie sollte sein Besitzer geistlos sein? Zudem kann er sich die geistreichen Leute kaufen, und wer die Macht über die Geistreichen hat, ist der nicht geistreicher als der Geistreiche?«

Die seelischen Kosten der Gier

Habgier ergreift Besitz von uns – so sehr, dass, wie Spinoza meinte, »ein geiziger Mann wohl seine Schätze ins Meer werfen könnte, um gerettet zu werden, er bliebe doch ein Geiziger«. Und ein heutiger Steinreicher, der sich Seelenfrieden und Ansehen erkauft, indem er Museen baut und seine Gelder in Stiftungen einbringt, ist dennoch nicht »er selbst«. Der Theologe Henry Fairlie sieht auch ihn gefährdet: »Sein Verzicht ist trügerisch, denn er ist immer noch durch Reichtum definiert.« Selbst das gut gemeinte Denkmal gelte seinem Geld, es bleibe ein Zeugnis der Habgier. Als Habgierige sind wir am Ende nur noch das, was wir haben. Wir verdinglichen uns, indem wir unseren eigenen Wert und den anderer Menschen zuallererst über den Besitz definieren. Damit betreiben wir, so sieht es Fairlie, eine allmähliche Selbstauslöschung als Person.

Wir wissen es alle und insbesondere die Gierigen werden immer wieder daran erinnert: Du kannst nichts mitnehmen, das letzte Hemd hat keine Taschen! Dieses Memento wirkt jedoch kaum. Der wahrhaft Habgierige wird noch an seinem letzten Tag versuchen, ein Geschäft zu machen. Offenbar sind wir alle fasziniert von der Idee des Mitnehmen-Könnens: Hunderttausende strömten in die Museen, um die ungeheuren Goldschätze des Tut-ench-Amun-Grabes zu besichtigen. Da hat eine Kultur doch einigermaßen erfolgreich versucht, zumindest ihren Herrschern den angehäuften Reichtum ins Jenseits mitzugeben.

Zeit ist Geld, Geld kostet Zeit

Habgier ist zudem ein ziemlich anstrengendes Laster, es bedeutet für die meisten, die ihm verfallen sind, Stress. Zeit ist Geld, erklärte Benjamin Franklin in den Frühzeiten des amerikanischen Kapitalismus: Wir haben keine Zeit zu verlieren oder gar zu verschenken. Was einmal als Verhaltensregel für aufstrebende Geschäftsleute formuliert worden war, ist heute als wachsender Zwang zu Hektik und Rastlosigkeit erkennbar. Die oft beklagte Beschleunigung des Lebens geht in hohem Maße auf die Habgier zurück: Um beim Verdienen und Konsumieren mithalten zu können, müssen wir mehr verdienen und mehr und schneller arbeiten. Das bedeutet, dass wir in Zeitnot geraten und deshalb unsere Aktivitäten, leben und arbeiten, verdichten müssen: Wir müssen schneller leben, um alles in der limitierten Lebenszeit unterzubringen – das Arbeiten und Verdienen, das Konsumieren und Genießen. Das wird zunehmend anstrengend, denn um den einmal erreichten Standard zu halten, müssen wir unsere relative Position absichern. Wirkliche Sicherung sehen wir aber nur in der Steigerung: mehr Geld, mehr Besitz = mehr Sicherheit. Es gilt, immer neue Kaufoptionen wahrzunehmen, Konkurrenten abzuwehren und auszustechen. Wir haben immer weniger Zeit, uns für nicht-produktive und nicht-lukrative Dinge zu engagieren. Mußestunden und andere »vertane Zeit« werden mit schlechtem Gewissen bezahlt.

Wir spüren, dass wir einen hohen Preis für die Jagd nach dem Mehr bezahlen. Die Gier macht uns nicht nur erschöpfter, ungeduldiger, unzufriedener. Sie macht uns auch blind gegenüber den Schwächeren, den weniger Glücklichen und weniger Tüchtigen. Zur hässlichen Seite der Habgier gehört auch die zunehmende Verhärtung gegenüber den Verlierern, Ausgeschlossenen, Habenichtsen: Wir sind nicht mehr bereit, für sie aufzukommen, sie zu stützen oder zu integrieren. Jeder wird sich selbst der Nächste. Allmählich greift die neoliberale Indoktrination, dass es sich bei ihnen um den »unvermeidlichen Bodensatz« handele, dem ohnehin nicht zu helfen sei. Der Historiker Paul Nolte spricht von der »fürsorglichen Vernachlässigung«: Wir stellen die »Bildungsfernen« und die Modernisierungsverlierer bisher mit Transferzahlungen ruhig und erklären sie für chancenlos. Wir finden uns bereitwillig mit der Behauptung ab, sie seien ohnehin nicht mehr erreichbar.

Habgier ist keine Besonderheit des Kapitalismus – man könnte ihm lediglich vorwerfen, dass er sie demokratisiert hat: War es früher den ohnehin schon Reichen und Mächtigen vorbehalten, noch reicher und mächtiger zu werden, so kann nun auch das Volk am Wettbewerb um Geld und Besitz teilnehmen.

Habgier existiert in unterschiedlichsten Gesellschaftsordnungen und Epochen, und sie ist keineswegs nur eine Sache der sichtbar Reichen und Mächtigen. Habgier erfasst alle sozialen Schichten – selbst Bettler können gierig sein. Aber erst in modernen Zeiten mit ihrer »demokratisierten Habgier« wird sie ein Motiv, das von den Herrschenden systematisch ausgebeutet werden kann. Der Historiker Götz Aly hat in seinem Buch *Hitlers Volksstaat* ein lange Zeit übersehenes Funktionsprinzip des Naziregimes dargestellt: Die Habgier der Volksgenossen ermöglichte und erleichterte zuerst die Ausgrenzung und Vernichtung der Juden und dann den Krieg: »Man versteht den Holocaust nicht richtig, wenn man ihn nicht auch als den konsequentesten Massenraubmord der neueren Geschichte betrachtet. Weiterhin behaupte ich, dass das nationalsozialistische Deutschland nicht durch den Antisemitismus und nicht durch fanatische Nazis zusammengehalten wurde, sondern dadurch, dass das Geraubte gemeinnützig mit den Methoden des modernen Umverteilungsstaates den Deutschen zugute kam und sie integriert und ruhig gestellt hat.«

Aurea sacra fames – der heilige (und verdammte) Hunger nach Gold ist neben dem Neid eine große Triebkraft der Geschichte gewesen. Weltreiche wurden gegründet, erobert und zerstört auf der Suche nach Gold und Reichtum. Die katholischen Könige Isabella und Ferdinand sponsorten die Fahrten des Columbus vor allem, um an die Reichtümer Indiens heranzukommen. Die Inka- und Aztekenreiche wurden zerstört durch Goldgier. Die »offenen Adern Lateinamerikas« (Eduardo Galeano) bluteten aus. Karl Marx hat den Prozess der primären Akkumulation beschrieben als die meist gewaltsame Anhäufung großen Reichtums, der das Mittel von Macht und die Grundlage von noch mehr Reichtum wurde. Am Beginn jedes großen Vermögens stand fast immer ein Verbrechen.

Die ersten 400 Jahre des vergangenen Jahrtausends war das Ausleben von Gier und Geiz fast ausschließlich für Krone, Adel und Kirche reserviert, der Rest musste sich bescheiden und trösten und auf einen Ausgleich im Jenseits hoffen. Denn, so sagte Jesus, leichter käme ein Kamel durch ein Nadelöhr, als dass ein Reicher ins Himmelreich einginge. In der Geschichte der Habgier fand im 15. Jahrhundert ein entscheidender Modernisierungsschub statt: Der Geld- und Kredithandel kam in Schwung. Es war nun leichter möglich, auch ohne Gewalttätigkeiten reich zu werden. Handel und Bankgeschäft waren von nun an die besten Methoden, schnell zu Geld zu kommen.

Damit der Kapitalismus funktionierte, musste jeder davon überzeugt werden, dass es eine gute Sache ist, mehr Geld zu verdienen, selbst wenn er es nicht unbedingt brauchte. Aber warum sollte jemand das glauben? An dieser Stelle kommt die Religion ins Spiel – in ihrer protestantischen, vor allem calvinistischen Spielart:

Die calvinistische Lehre der Prädestination besagte: Erfolg in der Welt ist ein Beweis dafür, zu den Auserwählten für das Reich Gottes zu gehören. Und um diesen Beweis zu führen, lohnt sich Arbeit und Anstrengung, lohnt sich der Verzicht auf Konsum und Genuss. Denn wer sich selbst der göttlichen Gnade vergewissern will, kann nicht lockerlassen – er muss das Erwirtschaftete vermehren, um den Erfolg dauerhaft abzusichern. Die Ethik des Protestantismus befahl die Reinvestition: Geld darf nicht für Profanes vergeudet werden, sondern muss neues Geld hervorbringen. Das Profitmotiv war geboren. Demonstrativer Reichtum und seine Prunk- und Genusssucht waren verpönt, das Geld wurde wieder untergepflügt, damit es neue Früchte trage. Anders als die Katholiken, für die Habgier nach wie vor eine Todsünde blieb, haben die Calvinisten in den Armen nie einen gottgefälligen Stand gesehen, im Gegenteil. Die religiöse Basis des Profitmotivs mag seither abgesunken und völlig in Vergessenheit geraten sein, die

Mechanik der Geldvermehrung und die Ethik des Arbeitens sind lebendig und wirksam geblieben. Max Weber hat den »Geist des Kapitalismus« als innerweltliche Askese beschrieben: Rastlose Tätigkeit und systematische Berufsarbeit sind die Basis der gottgefälligen Existenz, mit der geschichtsmächtigen Nebenwirkung »Kapitalbildung durch Sparzwang«.

Geiz: die erstarrte Habgier

In der Theologie wurden Habgier und Geiz meist zu einer Todsünde verschmolzen – die Habgier schließt den Geiz mit ein, sobald sie »unterwegs« und erfolgreich ist. Und Geiz ist in gewisser Weise die kristalline, erstarrte, undynamisch gewordene Habgier – das Zusammengeraffte wird nur noch besessen und verteidigt. Und doch erfordert der Geiz eine eigene Betrachtung. Das Leben schrumpft für den Geizigen zu einer Ansammlung von Möglichkeiten zusammen, die man nur mit Geld wahrnehmen kann. Je mehr man auf der Kante hat, desto mehr Leben hat man. Aber das Gegenteil tritt ein – Geiz und Habgier binden so viele Kräfte und mobilisieren so viele Ängste, dass das Leben verkümmert und verarmt.

Geiz beginnt als übertriebene Sparsamkeit. Er ist der ständige Versuch, das einmal Erworbene zu behalten und zu verteidigen. Der Geizige ist tendenziell egoistisch – der Gedanke ans Teilen ist ihm ein Greuel. Für den Apostel Paulus war der Geiz »die Wurzel allen Übels«. Und Immanuel Kant unterschied in seiner *Metaphysik der Sitten* (1797) drei Arten des Geizes: den habsüchtigen, auf das Anhäufen von Geld gerichteten, zweitens den »kargen« Geiz – das, was gemeinhin Knausrigkeit oder Knickrigkeit genannt wird: die Hartherzigkeit gegenüber anderen Menschen; und schließlich drittens den »gegen sich selbst« gerichteten Geiz: die Unfähigkeit, das Erworbene genießen und ein gutes Leben führen zu können. Diese letzte Variante fand Kant besonders verwerflich – der Mensch verletze nämlich so die Pflichten gegen sich selbst. Das sah auch Freiherr Adolph von Knigge in *Über den Umgang mit Menschen* (1788) so: Der Geizige »gönnt sich selber die unschuldigsten Vergnügungen nicht, insofern er sie nicht unentgeltlich schmecken kann. In jedem Fremden sieht er einen Dieb und in sich selbst einen Schmarotzer, der auf Kosten seines besseren Ichs, seines Mammons, zehrt.«

Geiz wird häufig als die Todsünde des Alters, als »letzte und tyrannischste unserer Leidenschaften« (Vauvenargues) bezeichnet. Arthur Schopenhauer erkennt im Geiz eine abstrakte Gier: »Aber wenn die Gier die Fähigkeit zum Genießen überlebt, ... und wenn sodann an die Stelle der Gegenstände der Lüste, für welche der Sinn abgestorben ist, der abstrakte Repräsentant aller dieser Gegenstände, das Geld, tritt, welches nunmehr dieselben heftigen Leidenschaften erregt, dann hat sich im Geiz der Wille sublimiert und vergeistigt ...« Der alte Mensch will haben, um zu sein.

Die großen Vermögen, mit denen der Kapitalismus seine Produktionsweise in Gang setzen und die Arbeit entlohnen konnte, so hat es Karl Marx in seiner *Kritik der politischen Ökonomie* (1859) beschrieben, entstanden in der historischen Phase der so genannten primären Akkumulation – das »Startkapital« kam in der Regel durch Gewalt, Enteignung, Raub, Plünderung, Eroberung, Piraterie, Krieg, Diebstahl, Mord und Betrug zusammen. Oder eben durch eiserne Sparsamkeit – durch Geiz. Das Geld durfte nicht mehr zirkulieren, sich aber auch nicht mehr »als Kaufmittel in Genussmittel auflösen« – sondern es musste festgehalten werden – als »Element der Schatzbildung«.

Johann Wolfgang von Goethe hat diese frühkapitalistischen Kräfte im Faust II in den Gestalten Raufebold, Habebald, Eilebeute und Haltefest auftreten lassen: Gewalt, Diebstahl, Habgier und eben auch der Geiz standen Pate an der Wiege des Kapitalismus. Aus den noch im Mittelalter verachteten Sünden Habgier und Geiz wurden nun »ehrbare Eigenschaften«, die die Anhäufung kleinerer und größerer Vermögen ermöglichten.

Die großen Autoren der Weltliteratur wie Molière, Balzac und Dickens haben die tragikomischen, archetypischen Gestalten extremen Geizes verewigt. Heute erscheinen uns die vertrockneten unfrohen Knicker früherer Jahrhunderte völlig unzeitgemäß, ihre Art des Festhaltens und Anhäufens von Geld wirkt nicht nur lächerlich, sie erscheint krankhaft. Be-sitzen als buchstäbliches Sitzen auf dem Geld(sack) ist obsolet, die Habgier trägt kaum noch das Gesicht des steinreichen *penny-pinchers*. Das Geld ist weitgehend unsichtbar geworden. Die großen Geldströme fließen unablässig in abstrakten, digital vorangetriebenen Operationen.

Das Geld muss heute permanent zirkulieren, um mehr werden zu können – und der entfesselte Geldverkehr erzwingt andere Eigenschaften als die des »analen Charakters«, wie ihn Sigmund Freud schilderte. Dessen zwanghafter Geiz, gepaart mit Pünktlichkeit, Fleiß und Sparsamkeit, sind »Sekundärtugenden« aus dem Museum des Industriekapitalismus – im neuen System sind sie nicht mehr sinnvoll und funktional. Die protzige Verschwendungssucht, den Zwang zur »gut sichtbaren Vergeudung von Geld« der neureichen *Masters of the Universe* hat Tom Wolfes in seinem Roman *Fegefeuer der Eitelkeiten* karikiert und kolportiert: »*I am bleeding money*«, jammert der Protagonist, wenn er die Luxuseinkäufe seiner Gattin aufzählt oder die pompöse Ausstattung des Hauses herbetet. Die Verschwendungssucht in Form von demonstrativem Konsum ist die Kehrseite des Geizes – verschwenden kann jedoch nur, wer vorher gerafft hat.

Als der Geiz geil wurde

Die Deutschen sind in ihrer Mehrheit keine Verschwender, eher ängstliche gebrannte Kinder: Der Geiz liegt ihnen zurzeit mehr als Verschwendung. Sie neigen dazu, ihr Geld »zusammenzuhalten« und überhöhen ihre ohnehin stark ausgeprägte Sparsamkeit zur rettenden Tugend. Das Geld, das sie durchaus haben, zirkuliert nicht mehr ausreichend, um das System des Konsumkapitalismus in Gang zu halten, geschweige denn zu beflügeln. Den Handel schmerzt diese Kaufzurückhaltung: Die deutsche Konstipation, das Versiegen der Geldflüsse im Binnenmarkt, wird als das Hauptproblem der ausbleibenden Konjunkturbelebung (trotz gigantischer Exporterfolge) bezeichnet.

Aber nicht nur der persönliche Geiz wird als Tugend empfunden und überdies als die vernünftigste Strategie zur Rettung der

Zukunft. Geiz ist geradezu zur Staatsphilosophie geworden: Auch der Staat spart, entgegen allen Keynesianischen Erkenntnissen und Erfahrungen mit nachfrageorientierter Wirtschaftspolitik. Stagflation, Investitionsschwäche und hohe Verschuldung sind der Hintergrund. Sparen wird nun als oberste Tugend der Wirtschafts- und Finanzpolitik ausgegeben. Der Finanzminister spielt in der Dauerrolle *Scrooge*. Die Maastricht-Kriterien dienen als Alibi für immer weitere Einschnitte und Ausgabenkürzungen, und die Haushaltskonsolidierung ist parteiübergreifend das quasireligiöse Mantra der Politiker. John Maynard Keynes sah die Sparpolitik des Staates in Krisenzeiten als fatales »Sparparadoxon«, als einen gravierenden volkswirtschaftlichen Fehler: Es sei ein Irrglaube, man könne durch Ausgabenreduzierung Staat und Bürger reicher machen, gepaart mit der Idee, jede Ausgabe mache sie ärmer.

Das ist für Keynesianer jedoch ein wirtschaftlicher Irrweg, da mit den Ausgaben auch die Einnahmen zurückgehen. Es gibt schon längst keine Wachstumsimpulse mehr, die Wirtschaft schrumpft weiter. Sparen ist in dieser Situation nur eine Lösung für den Augenblick. Es ist ein Signal für Verzagtheit und Konzeptionslosigkeit. Am Ende steht zwangsläufig eine reine Umverteilung: Der Staat zieht sich aus öffentlichen Aufgaben zurück, die er nicht mehr schultern kann, und überlässt diese der »privaten Initiative«, und er senkt Steuern, was nur den Reichen wirklich nützt. Das ganze System wird ineffektiv und kollabiert schließlich – denn immer weniger kommt bei denen an, die doch konsumieren sollen.

Die gravierendsten Sparmaßnahmen, als »Reformen« ausgegeben, erfolgen vor allem bei den Sozialleistungen und zu Lasten der mittleren und unteren Einkommensgruppen. Gestrichen werden vor allem öffentliche Investitionen – ohne dass dies zwingend und logisch wäre. Paradoxerweise ermuntert der geizige Staat die Bürger, nicht auf ihrem Geld sitzen zu bleiben und es mit vollen Händen auszugeben.

Konsumverzicht und Kaufzurückhaltung erscheinen für den Einzelnen in dieser Lage vernünftig. Jeder wird zum Einzelkämpfer, der irgendwie zu überleben versucht. Geiz ist plötzlich etwas

Positives, ja er ist geradezu sexy. Der Finanzwissenschaftler Ulrich Busch schreibt: »Indem sich der Geiz des Zeitgeistes bemächtigt und als Tugend erscheint, vollzieht sich ein ähnlicher Prozess wie unlängst beim Neid, als dieser gezielt umgelenkt wurde – von den Reichen und Beneidenswerten weg und zu den Armen und Bemitleidenswerten hin. Wie dieser, so wird jetzt auch jener geschickt im Verteilungskampf instrumentalisiert und für die Umverteilung von Einkommen und Reichtum genutzt. So wie die Neidkampagne während der Diskussion um die Wiedereinführung der Vermögenssteuer kein Zufall war, so kommt auch die Geizkampagne im Vorfeld der Sozialreformen gerade recht: Zum einen ist sie der Versuch, der Beschneidung des Massenkonsums durch die Verteilungspolitik einen von den Betroffenen selbst gewollten euphemistischen Anstrich zu geben: ›Geiz ist geil!‹. Zum anderen aber ist sie bereits auch schon Ausdruck für den erzwungenen Konsumverzicht und eine Reaktion darauf ...«

Eine Folge dieser extremen Sparsamkeit ist die so genannte Aldisierung des Handels – der atemberaubende Erfolg von sich unterbietenden Discountläden und Billigketten (»Dauertiefstpreise!«) wie Walmart, Lidl, IKEA und Schlecker. Der Handel geht inzwischen von einem sanduhrenförmigen Modell des Konsumverhaltens aus: Es wird in nicht all zu ferner Zukunft nur noch ein Segment für Luxusgüter und eines für Billigwaren vom Typ Aldi oder H&M geben, der bisher dominierende mittlere Bereich bricht mit der schwindenden Mittelschicht weg, und Kaufhauspleiten wie die von Karstadt sind nur ein Beleg für diesen »Verlust der Mitte«.

Der neue Geiz macht die ohnehin schon zur Sparsamkeit neigenden Deutschen noch hässlicher: So wird beispielsweise der abstoßende deutsche Essensgeiz noch potenziert. Selbst bei Aldi werden nur noch die wirklich ganz billigen Lebensmittel gekauft, nicht etwa die, die noch einen Hauch von Genuss und Lebensfreude enthalten – wie der oft gerühmte Champagner. Ganz zu schweigen von der Enthaltsamkeit, wenn es um den Einkauf von qualitativ hochwertigeren Lebensmitteln geht oder um das Besuchen guter Lokale. Die Gourmetrestaurants schließen reihenweise oder versuchen durch ein *downgrading* zu überleben, seit die Firmen ihre Spesenbudget zusammengestrichen haben. Privatkunden lassen die gehobene Gastronomie im Stich.

Die zeitgemäße Knickrigkeit zeigt sich in einem verschärften Hang zum Feilschen. Weite Strecken werden zurückgelegt, um im *Outletstore* Markenware zu stark reduzierten Preisen einzukaufen. Last Minute reisen, secondhand einkaufen – das gehört wie selbstverständlich zum Lebensstil von Millionen. Tauschbörsen und Flohmärkte haben Hochkonjunktur. Den Geiz als Lebensform praktiziert man, indem man sich im Dunkeln duscht, die Zahnpastatuben aufschneidet, um die letzten Reste zu nutzen, indem man gebrauchte Teebeutel zum Trocknen auf die Leine hängt und erneut verwendet (das spart 500 Euro in 40 Jahren). Geiz lässt sich sogar ideell überhöhen: Die Kunst, effektiv geizig zu sein, begründet ein Leben frei von Konsumzwängen, meinen die Sparsamen, und sie entwerfen die Vision eines genügsamen, kreativen, ökologisch korrekten und zufriedenen Lebens.

»Die Kunst, stilvoll zu verarmen« hieß eine Kolumne der *Süddeutschen Zeitung* und ein daraus verfertigtes gleichnamiges Sachbuch: Sparen ist für viele kein Spleen, sondern eine bittere Notwendigkeit. Die lässt sich versüßen durch eine neue Quasiphilosophie, die an alte Muster der freiwilligen Einfachheit, der Genügsamkeit, der sozialistisch inspirierten Konsumkritik oder an puritanische Konsumverachtung anknüpft: Materialismus-Kritik, wie sie in Tolstois Novelle *Wie viel Erde braucht der Mensch?* anklingt und in Henry David Thoreaus Walden-Experiment vorgelebt wurde, gehört zum Fundus der neuen Frugalen. John Lennon sang »*Imagine* – *no possessions*«, als er schon ein steinreicher Mann war. Leo Tolstoi hatte ein riesiges Landgut geerbt, und Thoreau hätte seine Holzhütte am Walden Pond nicht ein Jahr lang bewohnen können, wenn sein Freund Ralph Waldo Emerson das Grundstück nicht gekauft hätte.

Es ist also Misstrauen angebracht, wenn eine Heilslehre der Sparsamkeit gepredigt wird – gleichgültig, ob von in der Wolle gefärbten Ökofrugalen oder von stilvoll veramten Adligen. Selbst gewählte, bewusste Einschränkung aus rationalen, spirituellen oder gesundheitlichen Motiven sollte nicht verwechselt werden mit der notwendigen Sparsamkeit einkommensschwacher Gruppen oder mit dem »Geiz aus Prinzip«, der sich und anderen nichts mehr gönnt.

Die *taz*-Kolumnistin Reneé Zucker, die nach eigener Auskunft »ohne absehbares Erbe und soziale Absicherung« in Berlin lebt, schreibt: »Natürlich geht es in der Beschränkung um die Konzentration auf das Wesentliche. Aber das Wesentliche ist, wie jeder Poesiealbumbesitzer weiß, für das Auge unsichtbar ... Die Tatsache, dass wir an drei aufeinander folgenden Wochenenden nach London, Paris und Rom für jeweils neunundzwanzig Euro fliegen können, macht uns jetzt nicht glücklicher und auf Dauer Mensch, Tier und Pflanze kaputt ... Wirtschaftswunderkinder wurden erwachsen und erfanden einen Werbespruch, der die ganze Misere in drei Worten beschreibt: Geiz ist geil. Aber Geiz ist alles andere als geil. Nicht nur, weil er das Bruttosozialprodukt schmälert, er macht den Menschen klein, bitter und hässlich. Und das ist ziemlich ungeil. Das Wesentliche könnte vielleicht der Kampf gegen das sein, was Papst Gregor die sieben Todsünden nennt ... So katholisch das sein mag, die menschlichen Unarten sind ganz gut beschrieben ...«

Geld ist wie Beton:
Es kommt drauf an, was man draus macht

Aristoteles hatte ein entspannteres Verhältnis zum Geld und zum Reichtum: Geld ist für ihn nichts Schlechtes, aber auch kein Selbstzweck. Für ihn kann der Reiche durchaus tugendhaft sein – wenn er sich als *Freigiebiger* zwischen den Extremen Geiz und Verschwendungssucht bewegt und anderen etwas Gutes tut. Die Tugend der Freigiebigkeit besteht darin, das Geld klug zu nutzen. Es den richtigen Menschen zu geben, zum richtigen Zweck, zur richtigen Zeit und in angemessener Menge. Aber die meisten Menschen würden eher Geizkrägen als Verschwender, denn der Geiz liege uns einfach mehr.

Auch der Stoiker Seneca sieht Besitz und materiellen Reichtum nicht als prinzipiell problematisch. Geld sei sehr wohl mit Geist zu vereinbaren: »Der Weise hält sich nämlich keineswegs für unwürdig, Glücksgüter zu besitzen. Sein Herz hängt nicht am Reichtum, aber gelegentlich gibt er ihm den Vorzug, nimmt ihn bei sich auf, lässt sich aber geistig nicht von ihm bestimmen ... Man wird wohl nicht bezweifeln, dass ein verständiger Mann im Reichtum viel mehr Möglichkeiten hat, sich geistig zu entfalten, als in der Armut ... Reichtum bringt dem Weisen Anregungen und Ermunterung wie einem Seefahrer günstiger Fahrtwind. Hör also endlich auf, einem Philosophen den Besitz von Geld zu untersagen. Niemals ist Weisheit zur Armut verurteilt worden. Außer böswilligen Neidern hat kein Mensch Veranlassung, über ordnungsgemäße Mehrung und Minderung von Schätzen zu jammern.« Aber Eigentum verpflichtet: »Es ist für mich ein Gebot der Natur, meinen Mitmenschen zu helfen. Wo immer du Menschen triffst, hast du Gelegenheit, hilfreich zu sein.«

Eine Frage der Evolution: Welche Art von Reichtum brauchen wir?

Habgier und Geiz sind Verhaltensweisen, deren Sinn im Wettbewerb um die besten Fortpflanzungs- und Überlebensbedingungen der Spezies Mensch offenbart wird. Und der Mensch (zumal der männliche) trug und trägt diesen Wettbewerb aus, indem er sich möglichst viele der Mittel verschafft, um in diesem Wettbewerb die besten Karten zu haben: Geld, Macht, Status. Er wird damit als Partner attraktiv für gesunde paarungsfähige, vorzugsweise schöne Frauen. Habgier ist einfach eine evolutionäre Notwendigkeit – so ließe sich die Einschätzung der Evolutionsbiologen zusammenfassen.

Kann Habgier also etwas Böses sein, wo sie doch »natürlich« ist? Unsere »egoistischen Gene«, die der Soziobiologe Richard Dawkins am Werk sieht, diktieren das Verhalten. Es geht nach diesem biologischen Programm immer und zu allen Zeiten darum, so viel Ressourcen wie möglich anzuhäufen, um das eigene Überleben und das der Verwandten und Nachkommen zu sichern. Wir sind alle die Abkömmlinge von in diesem Sinne »egoistischen« Vorfahren, die uns ihre egoistischen Gene weitergegeben haben.

Ganz so simpel, wie es auf den ersten Blick erscheint, argumentiert die Evolutionspsychologie doch nicht. Natürlich braucht das Leben eine materielle Basis, die der Natur, mitunter auch anderen Menschen abgerungen werden muss. Aber zwischen Vorsorge und Habgier ist ein Unterschied, und vor allem gibt es einen wichtigen, oft missverstandenen Zusammenhang zwischen Reichtum und Glück. In ihrem Buch *Mean Genes* argumentieren Terry Burnham und Jay Phelan, dass man mit Geld kein Glück kaufen könne – und doch versuche der Mensch, immer mehr zu kriegen, und kann, zu seinem eigenen Schaden, nie genug haben. Deshalb wird er nie dauerhaft glücklich sein. Es sei denn, so sieht es die Evolutionsforscherin und Biologin Leda Cosmides, es gelänge dem Menschen, sich der Ambivalenz der Habgier bewusst zu werden und in einer Art Güterabwägung nicht-materielle Werte ins Spiel zu bringen. Denn für Jäger und Sammler bestand Reichtum nicht nur darin, möglichst viele Vorräte anzuschaffen und sich satt zu fühlen, sondern auch in einem bestimmten Maße an existenzieller Sicherheit: Es lohnte sich, mit anderen zu kooperieren, zu teilen und möglichst viele Freunde und Verwandte um sich herum zu haben, damit diese positiven Zustände, satt *und* sicher, auch beständig bleiben. Das egoistische Gen programmiert offenbar auch scheinbar nicht-egoistische Verhaltensweisen wie Kooperation und Fürsorge, sogar aufopfernde Liebe. Denn nur ein bestimmtes, nicht zu geringes Maß an Selbstlosigkeit sorgt dafür, dass sich das Gen fortpflanzen kann.

Diese doppelte Notwendigkeit der Evolution – egoistisch und altruistisch zugleich sein zu müssen – setzt sich auch in den Ambivalenzen unserer Tage fort. Auch in unserer Überfluss- und Konsumkultur empfinden wir einen Zwiespalt: Wir genießen den Reichtum, aber paradoxerweise macht er uns auch unzufrieden und traurig. Irgendetwas fehlt uns. Die Konsumgesellschaft appelliert unablässig an unseren Haben-Instinkt, sie animiert uns, zu kaufen und Güter anzuhäufen. Aber sie unterminiert damit gleichzeitig das andere existenzielle Bedürfnis – das nach Gemeinschaft, Zugehörigkeit, Bindung und Familie. Die Marktlogik fängt an, die zwischenmenschlichen Beziehungen zu beherrschen und sagt uns: Gib mir Geld dafür, dass ich dir helfe! Wenn ich dir etwas Gutes tun soll, musst du mir auch etwas geben! Aber das ist nicht das sehr indirekte evolutionäre Tausch- und Vorschussgeschäft, das einmal Gefühle wie Freundschaft und Liebe begründet hat.

Die Lösung dieses Egoismus-Altruismus-Dilemmas sehen nicht nur Philanthropen und Theologen, sondern inzwischen auch die Evolutionspsychologen in einer Ausweitung unseres Begriffs von »Familie«. Wir müssen wieder lernen, den Reichtum, den wir durchaus erwerben können und sollen, in dieser erweiterten Familie zu teilen und freigiebig an andere abzugeben. In lichteren Momenten gewinnt diese Einsicht die Oberhand, wie etwa die enorme Spendenbereitschaft nach der Tsunami-Katastrophe 2004 zeigte.

Dass sich mit Geld nur sehr bedingt Glück kaufen lässt, wird den Habgierigen immer wieder entgegengehalten – von den Theologen, neuerdings auch von den Psychologen. Daniel Kahneman, Psychologe und Nobelpreisträger für Wirtschaft 2003, hat in der Debatte um das komplexe Verhältnis von Geld und Glück die Dinge vom Kopf auf die Füße gestellt: Inzwischen gilt als empirisch gesichert, dass nicht Geld und Macht glücklich machen, deshalb brauchen wir eine volkswirtschaftlich nutzbare Rechengröße, die das Maß an Wohlbefinden in einer Gesellschaft erfasst. Dieser Wohlbefindens-Index ist für das Gedeihen, das Wachstum und die Kreativität eines Gemeinwesens wichtiger als das Bruttosozialprodukt oder die Machstrukturen. Das Wohlbefinden der Vielen ist das »psychische« Kapital, so Kahneman, aus dem sich »richtiges« Kapital schlagen lässt. Die Zauberformel heißt: *Turning happiness into economic power* – aus Glück wirtschaftliche Kraft machen. Nicht Besitz und Geld machen uns glücklich, sondern Glückliche sind meistens erfolgreicher.

Zorn

Ira

Höllenstrafe: Bei lebendigem Leibe werden dem Zornigen die Glieder abgehackt.

»*Der Mann stürmte die 30 Treppenstufen hoch in die erste Etage. Im Sitzungssaal 113, wo an diesem Vormittag der Fall irgendeines Versicherten verhandelt wurde, wollte er abrechnen. Mit einer funktionsfähigen russischen Panzermine TM 62 M mit 7,5 Kilogramm TNT-Sprengstoff. Mit einer durchgeladenen halbautomatischen 9-mm-Pistole ›Makarow‹ mit vollem Magazin. Mit zwei Feuerwerkskörpern, die mit Reißzwecken präpariert waren und die Sprengkraft von Handgranaten hatten ... Er wollte das Gerichtsgebäude in die Luft sprengen und gegebenenfalls Leute töten, um öffentlichkeitswirksam Richter für ärztliche Behandlungsfehler verantwortlich zu machen. Nach einem Arbeitsunfall war er überzeugt, dass Ärzte bei Operationen gepfuscht haben und Versicherungen, Gutachter und Richter ihn betrügen ... Was läuft im Leben eines Menschen so schief, dass er zu einer tickenden Zeitbombe wird?*«

Barbara Bollwahn

Zorn ist ein mächtiger Impuls, ein primordialer Affekt: Wir sind nicht nur *homo sapiens*, sondern auch heute immer noch *homo hostilis*, ein leicht paranoides, allzeit kampfbereites Wesen in einer Welt voller Feinde. Im Zorn zeigt sich der Wille zum Leben und die Bereitschaft zur Selbstbehauptung. Wie Magma unter der Erdoberfläche lauert der Zorn in jedem Menschen, jeder kann zum Vulkan werden. Deshalb sind feurige Metaphern üblich, wenn der Zorn beschrieben wird: Zornige sind leicht entflammbare Feuerköpfe, sie *echauffieren* sich, werden wütend bis zur *Weißglut* oder sie *kochen* innerlich. Und wenn der Zorn ausgelebt wird, hinterlässt er nicht selten *verbrannte Erde*.

Das auffälligste Merkmal des Zorns ist seine Impulsivität, er wirkt fast immer eruptiv und explosiv – das macht ihn so zerstörerisch und selbstzerstörerisch. Der Zornige lässt sich von seinem Affekt hinreißen, die abwägende, umsichtige Vernunft wird außer Kraft gesetzt. Die christliche Tugend, die dem Zorn entgegengestellt wurde, ist deshalb *prudentia*, die Klugheit: Denn ungezügelter Zorn und blinde Wut machen uns dumm. Diese selbstinduzierte Dummheit wirkt auch heute noch strafmildernd bei der Beurteilung zornig-aggressiver Taten: Wer einen anderen »im Affekt« erschlägt, ist »nur« ein Totschläger, kein Mörder.

Es gibt allerdings auch den Zorn auf niedriger Temperatur. Kalter Zorn wird durch Beherrschung des spontanen Impulses heruntergekühlt – und lässt sich so konservieren bis zum günstigen Augenblick, in dem er ausgelebt werden kann. Bis dahin schwelt er als Groll oder Rachedurst unter der Oberfläche. Wilhelm Tell, gewohnt an die »Milch der frommen Denkungsart«, verwandelt diese im Stoffwechsel des Zornes in »gährend Drachengift«, seine Abrechnung findet als kühl geplantes Attentat statt. Rache ist konservierte Wut, sie wird, so sagt das Sprichwort, am besten kalt genossen, oder, wie die Angelsachsen empfehlen: *Don't get mad, get even!* Reg dich nicht auf, rechne ab!

Aber wer nicht abrechnen kann, geht am Drachengift zugrunde. In der abgewickelten DDR hat sich – besonders bei ehemaligen Funktionären und Amtsinhabern – eine psychische Befindlichkeitsstörung ausgebreitet, die inzwischen sogar klinisch relevant geworden ist und als »Posttraumatische Verbitterungsstörung« beschrieben wird.

Sie findet sich bei Menschen, die beispielsweise den Verlust von Ämtern und Ansehen nicht verwunden haben und darüber tief in Groll vergraben sind. Sie geraten bei der geringsten Kritik an der ehemaligen DDR in Rage und ziehen sich immer weiter aus noch bestehenden Sozialkontakten zurück. Ihr Zorn hat den Charakter einer querulatorischen Anpassungsstörung. Dieses Phänomen ist aber keine Besonderheit verbitterter DDR-Notablen, sondern so alt wie die Menschheit: »Verbittert ist der schwer zu Versöhnende, der lange den Zorn festhält; er verschließt die Erregung in seinem Inneren und hört erst damit auf, wenn er Vergeltung geübt hat ... Diese Art von Menschen ist sich selbst und den vertrautesten Freunden die schwerste Last«, schreibt Aristoteles in der *Nikomachischen Ethik*.

Zorn zielt auf die Wiederherstellung einer Ordnung, auf die Restitution der eigenen Rechte, und er repariert die verletzte Integrität, indem er die Grenzen, die andere überschritten haben, neu zieht: Bis hierher und nicht weiter! In bestimmter Weise ist der Zorn der Scham verwandt – wie der Beschämte errötet auch der Zornige, weil sein Selbst als Ganzes herausgefordert ist. Für wie angemessen und gerechtfertigt wir unseren Zorn halten, hängt ab vom Grad der Verletzung, Provokation oder Frustration.

Eine Zornesreaktion ist geradezu vorhersagbar, wenn wir seine Auslöser kennen, und es ist eher beunruhigend, wenn jemand angesichts einer eklatanten Beleidigung oder Benachteiligung ruhig bleibt. Irritierend ist andererseits auch die *unberechenbare Wut*, die sich an geringsten Anlässen entzündet. Sie geht entweder auf extreme Reizbarkeit oder gar eine Gehirnanomalie zurück.

Blick nach vorn im Zorn

Der Zorn ist die erste Leidenschaft des Menschen. Zornig wird er gleich nach der Geburt, sein erster Schrei ist ein Wut- und Protestschrei: »Das hier passt mir alles nicht! Ich bin nicht gefragt worden, ob ich hier sein will!« Die Physiognomie des Zorns können wir in seiner ursprünglichsten, reinsten Form im Gesicht des neugeborenen Kindes beobachten, deshalb wirkt so mancher Zorn später, wenn wir ihn im Gesicht des Erwachsenen sehen, kindisch.

Die Szene des kindlichen Zorns steht uns immer vor Augen – der im Schrei verzerrte Mund, die geballten Fäuste, die wütend aufgerissenen Augen, das Füßestampfen. Und es scheint, als ob wir diese Urszene heute immer häufiger beobachten müssten: Unkontrollierte Wutausbrüche und Jähzorn scheinen bei den lieben Kleinen zuzunehmen, wenn man den eigenen Beobachtungen in Supermärkten und Restaurants trauen darf – und neuerdings vor allem in einigen neuen Fernseh»formaten«. Eine typische Episode: Ein Dreijähriger ist außer sich. Tränenüberströmt, am ganzen Körper bebend trommelt er mit geballten Fäusten auf seine Mutter ein, die ihn besänftigen will, und er schreit: »Ihr seid alle Aaarslöcher! Ich hasse euch!« Dann stürmt er in sein Zimmer, wirft sich auf sein Bett und schluchzt zum Steinerweichen. Dokumentationen des realen Familienlebens, allabendlich in einer der neuen Erziehungssendungen vom Typ *Die Super Nanny* zu sehen. Es geht darin um meist jüngere Kinder, deren Eltern mit den Kleinen nicht mehr fertig werden: Ratlos, hilflos und erschöpft erhoffen sie sich die Hilfe diplomierter Pädagogen oder anderer »Profis«. Das zentrale Problem ist in den meisten Fällen Disziplinlosigkeit: Die Kinder streiten mit ihren Geschwistern, spielen mit dem Essen, weigern sich, ihr Zimmer aufzuräumen oder ins Bett zu gehen, und setzen sich über alle familiären Spielregeln hinweg. Die elterlichen Erziehungsversuche ignorieren sie – oder sie reagieren mit Trotz und heftigen Wutanfällen. Diese Impulsivität soll mit Hilfe einer Expertin gebändigt werden – aus dem widerspenstigen kleinen Wilden soll ein einsichtiges und kooperatives Kind werden. Es geht in diesen Sendungen und im wirklichen Leben auch immer häufiger um die neue Erziehungsagenda, die sich in dem Schlüssel- und Lieblingswort postmoderner Pädagogik verdichtet: Grenzen setzen.

Wenn der Zorn nichts ausrichtet, sprechen wir vom ohnmächtigen Zorn: Als blinde Wut richtet er sich oft gegen das falsche Objekt, auch gegen das eigene Selbst – das Rumpelstilzchenphänomen. Es ist die Wut über eigene Machtlosigkeit, über eigene Grenzen und Schwächen. Solche Wut besitzt oft einen hohen Komikanteil: Es ist die Raserei einer Comicfigur, die ihren Zorn an Gegenständen auslässt und nicht ruht, bis sie erschöpft in einem Trümmerfeld steht. Ohnmächtige Wut wirkt auf den Betrachter häufig lächerlich oder peinlich, denn einer, der, zur Weißglut gebracht, in hilfloser Erregung wie eine Furie tobt, zeigt seine Machtlosigkeit unfreiwillig und überdeutlich. Die Unbeherrschtheit der ohnmächtigen Wut zerschlägt zudem das metaphorische Porzellan oft so klein, dass es kaum noch zu kitten ist.

Der Zorn ist aber auch eine edle Emotion, wenn Götter, Könige und Helden ihn ausleben: Der heilige oder gerechte Zorn Gottes, des Gottes der Bibel, ist aus der Lektüre des Alten Testaments sehr vertraut, Gott ist ein eifersüchtiger, rachsüchtiger, misstrauischer und zorniger Gott. Im Neuen Testament taucht Zorn nur noch sehr selten auf: Jesus, der Überwinder des Rachegedankens, wird manchmal ungehalten oder streng in seinen Worten, aber so richtig zornig wird er nur einmal, als er die Wechsler in gerechter Empörung aus dem Tempel hinausprügelt. Archetypisch ist der Groll des Achilles, als ihm Agamemnon die Sklavin Briseis wegnimmt. Grausam ist der kalte Zorn des heimkehrenden Odysseus, der die Freier abschlachtet, und besonders irritierend wirkt der ungerechtfertigte Zorn König Lears auf Cordelia, die ihn liebende Tochter.

Die sechs anderen Todsünden können uns zornig machen: Verletzter Stolz, gekränkte Eitelkeit machen zornig; Neid und Zorn verbinden sich im Rachegefühl und Ressentiment zu einem doppelt giftigen Gemisch; und wenn Lust oder Habgier nicht zum Zuge kommen, machen sie uns wütend und aggressiv. Zorn und Wut können leicht entgleisen – überschießender, spontaner Zorn wird Jähzorn. Gelingt die Wiederherstellung der verletzten Ordnung oder Integrität nicht, dann verwandelt sich anhaltender Zorn oft in Hass, der wiederum zu maßlosen Racheakten anstachelt: Wie *Michael Kohlhaas* steigert sich der Zornige in einen erbittert geführten Privatkrieg hinein, um das Unrecht zu vergelten, das ihm angetan wurde.

Denn das Gesetz der Zornigen lautet: *Fiat justitia, pereat mundus*! Die Gerechtigkeit muss um jeden Preis, selbst um den der Selbstzerstörung, hergestellt werden. Deshalb ist der Zorn ein überwiegend männlicher Affekt. Er geht auf eine männliche Moral zurück, wie die Psychologin Carol Gilligan erklärt: Männer sind Prinzipienreiter und versuchen, ihre Ansichten um fast jeden Preis und oft auch aggressiv durchzusetzen. Frauen praktizieren tendenziell schon immer das, was heute als postmoderne »Verhandlungsmoral« beschrieben wird. Das heißt, sie sind fähiger zum Zuhören und zur Deeskalation, sie berücksichtigen in Konflikten auch die Motive der Gegenseite, und sie neigen eher zum Ausgleich, zu Nachsicht und Versöhnung.

Offenbar gibt es ausgeprägte Geschlechtsunterschiede, wenn es darum geht, auf Unfairness oder Benachteiligung zu reagieren, Zorn auszudrücken und mit Ärger umzugehen. Die Psychologin Dana Crowley Jack hat in einer Studie nachgewiesen, dass Frauen ihren Ärger viel stärker unterdrücken oder sogar verleugnen als Männer – mit negativen Konsequenzen vor allem für die psychische Gesundheit. Es gibt ein deutliches weibliches Muster des *Self-Silencing*, des Sich-selbst-zum-Schweigen-Bringens – und der oft krampfhaft verborgene oder unterdrückte Zorn gilt als Hauptursache für Depressionen. Zwar sind auch Frauen zu Zornesausbrüchen fähig, aber die sind in der Vehemenz und Frequenz deutlich geringer als die von Männern, oder sie finden in Abwesenheit des Ärgerauslösers statt – die Türen werden erst geknallt, wenn der Gatte außer Hörweite ist. In Gegenwart anderer maskieren Frauen ihren Ärger und ihre Wut, aus Furcht vor einer Eskalation, aus Angst vor dem Bruch einer Beziehung.

Zorn in kleiner Münze: Der tägliche Ärger

Eine Sünde, zumal eine Todsünde, besteht im Kern des christlichen Verständnisses in der Abwendung von Gott: Der Sünder wendet sich von dessen guten Absichten und seiner Schöpfung ab. Das wird besonders evident beim Zorn: Wer »außer sich« gerät, wird blind für das größere Ganze der göttlichen Ordnung, er verlässt aber auch sein besseres Ich, indem er sich von der Vernunft verabschiedet, und er reißt gleichzeitig eine Kluft zu anderen Menschen auf.

Aber – ist nicht Gott selbst zornig? Gibt es nicht auch ein Recht auf Zorn? Nur in einem komplizierten Syllogismus: Bei Gott ist keine Sünde. Gott ist manchmal zornig. Also ist Zorn nicht immer eine Sünde. Und es gibt wahrlich gute Gründe, zornig zu werden. Die entscheidende Frage, deren Beantwortung über den Sündengehalt entscheidet, ist: Wann steht uns Zorn zu, wann ist er *wirklich* gerecht und gerechtfertigt? Und wann ist er nur selbstgerecht? Und wenn wir uns Zorn zugestehen, so bleibt immer noch die methodische Frage: Wie drücken wir ihn aus? Die Gefühlsskala weist breit gefächerte Möglichkeiten aus – zwischen mürrischer Verstimmtheit, Indignation und Irritation, die sich zur Empörung steigern können, bis hin zu Wut und Hass und schließlich zur zornigen Aktion, zur Aggression in Wort und Tat.

Die kleine, alltägliche Münze des Zorns ist Ärger (im Englischen bezeichnet *anger* beides: Zorn und Ärger). Und als Ärger ist der Zorn zum Dauerthema der modernen Psychologie geworden: als gesundheitsgefährdender Alltagsärger, aber vor allem auch wegen seiner sozialen Sprengkraft, die als sprunghaft angestiegene Aggressionsbereitschaft die zwischenmenschlichen Beziehungen vergiftet und zerstört. Anhaltender Ärger ist wegen seiner selbstschädigenden Folgen zum schnell wachsenden Gesundheitsproblem geworden – chronisch hoher Blutdruck ist nur die bekannteste Ärgerkonsequenz. Gleichzeitig wächst sich die zunehmende Unfähigkeit, Ärger- und Zornimpulse zu kontrollieren, zu einer Epidemie der Feindseligkeit aus, die wiederum der entscheidende psychische Faktor gefährlicher Erkrankungen des Herz-Kreislauf-Systems ist.

Ärger ist das Signal, dass wir uns in einer Situation befinden, die uns seelisch anstrengt, weil wir in unseren Erwartungen und Ansprüchen enttäuscht werden, vielleicht auch deshalb, weil wir müde oder gestresst sind und deshalb schon aus geringstem Anlass »einen dicken Hals kriegen«. Ärger ist zudem die deutlich sichtbare Reaktion, an der andere unsere negativen Gefühle ablesen können: Plötzliches Schweigen, Vermeiden des Blickkontaktes oder Fixieren des Gegenübers, gerunzelte Stirn, verdrehte Augen, das Mahlen der Backenmuskulatur sind Hinweise, dass sie zu weit gegangen sind.

Ärger mobilisiert uns, macht uns kampfbereit. Er liefert den körperlichen und psychischen Treibstoff für anstehende Auseinandersetzungen. Der Blutdruck steigt, der Herzschlag beschleunigt sich, wir atmen flacher. Wir sind wacher und aufmerksamer. So verschafft uns Ärger das subjektive Gefühl, noch die Kontrolle zu haben, eingreifen zu können – selbst wenn dieses Gefühl nicht der Realität entspricht.

Was uns so zornig macht

Warum sind wir so dünnhäutig und unduldsam geworden? Worüber regen wir uns überhaupt auf? Was macht uns zornig oder wütend? Die wohl häufigsten Auslöser sind Frustrationen: Wir werden am Erreichen eines Ziels gehindert. Wir haben beispielsweise einen Termin beim Arzt und sind schon spät dran, kreisen aber seit einer Viertelstunde mit dem Auto um den Block auf der Suche nach einem Parkplatz. Als wir endlich eine Lücke erspähen und darauf zusteuern, kommt uns ein anderer Fahrer zuvor und stößt schnell hinein. Zu allem Überfluss grinst er uns noch frech an.

Ein zweiter Zornauslöser sind *Irritationen:* Wir werden im Handlungsfluss unterbrochen, aus einer Tätigkeit oder aus einer Erholungsphase herausgerissen. Während eines Vortrages stellt ein besserwisserischer Zuhörer ständig Zwischenfragen. Die laute Musik des Nachbarn raubt mir die Nachtruhe. Manchmal ist schon die Präsenz eines bestimmten Menschen das sprichwörtliche »rote Tuch«: Er regt uns schon durch sein Auftreten, seine Art zu sprechen oder zu essen auf, seine pure Gegenwart macht uns aggressiv.

Und so richtig zornig werden wir, wenn wir bewusst *provoziert* werden: Der Kollege macht während einer Konferenz ständig spöttische Anspielungen auf einen Fehler des »lieben Herrn XY«; jemand rempelt uns auf dem Gehweg an und starrt uns frech ins Gesicht.

Gerechter Zorn steigt in uns auf, wenn wir *Ungerechtigkeit* und *Unfairness* erfahren: Wir werden belogen, übergangen, übervorteilt, betrogen, ausgenutzt, zu Unrecht kritisiert, bloßgestellt, lächerlich gemacht – oder glauben es jedenfalls.

Die Ärgerforschung hat in den letzten Jahren den modernen Alltag systematisch nach so genannten *Ärger-Antezedenzien* durchkämmt, hat Abertausende von Menschen über ihre Ärger-Episoden und Zornesausbrüche befragt – und ist auf eine Vielzahl von Auslösern und Anlässen gestoßen, die mit hoher Wahrscheinlichkeit zu Ärger führen. Eigentlich kann alles zornig machen – bei manchen reicht die sprichwörtliche Fliege an der Wand oder die *bösartig* auf Rot umspringende Ampel an jeder Kreuzung. Aber es gibt über solche idiosynkratischen Ärgeranlässe hinaus eine Reihe von immer wieder auftauchenden, zeittypischen Auslösern.

So wurde in den letzten Jahren immer häufiger der Zorn über Umweltverschmutzungen und Grenzverletzungen genannt, die von den Mitmenschen ausgehen: die Hundehaufen auf dem Gehweg, der achtlos weggeworfene Müll, wummernde Bässe aus dem Stenz-Auto, Graffiti-Schmierereien an der frisch geweißelten Hauswand. Zorn erregen aber auch die selbst ernannten Polizisten und Blockwarte, die uns wegen eines laufenden Motors oder eines weggeworfenen Papierschnipsels zur Ordnung rufen.

Eine große Gruppe von Zornesauslösern stellen die »subjektiven Erlebnisse von Normverletzungen« dar: Das reicht vom Erduldenmüssen schlechter Umgangsformen und Tischmanieren bis zur Beobachtung, wie fremdes Eigentum beschädigt oder zerstört wird.

Aber auch psychische Schädigungen, Verletzungen der persönlichen Integrität sind häufige Zornauslöser: Angriffe auf die Würde und das Selbstwertgefühl, das Erleiden von Zwang, hartnäckiges oder absichtliches Missverstandenwerden, Beleidigungen und Bedrohungen. Mit den Verhaltensnormen wandeln sich natürlich auch die Gründe fürs Wütendwerden: So sind schlechte Tischmanieren fast nur noch für ältere Menschen ein Anlass, sich aufzuregen, und das Zetern der »Spießer« über laute Musik oder Graffiti bleibt für viele Jüngere unbegreiflich. Und doch gibt es Verkehrs- und Umgangsformen, deren Ausbleiben auch Jüngere ärgerlich macht: Vordrängeln in der Warteschlange, behördliche Willkür und Schikanen, übertriebene Regulationen und Einengungen, dumme Sprüche (»Angemachtwerden«).

Hetze und Zeitdruck, aber auch langes Warten gelten in der Ärgerforschung als Mediatoren, die eine »ärgeranbahnende Funktion« haben: Sie erzeugen eine negative Grundstimmung, die so genannte »Bodenaffektivität«. Die Ärgerschwelle wird dadurch so abgesenkt, dass schon geringste Anlässe ausreichen, damit jemand aus der Haut fährt. Das Stresspotenzial des modernen Lebens erzeugt eine negative Bodenaffektivität und dazu dann auch gleich die Ärgeranlässe im Überfluss. Allein die stark gestiegene Mobilität sorgt für Behinderungen, Frustrationen und Irritationen aller Art: das Reisen in unpünktlichen, verdreckten oder überfüllten Zügen, auf verstopften Straßen, das Stehen in endlosen Staus.

Die Massenmedien sind heute nicht nur die wichtigsten Unterhaltungs- und Informationsquellen, sondern auch Multiplikatoren und Verstärker zahlloser Ärgeranlässe. Nur noch in geringerem Maße, so registrieren die Ärgerforscher, sind Geschlechterdifferenzen ärgerauslösend: Zwar liefern Machosprüche und »Zickenalarm« noch manche Aufreger, aber die Frequenz hat offenbar stark abgenommen ...

Kopfgeburten: Zorn und die Alltagsparanoia

Unsere Zornigkeit ist heute sehr häufig die Ausgeburt einer milden Bewusstseinsstörung – einer illusionären, paranoiden Verzerrung der Wirklichkeit um uns herum. Wir leben erstaunlich große Teile des Tages in tranceähnlichen Bewusstseinszuständen, in Tagträumen und Fantasiewelten: Das heißt, wir befinden uns in einer *hypersubjektiven* Geistesverfassung, absorbiert in privaten Bildern und Szenen, verloren und versponnen in den eigenen Gedanken. Der Stoff, aus dem wir uns diese Fantasiewelten bauen, besteht aus Wünschen, Erinnerungen, privaten Fantasien; er ist uns aber größtenteils durch die Medien eingetrichtert worden. Es fällt uns deshalb zunehmend schwerer, zwischen realen und virtuellen, nur eingebildeten Situationen zu unterscheiden. Nirgendwo wird diese Hypersubjektivität so auf die Spitze getrieben wie im Straßenverkehr. Das Autofahren als halbautomatisierte Handlung bietet in idealer Weise Gelegenheit zum Tagträumen und Sinnieren, dabei sind wir aber auch in besonderer Weise isoliert. Der besondere Solipsismus des Fahrens scheint der ideale Nährboden zu sein für die Wut des Autofahrers, *Road Rage*. Sie entsteht, wenn sich der in seiner Kapsel aus Blech und Glas eingeschlossene Einzelne die anderen tendenziell nur noch als Feinde vorstellen kann, die ihm *absichtlich* die Vorfahrt nehmen oder ihn aus *Bosheit* behindern. Im günstigsten Falle sind das *alles Idioten*, gegen die – bezeichnenderweise – nur ein *defensiver* Fahrstil hilft. Der Ärger ist die Folge einer asozialen Situation und der dadurch entzündeten paranoiden Fantasie.

Dieser mentale Zustand beeinflusst auch andere Interaktionen weit jenseits der Straße: Weil wir sehr häufig in unseren Kopfwelten leben und diese inneren Bilder für das reale Bild der Welt halten, lesen wir das Verhalten der anderen durch diese subjektive Brille: Der Partner, der »unsensibel« oder falsch reagiert, »muss doch eigentlich wissen, was in mir vorgeht«. So viele imaginäre Wortwechsel haben wir schon mit ihm gehabt, dass wir nicht mehr so genau wissen, ob wir ihm den Termin wirklich genannt haben: »Aber ich habe dir doch gesagt, wie wichtig das für mich ist …« Möglicherweise haben wir nicht. Missverständnisse dieser

Art sind sehr häufig die Auslöser zorniger Dispute. Weil wir dem Gegenüber quasi Insider-Informiertheit unterstellen, weil wir in illusionärer Verkennung glauben, er teile unsere Gedanken und unseren Informationsstand, wird jede Vergesslichkeit, jede Unachtsamkeit des anderen zum kalkulierten Akt, jede Taktlosigkeit zum bewussten Angriff auf das Ich. Dieser Zorn, der aus Solipsismus und Paranoia geboren ist, erschafft sich unablässig Feinde.

Die Absichten, Einstellungen und Gedanken anderer Menschen mit einer gewissen Genauigkeit »lesen« und interpretieren zu können ist einer der wichtigsten sozialen Anpassungsmechanismen, die wir im Laufe unserer Entwicklung erwerben. Wir müssen vorhersehen können, was andere unter wechselnden Bedingungen fühlen und tun. Wir wollen ihre Motive kennen, um uns darauf einstellen und angemessen reagieren zu können. Wenn wir diese Fähigkeit nicht genügend ausbilden, bleiben wir Autisten. Es gibt aber auch ein Zuviel an Gedankenlesen, einen Überschuss an Interpretation: Das Bemühen, in den Kopf des Gegenüber zu sehen, kann in eine Projektion oder Überinterpretation kippen. In einer Art Beziehungswahn erkennen wir beim anderen Motive oder unterstellen Absichten, die in Wirklichkeit nicht vorhanden sind. Unsere eigene Unsicherheit ist das Motiv für diesen Eifer, jede Gefährdung, Beeinträchtigung oder Herabsetzung des eigenen Selbst schon »im Keim« zu erkennen und ihr durch eine Art Vorwärtsverteidigung zu begegnen – durch vorauseilenden Zorn bis hin zur Aggression.

Nimm es nicht persönlich!

Diese fatale gedankliche Egozentrik entsteht, so sieht es der Kognitionstherapeut Aaron T. Beck, weil wir den natürlichen Drang, Angriffe oder Übergriffe anderer rechtzeitig zu entdecken, nicht ausreichend durch andere, positive soziale Instinkte ausbalancieren – etwa durch Empathie, Altruismus, Zuwendung. Stattdessen steigern wir uns, sobald wir beim Gegenüber ein Anzeichen von Feindseligkeit erkannt zu haben glauben, in eine »katastrophische

Verzerrung« der Realität hinein. Wir haben mehr oder weniger feste Vorstellungen und Erwartungen, wie andere Menschen sich verhalten *sollten* oder *müssten*. Aber sie weichen häufig von diesen Erwartungen ab. Das sehen wir mit Misstrauen und Unbehagen, und manchmal fühlen wir uns sogar gekränkt durch diese »Rücksichtslosigkeit«. Die Mikroanalyse des verbalen und körpersprachlichen Austausches zeigt in der Regel sehr deutlich, wie eine Reihe von Urteilen und Vorurteilen, von Ängsten und Komplexen mobilisiert werden, um die Situation zu interpretieren: »Der beachtet mich gar nicht! Er erweist mir nicht den nötigen Respekt! Der will nur etwas von mir! Der verachtet mich! Der will mich provozieren!«, und so weiter.

Die Bandbreite der möglichen negativen Haltungen, die andere uns entgegenbringen können, ist weitaus größer als die Zahl der positiven – zumindest lassen unser Wortschatz und unsere Wörterbücher darauf schließen. Wir glauben, wesentlich mehr Gründe zu haben, auf der Hut sein zu müssen als anderen entspannt zu begegnen. Selbst in Familien, in Partnerschaften oder Freundschaften ist die Bereitschaft größer, die Dinge »in den falschen Hals zu kriegen«, negative Absichten zu unterstellen und sich gewaltig misszuverstehen: »Du bist eine halbe Stunde zu spät! *Du respektierst mich nicht!*« oder: »Du hast mich nicht angerufen. *Ich bin dir völlig gleichgültig!*«

Für alle feindseligen oder negativen Absichten, die wir anderen vorauseilend unterstellen, gibt es einen gemeinsamen Nenner: Sie setzen uns herab, wir fühlen uns in unserem Wert als Person verkleinert. Zunächst empfinden wir Traurigkeit, Angst, Scham, Demütigung, Ausgeschlossenheit, Unsicherheit oder ein anderes unerfreuliches Gefühl, ausgelöst durch das negativ *interpretierte* Verhalten der anderen. Damit sich dieses schmerzhafte Gefühl nicht festsetzt und wir uns selbst in einer Opferrolle fixieren, werden wir wütend. Sobald die eigene Integrität verletzt zu werden scheint und das labile Selbstwertgefühl ins Wanken gerät, greifen wir an: zornig, aggressiv und selbstgerecht.

Defensive, egozentrische Denkmuster sind häufig die Wurzel des Zorns: Wir nehmen alles *persönlich* und beziehen das, was andere tun, immer auf uns. Wir nehmen nur selektiv wahr und fokussieren unsere Aufmerksamkeit auf die Aspekte des Verhaltens, die unsere Vorurteile und Befürchtungen bestätigen. Selbst neutrales Verhalten der anderen oder ihre guten Absichten lassen sich als manipulativ oder bösartig deuten: Der ist ja nur so freundlich, weil er etwas von mir will! Und eine einzige »Verfehlung« uns gegenüber reicht oft aus, um alle anderen Handlungen des »Täters« im trüben Licht der Paranoia zu sehen: Der ist gegen mich! Und schließlich werden die eigenen Anteile an einem Konflikt oder einem Missverständnis meist völlig ausgeblendet.

Ärgerlichkeit kann sich allmählich zum Charakterzug ausbilden: Sie ist erkennbar als misanthropisches Verstimmtsein und lauernde Aggressivität. Der *Stand-by*-Zorn kann jederzeit angeschaltet werden. Die Mürrischen sind mürrisch aus Prinzip, sie ärgern sich über alles, auch über sich selbst. Sie hadern mit dem Schicksal, der Welt, mit dem Leben. Es ist müßig, einen derart nachhaltig Ärgerlichen nach den Gründen für seinen Affekt zu fragen – es gibt zu viele. Alles kann ein Grund sein.

Zorn – eine Maske der Scham

Zornige Aggressivität ist oftmals der Versuch, einen besonders intensiven, jähen Schmerz in Schach zu halten und zu verdecken: Scham ist eines der unangenehmsten Gefühle, die ein Mensch überhaupt erleiden kann, weit schlimmer noch als das ihr verwandte Gefühl Schuld. Scham ist das soziale Gefühl schlechthin: Ein Fehler oder ein Versagen in den Augen und unter den Augen der anderen, eine Blamage, katapultieren uns in eine Seelenqual, die kaum erträglich ist. Eine Beschämung stellt die Person *als Ganzes* schutzlos ins grelle Rampenlicht. Das Selbstwertgefühl stürzt in eine Baisse. Scham lässt in weithin sichtbarer Leuchtschrift den Satz blinken: Oh mein Gott, *ich* habe das getan! Schuld dagegen löst das ebenfalls unangenehme, aber erträglichere Eingeständnis aus: »Gut, ich *habe* das getan! Ich habe einen Fehler gemacht.« Aber eine Schuld tangiert nicht unseren Persönlichkeitskern, sondern nur einen limitierten Ausschnitt aus unserem Verhaltensrepertoire: Wir sind nicht identisch mit dem

Fehler, wir können das Versagen »reparieren«, indem wir die Schuld zugeben und Wiedergutmachung leisten. Scham hingegen betrifft das Ich; sie ist das personifizierte Versagen, und das lässt sich nicht so ohne weiteres reparieren. Beschämte empfinden oft einen solch heftigen und heißen Schmerz über ihre Demütigung oder Bloßstellung, dass sie sich überwältigt und gelähmt fühlen. Wer schuldig geworden ist, kann immerhin versuchen, über die Schwere der Schuld und eine Wiedergutmachung zu verhandeln. Der Beschämte dagegen braucht eine Auszeit, denn Scham klingt nicht so schnell ab – sie hat das Innerste getroffen und verletzt; eine schnelle Reparatur des »exponierten Selbst« ist nicht machbar.

Eine Möglichkeit, diesem plötzlichen Schmerz der Scham zu begegnen, ist Flucht: Beschämte haben den dringenden Wunsch, unsichtbar zu werden, im Boden zu versinken. Sie wollen sich den Augen der Zeugen des Versagens entziehen – den hämischen, mitleidigen oder verächtlichen Blicken entgehen. Aber auch wenn man sich verkriecht, schmerzt die Schamwunde weiter, denn uns selbst können wir nicht ausweichen, die Selbstaufmerksamkeit bleibt bestehen: Wir hadern mit uns und fühlen uns weiterhin wertlos und gelähmt.

Die zweite Möglichkeit, das quälende Schamgefühl zu mindern, ist die Projektion des Versagens auf andere: Nicht ich habe versagt, Du warst es! Die Beschämung weicht nun dem vermeintlich berechtigten Zorn auf den wahren Urheber der Malaise. Der Vorteil: Zorn ist ein *aktives* Gefühl – als Zorniger kann ich handeln und gewinne damit ein Stück Kontrolle über die Situation zurück. Zorn erleichtert: Ich kann endlich etwas tun. Mag dieses Tun dann noch so destruktiv sein, es entlastet das Ich vom unerträglichen Gefühl der Demütigung und der Scham. Der Angestellte, der einen Auftrag vermasselt hat, kann sich entweder in sein Zimmer verkriechen und hoffen, dass das Schamgefühl irgendwann nachlässt, oder er dreht den Spieß um: Wütend beschuldigt er den blöden Vorgesetzten, der ihn nicht richtig instruiert hat, oder die Kollegen, die die Arbeit sabotiert haben. Jemand anders ist schuld, und er soll dafür bezahlen! Die zornige Aggression schützt das Ich vor quälenden Selbstzweifeln und schafft Erleichterung von unerträglicher Scham.

Von Amokläufern und anderen Zornigen

»Ich denke, ich stehe noch am Anfang meines Lebens. Momentan versuche ich mein Abitur so gut wie möglich zu bestehen. Vor einiger Zeit war mein Ziel, Informatik zu studieren, doch benötigt man dafür zehn Punkte im Leistungskurs, die ich nicht erreichen kann. Deshalb musste ich diesen Traum leider aufgeben. Zurzeit ist die Schule leider alles andere als lustig. Da es die ganze Zeit nur darum geht, irgendwelche Leistungen zu erbringen ... Ich sehe mich persönlich als einen Menschen, der seine Macken hat und manchmal etwas schwer zu ertragen ist. Allerdings habe ich auch meine guten Seiten, wie zum Beispiel meinen Humor. Wie mich die anderen konkret sehen, weiß ich nicht und ist mir auch irgendwie egal ...« Das schrieb der 19-jährige Schüler Robert Steinhäuser in seiner letzten Deutscharbeit in der 11. Klasse des Erfurter Gutenberg-Gymnasiums. Aber es war ihm überhaupt nicht egal, wie ihn die anderen sahen. Kurze Zeit später, am 26. April 2002, tötete er 16 Lehrer, zwei Schüler und sich selbst. Der so genannte Amoklauf des Robert Steinhäuser in Erfurt war die Tat eines Ausgeschlossenen, der mit seiner Beschämung alleine gelassen wurde und sie in mörderische Wut umformte.

Jede Form der Ausgrenzung macht Menschen dümmer und setzt ihre Selbstkontrolle außer Kraft, so ließe sich der sozialpsychologische Befund zusammenfassen: Wer sich ausgeschlossen fühlt von einer Gruppe, der er einmal angehört hat oder der er gerne angehören will, oder wer auch nur die Geringschätzung anderer zu glauben spürt, verändert sich dramatisch in seinen kognitiven Kapazitäten. Der Sozialpsychologe Roy Baumeister konnte in zahlreichen Experimenten zeigen, dass Ausgegrenzte buchstäblich dümmer werden – ihre Wahrnehmungen verengen sich, sie »schalten« komplexere Denkmuster ab und ziehen sich auf primitivere Interpretationen der Welt zurück. Die noch fatalere Wirkung des Ausgegrenztwerdens ist, dass die Fähigkeit zur Selbstkontrolle deutlich abnimmt: Wer sich abgelehnt fühlt, wird in bestimmter Weise asozial. Er verliert schlagartig die *Motivation*, soziale Normen einzuhalten und sich selbst im Sinne dieser Normen zu kontrollieren – nach dem Motto: »Es lohnt sich ja doch nicht, es ist egal, was ich tue und wie ich mich verhalte.« Hinter dieser Beobachtung steht die Erkenntnis, dass wir uns in vielem nur deshalb sozial und angepasst verhalten, weil das von den uns wichtigen Bezugspersonen honoriert und belohnt wird. Entfällt diese Anerkennung, fallen wir auf eine primitivere, »wildere« Stufe des Verhaltens zurück.

Dem erlebten Kontrollverlust über die eigenen Lebensbedingungen entspricht der Kontrollverlust über sich selbst. Die latente, diffuse Ärgerlichkeit, die als Grundstimmung entsteht, braucht dann nur geringe Anlässe, um in Aggressivität umzuschlagen. In dem verstörenden Film *Falling Down* spielt Michael Douglas einen äußerlich angepassten Büromenschen, der gerade seinen Arbeitsplatz verloren hat. Als er auf der Heimfahrt in einem Stau festsitzt, lässt er seinen Wagen einfach stehen und marschiert mit seinem Aktenkoffer quer durch *Downtown* Los Angeles. Daraus wird ein allmählich sich steigernder Amoklauf. Prügelnd und schießend lässt er seinen Zorn an all jenen aus, die ihm irgendwie »dumm kommen«: halbstarke Straßendiebe, unfreundliche Ausländer, Nazisympathisanten, Zuhälter. Eine Zeit lang sympathisiert man sogar mit dem Mann – wer fantasierte nicht davon, einen unverschämten Wegelagerer das Fürchten zu lehren? Bis schließlich die eigentliche, tiefere Ursache seiner Wut erkennbar wird. Der Mann will an diesem *dies irae* eigentlich seiner kleinen Tochter ein Geburtstagsgeschenk bringen, muss sich jedoch per Gerichtsbeschluss von seiner geschiedenen Frau, bei der das Kind lebt, fernhalten. Die Grundwut des Ausgeschlossenen explodiert in der Hitze des Tages – wehe dem, der ihm zufällig in die Quere kommt.

Das Zeitalter der Wut

Michel de Montaigne hatte beobachtet, dass ein Bauer nur schwer zu erzürnen ist, er ist, in moderner Kinosprache, eher ein *slow burner*, bis er wirklich wütend wird, muss viel passieren. Das rührt in Montaignes Sicht daher, dass der Bauer der weiseste Mensch von allen ist, denn er weiß, wie abhängig sein Tun vom Wetter, vom

Boden, vom Vieh und letztlich von Gott ist. Das Stadtleben dagegen mache zornig: Das Reizklima aus Informationen, Konkurrenz, Misstrauen mache die Menschen aggressiv. Das ist, am Beginn der Moderne, eine sehr aktuell erscheinende, geradezu postmoderne Beobachtung. Heute lebt die Mehrheit der Menschen, zumal in den Industriestaaten, in Städten.

Steigt deshalb die emotionale Temperatur? Ist Zorn ein Problem der Verdichtung und Beschleunigung unserer Lebensverhältnisse? Warum sind wir so nachsichtig gegen die eigene Wut und, wenn sie uns nicht gerade selbst trifft, sogar verständnisvoll für die Wut der anderen? Ist der härter werdende Kampf um Lebenschancen, um knappere Ressourcen, um Arbeits- und Ausbildungsplätze schuld, die Schlacht um Aufstiegschancen und Anteile am angeblich schrumpfenden Kuchen des zu verteilenden Wohlstands? Alles deutet darauf hin: Der Kampf in der sich entsolidarisierenden Gesellschaft schafft Einzelkämpfer – die auch mit ihren Gefühlen allein bleiben und kein Korrektiv mehr haben für ihre paranoide Wut.

Im alltäglichen Leben der Normalbürger steigt die Aggressionsbereitschaft: Im neuen Zeitalter des Zorns wird schneller und selbstgerechter zurückgeschlagen als jemals zuvor – metaphorisch und mit der Faust. Schon geringste Einschränkungen der eigenen Rechte und Ansprüche können nicht mehr hingenommen werden. Allzu viele werden zur wandelnden Wutbombe mit sehr kurzer Lunte. Die Schwelle zu verbalen und selbst handgreiflichen Aggressionen ist stark herabgesenkt.

Die Gewaltbereitschaft der Normalbürger wird nicht zuletzt entfacht und gerechtfertigt durch die individualistische Ideologie der Selbstbehauptung: *Man darf sich nichts gefallen lassen!* Ungeduld, Unduldsamkeit und Intoleranz machen den Alltag zu einem explosiven Gemisch. Selbst in intimen Beziehungen, in Familien und Ehen breitet sich die Gewaltbereitschaft aus: Zwar wurde das Schlagen von Kindern per Gesetz verboten, aber mit immer neuer Fassungslosigkeit registriert die Öffentlichkeit Berichte über elterliche Gewaltausbrüche gegen Kinder: Geschildert und gezeigt werden die Opfer extremer Misshandlungen, systematischer Folter und immer häufiger auch Tötungen aus ungezügelter, blinder

Wut. In den Gerichtsverhandlungen wird das Unfassbare dann auf »Überforderung« und »Gestörtwerden« zurückgeführt.

Ein neuer Verbrechenstypus breitet sich aus: die so genannten *Hate crimes* – Gewalttaten verübt gegen Obdachlose, Ausländer, Homosexuelle, Behinderte oder andere Minderheiten. Die frei flottierende Wut vor allem jugendlicher Täter sucht sich ein Ziel. Der Hass auf die Gesellschaft und auf sich selbst wird an bestimmten Zielgruppen oder auch schon an zufällig in der Nähe befindlichen Individuen ausgelassen, auf die man seine eigenen Schwächen projizieren kann: Rassistische Skinheads prügeln und töten Menschen, denen sie ihre eigenen Minderwertigkeitsgefühle, ihre Ausgrenzung, ihr Verachtetsein zuschreiben können.

Der Zornige, der die gesellschaftlichen Regeln verletzt, muss sich nach seinem Ausbruch immerhin rechtfertigen, zumal nach Gewalttätigkeiten. Typischerweise greift er zur Technik der *Rationalisierung* – das ist einer der psychischen Abwehrmechanismen, mit denen sich das Ich vor den Schuldgefühlen und der Scham schützt, die durch das Ausleben der triebhaften Impulse entstanden sind. Solche schein-vernünftigen Rechtfertigungen findet der Zorn mit Vorliebe in vermeintlichen Benachteiligungen, Verletzungen, Kränkungen, Ausgrenzungen, wobei die »Täter« als Abstraktionen erscheinen: der Staat, das System, die da oben. Steht das Primärobjekt der Empörung fest, lässt sich dann leicht personalisieren – und einzelne »Repräsentanten« eines »Systems« oder einer Gruppe können mit gutem Gewissen angegriffen werden.

Verschwörungstheorien und politische Spitzfindigkeiten sind das geistige Instrument, mit dem sich die Zornigen unserer Zeit ihre Objekte schaffen: Ein unsichtbarer Feind wird sichtbar gemacht, um der Wut ein Ziel zu geben. Der paranoid Zornige unterstellt immer und überall böse Absichten: »Das war kein Zufall!« ist sein Lieblingssatz. Die Exegese von Texten und »geheimen« Dokumenten ist die gängige Methode, dem unsichtbaren Feind auf die Schliche zu kommen. Im Internet hat diese Paranoia heute ein ideales Vervielfältigungsmedium gefunden.

Die Feinde lauern überall. Nicht wenige finden sie gleich hinter dem Gartenzaun: Die Zahl der direkten oder gerichtlichen Auseinandersetzungen zwischen Nachbarn, oft wegen Nichtigkeiten, hat in den letzten Jahren drastisch zugenommen. Aber auch in den Schulen ist das Klima häufig vergiftet, Schüler kämpfen gegen Schüler. Manche Schulhöfe sind zu Boxringen geworden, wo Schläger regieren, ihre schwächeren Mitschüler drangsalieren und ihre Wut gewalttätig ausleben. Und es kämpfen Schüler und Eltern gegen die Lehrer, um vermeintliche Benachteiligungen anzufechten und um Notenbruchteile zu feilschen. Die Zahl der so genannten Rosenkriege – erbittert geführter Scheidungsverfahren mit dem »Feind in meinem Bett« – nimmt zu. Im Straßenverkehr sind die anderen Teilnehmer nichts als Störfaktoren, und die Wut über – wahlweise – Drängler, Raser, Trödler, »Pädagogen«, Vogelzeiger steigert sich bis zum versuchten Totschlag, mitunter wird der Kampf um Parklücken bis aufs Messer ausgetragen.

Der Sport, das klassische Feld für die Sublimation aggressiver Impulse, funktioniert nicht mehr. Brennender Ehrgeiz und »gesunde Härte« sind im Profisport längst unabdingbare Eigenschaften. Oliver »Vulkahn« Kahn ist der Prototyp des permanent wütenden, schnell ausrastenden »zornigen jungen Mannes« unserer Tage: ein verbissener Kämpfer um Erfolg, Status und Geld. Sein Zorn richtet sich dabei nicht nur auf den sportlichen Gegner als den natürlichen »Verhinderer« des eigenen Erfolges, sondern immer wieder auch auf Mitglieder des *eigenen* Teams, die durch ihre Fehler und durch mangelndes Engagement diesen Erfolg gefährden.

Werden Wutausbrüche in der Sportarena immerhin noch als Unbeherrschtheit und Unfairness sanktioniert, so sind sie in anderen Feldern ein eher belächeltes, toleriertes Kuriosum, meist ohne Konsequenzen für den Aggressor. Im Gegenteil: Die Vehemenz der ausgelebten Affekte macht ihn zum großen Leidenschaftlichen. So ist etwa der Exinnenminister Otto Schily berüchtigt für seinen Jähzorn und seine Wutausbrüche, unter denen seine Mitarbeiter leiden.

Die Erben des Kohlhaas: Fiat iustitia!

Die zunehmende Verrechtlichung des Lebens und der zwischenmenschlichen Beziehungen ist ein Indiz für eine neue Anspruchsmentalität und für sinkende Toleranz, wenn es um echte oder »gefühlte« Einschränkungen und Benachteiligungen geht. Der Jurist und Schriftsteller Bernhard Schlink hat diesen Mentalitätswandel in der Rechtsauffassung vieler Bürger beschrieben: Alle Lebensrisiken, alle Schicksalsschläge, die man früher als einen unvermeidlichen Bestandteil des Lebens hingenommen hatte, müssen heute einen »Schuldigen« haben. Man findet sich nicht damit ab, dass jemand durch eine Verkettung unglücklicher Umstände geschädigt wurde, sondern begehrt auf: Jemand muss bezahlen! Jemand muss mir den Schaden ersetzen! Die eigene Trauer, die eigenen Schuldgefühle nach einem Unglück münden in einer zornigen Entlastungsstrategie, in der Erleichterung darüber, jemanden haftbar machen zu können, und das ist immer häufiger »der Staat«, der nicht genügend Vorsorge getroffen oder Hilfe geleistet habe.

Vor dem Hintergrund dieses Mentalitätswandels wird das geplante neue Anti-Diskriminierungsgesetz vermutlich ein El Dorado für Rechtsanwälte: Die beabsichtigte Umkehrung der Beweislast wird jeden ermutigen, der sich – zu Recht oder Unrecht – diskriminiert fühlt, gegen den rassistischen, schwulenfeindlichen oder behindertenfeindlichen Vermieter oder Arbeitgeber vor Gericht zu ziehen. So wird aus der gut gemeinten Absicht, vermeintlich Benachteiligte zu schützen, eine neue Arena, in der um die Korrektur von Ungerechtigkeiten gekämpft werden wird.

Der frei flottierende Zorn unserer Zeit bezieht seine Dynamik zu einem großen Teil aus Ansprüchen an eine Gerechtigkeit, die absolut sein soll. Er speist sich aber auch aus unerfüllten und frustrierten Wünschen, vor allem den Ansprüchen auf Lebensglück, auf Anerkennung, auf Lust und Selbstverwirklichung. Denn wozu haben sich Millionen darangemacht, in den Exerzitien der Selbstfindung und Selbsterforschung diesen Wünschen auf die Spur zu kommen, wenn die dann doch nicht erfüllt werden können? Partnerschaften, zum Beispiel, werden immer häufiger zu therapeutischen Bündnissen umfunktioniert, eingegangen zum Zweck, die persönlichen Glücksmöglichkeiten zu ergründen, und, wenn möglich, sogleich zu verwirklichen. Wehe, wenn dies nicht gelingt ...

Eine weitere Ursache für die sich ausbreitende Zorn-Epidemie ist die Tatsache, dass es an Modellen für friedliche Problemlösung mangelt; sie gingen verloren oder bleiben heute unterentwickelt: das ruhige, partnerschaftliche, auf Ausgleich der Interessen zielende Gespräch. Der »herrschaftsfreie Diskurs« ist ein alltagsfernes Ideal. Stattdessen gilt das Recht des Stärkeren oder dessen, der die besseren Anwälte, die cleverere Strategie hat. Und eine Menge schlechter Beispiele verderben die noch vorhandenen friedlichen Sitten. Die Rambo-Lösungen beim Kampf ums »Recht« werden gefördert durch das Muster literarischer und filmischer Rachefantasien, die eine wohlige Genugtuung beim Zurückschlagen der »Erniedrigten und Beleidigten« vermitteln. Jeder kann sich leicht in die Opferrolle fantasieren – was ihn dann auch »im wirklichen Leben« zum zornigen Rachefeldzug in eigener Sache berechtigt und ermächtigt.

Die Wut der Sprenggläubigen

In allen Gesellschaften gibt es offenbar periodisch wiederkehrende Zeiten des kollektiven Zorns. Einzelne Gruppen fühlen sich benachteiligt, verkannt oder ausgeschlossen und werden wütend auf die Mächtigen – oder auf die, denen sie den Grund für ihre Lage zuschreiben. Solche Phasen des Zorns tauchen beispielsweise als Generationenkonflikt auf, wenn die Wut der Jungen auf die Elterngeneration und auf alles, wofür sie stehen, sich artikuliert. Diese Zorneseruptionen sind das Thema zahlloser Romane und Filme. James Dean verkörperte als *Rebel Without a Cause* (»Denn sie wissen nicht, was sie tun«) noch die sprachlose Auflehnung gegen die bürgerliche Welt der Eltern. Die Ablösung von der Elterngeneration und die Etablierung eigener Werte und Lebensstile ist auch das Thema des Theaterstücks *Blick zurück im Zorn*, in dem der englische Dramatiker John Osborne (1956) die wütende Abrechnung der »zornigen junge Männer« mit dem Establishment artikulierte, einer Gruppe junger britischer Schriftsteller um Kingsley Amis, Osborne und Alan Sillitoe. Solche »zornigen jungen Männer« (und Frauen) waren auch die Studenten der so genannten 68er-Bewegung, die in Deutschland gegen den »Muff unter den Talaren« protestierten und die Verdrängungen der Vätergeneration aufdeckten.

Nach dem Zerfall der Sowjetunion und nach dem Ende des Kalten Krieges stehen sich weltweit nicht mehr hoch gerüstete antagonistische Blöcke gegenüber. Dafür gibt es neue Fronten und Konfliktherde, etwa zwischen der islamischen Welt und »dem Westen«, außerdem zahlreiche Stammeskriege und postkoloniale Kriege innerhalb der verarmten Staaten der so genannten Dritten Welt, der *failed states* der Armutsgürtel, und die postkommunistischen Machtkämpfe in den asiatischen Nachfolgestaaten der Sowjetunion. Der islamistische Terrorismus ist derzeit die größte Bedrohung. Massenmord, die Zerstörung kultureller Schätze, ethnische Säuberungen und Genozide sind sein Markenzeichen.

Das Fatale ist, dass wir vielen Tätern – etwa den mehr sprengals strenggläubigen Killern von Al Quaida oder den palästinensischen Selbstmordattentätern – diskussionswürdige Gründe für ihr Handeln zugestehen. Und indem wir in ihren Diskurs über angebliche erlittene Demütigungen und Freiheitskampf eintreten, verstehen wir ihre Taten »irgendwie« und rechtfertigen sie sogar. Man erinnere sich an die weltweite, gar nicht so klammheimliche Sympathie für den Anschlag auf das World Trade Center: Die Wut auf die USA und ihre Politik war in vielen Ländern Asiens und Südamerikas so groß, dass Millionen ihre offene Freude über den Massenmord zeigten.

Das ist offenbar ein revolutionsromantisches Erbe aus der Zeit, als postkoloniale Befreiungsbewegungen in der Dritten Welt in Guerillakriegen und mit Terror um politische Ziele kämpften. Gewalt wird auch heute noch als Menschenrecht der Unterdrückten angesehen, getreu dem Satz »Was für die einen Terroristen sind, sind für die anderen Freiheitskämpfer«. Wer sich heute für unterdrückt oder verfolgt oder auch nur für ungerecht behandelt, erniedrigt oder benachteiligt erklärt, nimmt dieses Recht in

Anspruch. Dieser weit verbreitete Hang zur Selbst-Viktimisierung ist die psychische und ideologische Vorbedingung, um den »gerechten Zorn« von der Leine lassen zu können. Die Selbststilisierung zum Opfer – des Imperialismus, des Kapitalismus, der westlichen Kultur – ist im Kleinen wie im Großen die Handlungsgrundlage all jener, die gewalttätig oder terroristisch aktiv werden. Die Ursachen für ihre objektiv schlechte Lage suchen sie ganz zuletzt bei sich selbst.

Eine Psychologie des terroristischen Zorns muss folglich bei den subjektiven Überzeugungen und Empfindungen etwa der Bevölkerungsgruppen islamischer Länder ansetzen, aus denen sich derzeit die Terroristen rekrutieren. Sie kommen nachweislich nicht aus den ärmsten, den bildungsfernsten oder den am meisten benachteiligten Schichten, sondern vielmehr aus begüterten Familien oder zumindest aus dem Bildungsbürgertum ihrer Länder. Mohammed Atta und Osama bin Laden sind Beispiele dafür. Der Psychologe Fathali M. Moghaddam hat ein Fünfstufenmodell der Entwicklung zum Terroristen entworfen *(The Staircase to Terrorism)*, um den Prozess der Radikalisierung verständlicher zu machen – und um ihm präventiv zu begegnen. Die Attas und bin Ladens, so argumentiert er, werden in einem frühen Stadium ihrer Terroristenkarriere angetrieben nicht von »egoistischer Deprivation«, sondern von »brüderlicher Deprivation«, das heißt von der »wahrgenommenen Ungerechtigkeit und Unfairness« *(perceived deprivation)* in ihren Ländern. Sie sehen die millionenfache Frustration, Wut und Scham der Bevölkerung in der Konfrontation mit westlichen Werten und westlichem Wohlstand als Verpflichtung zum stellvertretenden Handeln.

Der Philosoph Hermann Lübbe arbeitet in seiner Studie *Terror oder die höhere Mordmoral* die »den Common Sense transzendierende Moral« heraus, auf die sich Attentäter und Terroristen aller Jahrhunderte immer wieder berufen. An einem Beispiel aus dem 19. Jahrhundert, dem Fall des politischen Attentäter Karl Ludwig Sand, führt er eine Moral vor, »die ihre Unterscheidungen zu treffen weiß, das Böse und die Bösen zu identifizieren, anzuklagen und vor Gericht zu ziehen, zu verurteilen und zu exekutieren, und das alles vor und mittels der einen und einzigen Instanz des eigenen Gewissens, die nicht einmal Berufung ans Jüngste Gericht zulässt«. Sand hatte den Theaterdichter August Kotzebue erstochen, weil dieser »Schreiberling« und Spötter sich über die studentische Bewegung in der nachnapoleonischen Zeit lustig gemacht hat. Die Parallele zu heutigen Mordtaten und deren Rechtfertigung ist überdeutlich – die Ermordung des holländischen Filmregisseurs und Islam-Kritikers Theo van Gogh durch einen islamistischen Fanatiker auf offener Straße ist eines der jüngsten Beispiele für den selbstgerechten Zorn eines Gläubigen. Wer sich derartig »gerechten Zorn« aus »guter Gesinnung« zubilligt und seine Taten legitimiert, ist ein Terrorist im Geiste der Jakobiner der Französischen Revolution. Deren Wesen beschrieb Georg Wilhelm Friedrich Hegel so: »... die subjective Tugend, die bloß von der Gesinnung aus regiert, bringt die fürchterlichste Tyrannei mit sich.«

Die Therapie des Zorns

Die großen Moralisten aus Religion und Philosophie empfehlen zur Therapie des Zorns Tugenden und Haltungen wie Liebe, Bescheidenheit, Geduld, Verzeihen, Mitleid, Empathie, Gelassenheit und Seelenruhe. Kultivierung von Selbstkritik. Denn beim zornigen Zurückschlagen besteht selbst in der gerechtesten Sache immer die Gefahr, so barbarisch zu werden wie der Aggressor, seine Methoden zu übernehmen. Das war und ist das Problem aller Revolutionen und Befreiungsbewegungen: Irgendwann verleitet erlittenes Unrecht und der als gerecht empfundene, aber doch nur selbstgerechte Zorn letztlich zum Verrat an den eigenen Idealen. Ganz nüchtern, an den Ergebnissen gemessen, erweist sich Vergebung als die erfolgreichere Strategie. Die Stoiker, und unter ihnen vor allem Seneca, befanden: Zorn bewirkt nichts, was nicht auch ohne Zorn erreichbar wäre. Deshalb könne und müsse man den Zorn unterdrücken – denn man verliert nichts durch den Verzicht auf die Aggression. Seneca verkennt dabei nicht, dass Zorn ein natürlicher Impuls ist und in vielen Fällen ein berechtigter Affekt. Die beste Kombination, um seine Ziele zu erreichen, sei deshalb: Vernunft plus kontrollierte Emotion.

Es war einer der größten Wendepunkte in der Geschichte der Menschheit, als der Teufelskreis von erlittenem Unrecht, zorniger Vergeltung und Gegenaggression durch die Lehre Jesu, durch die christliche Revolution durchbrochen wurde. Das Programm der Bergpredigt lautet: Selig sind die Friedfertigen, denn sie werden Kinder Gottes genannt werden. Und die so oft missverstandene und schwer zu befolgende Aufforderung: *Wenn dich einer auf die rechte Wange schlägt, so halte ihm auch die linke hin!* Ist im Grunde eine hoch psychologische Deeskalationsstrategie – Befriedung und Entwaffnung durch Verzicht auf den Gegenschlag.

Der Kern der philosophischen und religiösen Friedensstrategien ist die Einsicht in eine schlichte Wahrheit: Die wirklich großen Ungerechtigkeiten können nicht durch aggressiven Zorn aus der Welt geschafft werden. Er kann durchaus den Startschub für eine Bewegung geben, aber dann sind komplexere und intelligentere Strategien sinnvoll. Modelle des gerechten, aber klug gezügelten Zorns sind die Strategie des gewaltfreien Widerstandes eines Mahatma Gandhi oder Martin Luther King oder der bewusste Racheverzicht Nelson Mandelas.

Im Zwischenmenschlichen betreibt die Psychologie das Programm des *Anger Management:* Sie trainiert die Jähzornigen in der Kunst, sich selbst zu bremsen und zu zähmen, die Ärgerlichen, ihre paranoiden Reflexe zu kontrollieren, und die Feindseligen, duldsamer im Umgang mit anderen zu werden. Denn wie für alle Todsünden gilt erst recht für den Zorn: *Peccatum poena peccati:* der Zorn ist ein gefährliches Gift, das den Zornigen umbringen kann – gerade wenn es in den kleinen Dosen des Ärgers verabreicht wird. Es vergiftet nicht nur die Beziehungen, sondern auch den Körper. Ärger tötet – langsam, aber sicher.

Das psychohygienische Gebot *Mensch ärgere dich nicht!* ist in der Realität nicht durchzuhalten. Zu zahlreich sind offenbar die Ärgerquellen, und zu wichtig ist der Informations- und Orientierungswert dieses Gefühls, um es *völlig* zu unterdrücken, wie es etwa die Stoiker empfahlen. Wie also kann die aristotelische *Metriopatheia* gelingen – die vernünftige und gesunde Mittellage zwischen schlaffer Gleichgültigkeit und Feigheit einerseits und impulsivem, blindem und zerstörerischem Zorn andererseits? Kontrollierter Zorn ist das Ziel psychologischer Ärgerhygiene: Ärgere dich, aber so, dass du dir nicht schadest und andere nicht ungerecht oder inhuman behandelst! Diese Strategie ist eng verknüpft mit der Fähigkeit zur souveränen Steuerung und Beeinflussung der eigenen Gefühle: mit der emotionalen Intelligenz.

Der Aggressionsforscher Albert Bandura empfiehlt beispielsweise, seinen Zorn zu zähmen und an einer »Entfaltung« zur Aggression zu hindern, indem man sein Verhalten willentlich im Augenblick des ersten Ärgerimpulses verändert und zum Beispiel lächelt, statt muskulär und mental zu verhärten und den »Gegenangriff« vorzubereiten.

Dampf ablassen? Lieber nicht!

Um der emotionalen Intelligenz – und damit auch der Zornesmäßigung – zum Durchbruch zu verhelfen, musste die Psychologie erst einmal ihre Irrtümer von gestern aufklären und beseitigen. Wie man mit Zorn am besten umgeht, das klang noch vor wenigen Jahrzehnten ganz anders als heute: In den sechziger und siebziger Jahren des 20. Jahrhunderts war es in weiten Kreisen der Wissenschaft *en vogue*, seine Gefühle immer und überall zu zeigen. Unter dem Banner einer für heilsam gehaltenen »Authentizität« galt es geradezu als sicheres Rezept für Neurosen, sie zu unterdrücken und zu verbergen. So unterschiedliche Forscher wie der Ethnologe Konrad Lorenz, der Gestalttherapeut Fritz Perls, der Bioenergetiker Alexander Lowen und der Begründer der Urschreitherapie, Arthur Janov, vertraten die »Ventil«-Theorie der Ärgerhygiene: Es sei gesünder, Zorn, Wut und Ärger nicht aufzustauen, sondern auszuleben und »rauszulassen«, um die instinktive Energie (was immer das sein sollte) freizusetzen.

Das Rauslassen – der ungehemmte Ausdruck des aufgestauten, aufgeladenen Zorns und der damit verbundenen muskulären Verspannung wirke befreiend, reinigend. Natürlich haben diese Ventil-Theoretiker nicht dafür plädiert, die aggressiven Impulse am Auslöser des Zorns auszulassen. Sie schlagen einen Ortswechsel oder Objektverschiebungen vor: Lautes Schreien im Wald oder im Sprechzimmer des Therapeuten, das Einprügeln auf ein Surrogat des »Übeltäters«, eine Puppe oder ein Bild, auch Holzhacken (so Konrad Lorenz) helfe, die Wut »aus dem System« zu entfernen. Und wenn die muskuläre Abreaktion nicht möglich ist, sei selbst das Ausagieren der Wut in der Fantasie noch hilfreich. Diese Katharsis-Hypothese ist inzwischen empirisch widerlegt: Der ungehemmte Ausdruck von Zorn und die damit verbundenen aggressiven Impulse bauen den Zorn nicht ab, sie verstärken ihn im Gegenteil noch und senken die Schwelle für weitere Aggressionen. Und die Befriedigung, es einem Menschen, der den Zorn ausgelöst hat, heimgezahlt zu haben, indem man ihn verbal oder sogar körperlich »bestrafte«, wirkt sich fatal aus: Zwar ist der Zorn nach einer solchen Aktion oft verraucht und der Rachedurst fürs Erste gestillt. Aber diese emotionale Befriedung wirkt wie eine Belohnung: Die Aggressivität ist, verhaltenstherapeutisch ausgedrückt, *verstärkt* worden, und die Schwelle für die nächste Aggression wurde gesenkt. Denn der Zornige hat gelernt: »Es tut richtig gut, es dem anderen heimzuzahlen!«

Alle neueren Ansätze der Ärgerhygiene zielen deshalb auf die möglichst frühe Unterbrechung des affektiven Aufschaukelns. Gefühle wie Zorn oder Ärger sollen zwar mitgeteilt werden, aber nicht als verbale Aggression: »Du bist ein unmöglicher Mensch! Ich werde dir ...«, sondern als Gefühlsbotschaft: »Ich bin jetzt sehr wütend!« Der Aggressionsforscher Leonard Berkowitz sieht den Nutzen solcher Mitteilungen so: »Die Information, dass man zornig ist, kann für den Betreffenden aufschlussreich und nützlich sein. Man lässt den anderen wissen, dass er verletzend war, was ihn möglicherweise dazu bewegen kann, sich zu entschuldigen oder sein Verhalten zu korrigieren ... Ich halte es nicht für notwendig, dass man seine Feindseligkeit ausagiert. Ich glaube, dass positive Veränderungen eher dadurch zustande kommen, dass Gefühle gezeigt werden, nicht aber aggressives Handeln. Wir können über unsere Gefühle reden und unsere emotionalen Reaktionen beschreiben, ohne andere zu attackieren, sei es direkt oder in der Phantasie.«

Ausgerechnet Psychologen und Psychotherapeuten haben sich in den letzten Jahren darangemacht, den Zorn und seinen Ausdruck zumindest teilweise zu rehabilitieren. Sie verharmlosen dabei keineswegs die negativen sozialen Folgen von unkontrollierten Zornesausbrüchen oder die gesundheitsgefährdende Wirkung chronischer Ärgerlichkeit. Aber sie kommen zu dem Schluss, dass es Situationen gibt, in denen ein Wutausbruch nicht nur verständlich, sondern sogar der angemessenste Ausdruck ist, um einer Ungerechtigkeit, einer Schädigung oder Benachteiligung zu begegnen. Nicht nur, dass ohne deutliche Gesten des Zorns die meisten sozialen oder politischen Protestbewegungen nicht denkbar wären, Zorn verschafft auch im Alltag Gehör, und zwar dort, wo man ohne den Zornesausbruch nicht gehört worden wäre.

In den engeren zwischenmenschlichen Beziehungen, in Familie und Partnerschaft kann Zorn eine ausgesprochen positive Funktion haben – wenn er klärend und reinigend wirkt. Die Adressaten eines Ärgerausbruchs gaben überraschend häufig zu Protokoll, dass sie nun erst richtig verstanden hätten, was den anderen umtreibt und warum er sich aufregt. Zorn ist ein unübersehbares Signal: Wir haben ein Problem! Hör mir endlich zu! Allerdings muss der Empfänger dieses Signals bereit sein, die emotionale Erschütterung des Zornigen zur Kenntnis zu nehmen und wirklich zuzuhören. Wenn er geflissentlich weghört und wegsieht oder das Signal nicht ernst nimmt, eskaliert der Konflikt.

Zornesausbrüche sind dann konstruktiv, wenn es dem Zornigen nicht nur ums »Dampfablassen« geht, sondern wenn er die Situation verbessern oder einen Missstand abstellen will. Blinde Wut dagegen entgleist häufig in Beleidigungen und Gewalttätigkeit – und diese Ausraster prägen das Image des Zorns mehr als der »operationale Zorn«.

Ärger und Zorn schärfen mitunter den Blick für eine bedrohliche Realität und machen gleichzeitig selbstsicherer und aktiver, wenn es darum geht, ihr zu begegnen. Wer auf Übergriffe, Verletzungen und Bedrohungen mit Wut und Ärger reagiert, schätzt die Situation nachweislich realistischer und angemessener ein als Menschen, die niedergeschlagen und ängstlich reagieren. Zorn erhöht das subjektive Gefühl, die Lage meistern zu können.

Plädoyer für die kontrollierte Offensive

Ärgerhygiene und Zornvermeidung sind heute buchstäblich Überlebensstrategien. Das gilt in besonderem Maße für Menschen, die durch ihre genetische Veranlagung ohnehin zu hitzigem Temperament disponiert sind, aber auch für die anderen, die eher *slow burner* und gemäßigte Ärgerer sind. Ausgangspunkt für alle Ärgerkontroll-Strategien ist die Selbstbeobachtung in Situationen, in denen Ärger droht. Der Kardiologe Redford Williams schlägt eine systematische Ärger-Buchhaltung vor, eine Sammlung von Zorn erzeugenden Episoden über längere Zeiträume hinweg: Was macht mich zornig? Was habe ich gedacht, als ich wütend wurde? Was habe ich gefühlt? Was habe ich getan? Was hat sich danach geändert? Wie lange hat mich der Ärger noch beschäftigt? Ob wir zornig werden, hängt vor allem davon ab, wie wir einen inneren Dialog über diese Ereignisse führen: In diesen Selbstgesprächen können wir Öl ins Feuer gießen, uns in den Zorn hineinsteigern – oder uns selbst beruhigen.

Die Analyse der Ärger-Episoden wird unweigerlich zu der Erkenntnis führen, dass die meisten Anlässe es nicht wert waren, wütend zu werden, ja dass der Ärger in vielen Fällen nicht einmal gerechtfertigt war. Benjamin Franklin sagte: »Man ärgert sich aus vielen Gründen, aber selten aus einem guten« und es »lohne« sich nicht einmal dann, ärgerlich zu werden, wenn es einen vermeintlich guten Grund dafür gegeben habe – denn der Ärger richte nichts gegen die Ärgerquelle aus, er bliebe in uns und bei uns, zu unserem eigenen Schaden.

Diese Einsichten, gewonnen mit nüchterner Betrachtung und mit zeitlichem Abstand, können nun in eine Ärgervermeidungsstrategie umgemünzt werden. Es geht nicht darum, den Zorn in jeder nur möglichen Situation völlig zu unterdrücken und sich in einem psychischen Kraftakt zu einem völlig friedfertigen, lammfrommen Menschen zu läutern. Das wäre ein unrealistisches Ziel. Es geht vielmehr darum, die gefährlichen Denkschemata, emotionalen Reaktionen und Verhaltensweisen allmählich durch gesündere und sozial verträglichere Reaktionen zu ersetzen.

Wann immer in unserem Alltag eine ärgerliche Situation auftaucht, lohnt es sich deshalb, einen Dialog mit sich selbst zu beginnen. Wir sollten eine Situation in einem inneren Zwiegespräch daraufhin prüfen, ob sie Wut, böse Gedanken und all die Aufregung rechtfertigt: Die Katze hat eine Blumenvase umgestoßen. Hat sie das absichtlich getan oder hat sie sich nur wie eine Katze benommen? Nützt es, wenn ich sie anbrülle oder ihr gar einen Tritt verpasse?

Der Wetterbericht hat einen sonnigen Sonntag vorhergesagt. Aber als Sie mit Ihrer Familie zum Picknick aufbrechen wollen, gießt es in Strömen. Was bringt es, wenn Sie den Wetteronkel verfluchen oder einen Streit mit Ihrem Partner beginnen, weil der Ausflug ja seine Idee war? Die Antwort lautet natürlich: Nichts. Gar nichts. Im Gegenteil: Ärger macht die Situation noch unerträglicher.

Aber was ist, wenn sich jemand an der Supermarktkasse vordrängelt? Wenn der Kollege wirklich meine Idee als seine verkauft? Hier ist der Ärger doch gerechtfertigt. Dennoch sollte man sich im »inneren Dialog« fragen: Was ist eine angemessene Reaktion, die mir vor allem selbst am wenigsten schadet? Weise ich den Drängler höflich, aber bestimmt zurecht? Gut, aber was ist, wenn mich das schon zu sehr aufregt? Lohnt sich die Aufregung? Was sind schon zwei Minuten? Vielleicht ist der Drängler kein bösartiger Egoist, sondern hat nur im Halteverbot geparkt oder draußen warten quengelnde Kinder auf ihn?

Aber was ist mit dem hinterhältigen Kollegen? Anstatt den Ärger in sich hineinzufressen und ihn die Wut nur indirekt spüren zu lassen, vertage ich vielleicht mein Urteil, bis ich ihn zur Rede gestellt habe (ohne ihn dabei von vornherein anzugiften): Warum hat er das getan? War ihm der Ideen-Diebstahl bewusst? Entschuldigt er sich? Das Ziel ist, Klarheit zu gewinnen, sie hilft mehr als unterschwellige Aggressivität, und zumindest gibt es nun die Chance, eine Eskalation der Feindseligkeit zu vermeiden.

Schon der Versuch, die Situation rational zu erfassen, indem man über sie nachdenkt und mit sich selbst argumentiert, unterbricht den Ärgerautomatismus, der auf Impulsen (»Der will mir was!«) und eingeschliffenen Denkmustern basiert (»Auf den Wetterbericht kann man sich nie verlassen«, »Alle Drängler sind Egoisten«). Die Vernunft gewinnt die Oberhand über die archaischeren Anteile der Psyche.

Das wäre das ideale Anti-Zorn-Szenario. Aber es funktioniert nicht immer. Manchmal strömt eben das Adrenalin und wir sind unseren Emotionen ausgeliefert. Nicht immer können oder sollten wir den Ärger bagatellisieren, ihm ausweichen oder ihn umdefinieren. Manchmal müssen wir unsere Interessen verteidigen, wenn wir langfristig noch schlimmeren Ärger vermeiden wollen. Die Kunst besteht jedoch darin, den Ärger so auszudrücken und zu kontrollieren, dass wir unser eigentliches Ziel, die Ärgerursache wirksam zu beseitigen, auch erreichen, ohne uns dabei zu schaden und bei anderen nicht unnötig Porzellan zu zerschlagen.

Selbstbehauptung ist nicht Aggression. In zwischenmenschlichen Beziehungen sollte das Ziel sein, das Zorn erregende Verhalten anderer zu verändern. Dazu müssen sie uns aber erst einmal zuhören, unsere Botschaft darf nicht von vornherein auf Abwehr stoßen. Deshalb müssen wir ruhig im Ton bleiben und eine »ärgerliche« Körpersprache – geballte Fäuste, verächtliche oder drohende Blicke – vermeiden.

Dabei hilft schon, wenn wir die Kritik oder Aufforderung mit einer Selbstbehauptung beginnen: »Ich möchte, dass Sie mich jetzt ausreden lassen!«; »Bitte hören Sie mit dem Rasenmähen auf, es ist Mittagszeit!« Die Kritik sollte spezifisch bleiben und auf Pauschalangriffe verzichten: »Nie lassen Sie mich ausreden!«; »Immer machen Sie mittags Krach!« Ärgerlich kontrollierte Selbstbehauptung gestattet uns sogar, Motive oder die Lage des anderen zu verstehen, ohne sie zu billigen oder deshalb unseren eigenen Standpunkt aufzugeben: »Ich kann ja verstehen, dass Sie wenig Zeit haben, aber ...«. Entscheidend ist, dass wir jederzeit das Gefühl behalten, die Auseinandersetzung (und uns selbst) unter Kontrolle zu haben.

Frieden schaffen, ohne zu blaffen

Da der größte Teil der Alltagsärgernisse im Zwischenmenschlichen entsteht, sollten wir uns selbstkritisch prüfen, was wir jeweils dazu beitragen, um Ärgersituationen entstehen zu lassen: Sind wir – vielleicht durch »schlechte Erfahrungen« – inzwischen schon so misstrauisch, feindselig und zynisch, dass wir jeden, der uns in die Quere kommt, verdächtigen, uns ärgern zu wollen? Oder sind wir rechthaberisch, nachtragend und überreagierend auch bei kleinen, banalen Konflikten?

Die kardiologische Erforschung des Risikofaktors »Feindseligkeit« zeigte, dass Infarktkandidaten in hohem Maße ichbezogen und besserwisserisch sind. Sie haben die Angewohnheit, anderen ins Wort zu fallen und deren Sätze zu beenden – um ja schnell wieder von sich reden zu können. Mit dieser Einstellung multiplizieren sich die Ärgerquellen – es gibt immer andere Menschen, die einen aufhalten, die langsamer oder umständlicher sind, oder die im Grunde nichts zu sagen haben ... Zuhören lernen ist deshalb eine wichtige Fertigkeit, um Ärger vorzubeugen: Den anderen ausreden lassen, auch wenn es uns drängt, unseren Kommentar loszuwerden. Warten können, bis der andere ausgeredet hat, auch wenn er umständlich und langatmig erzählt.

Wir können, wenn uns die Geduld anfangs noch fehlt, eine Meditation aus dem Zuhören machen, wir können aber auch die Stopp-Technik anwenden, wenn die Ungeduld aufsteigt. Und dann: Wenn wir (endlich!) dran sind, sollten wir mit Werturteilen zurückhaltend sein. Wir müssen nicht alles sofort bewerten und über den Leisten unserer eigenen Meinungen und Urteile schlagen. Auch mit unerbetenen Ratschlägen empfiehlt sich Zurückhaltung vor allem, wenn wir ein Problem nicht zur Genüge kennen. Bewusstes und achtsames Zuhören ermöglicht erstaunliche Dinge: Wir erfahren und verstehen plötzlich mehr, wir schärfen unsere Beobachtungsgabe und lernen, Worte und Gesten besser zu interpretieren.

Gutes Zuhörenkönnen ist eine soziale Fähigkeit, die kaum überschätzt werden kann – und sie hilft, von der eigenen, tendenziell feindseligen und negativen Weltsicht abzulenken und Ärger zu vermeiden. Anstelle von Misstrauen und Ärgerbereitschaft kann sich so allmählich Empathie und Einfühlungsvermögen entwickeln – und die Einsicht: Die anderen haben auch ihre Probleme, sie sind nicht alle bösartig und streitsüchtig. Nachsicht und Gelassenheit entschärfen viele Ärgersituationen von vornherein. Das »innere Argumentieren« hilft dabei ebenfalls: Indem wir Empathie und Vernunft aufbringen, wird die entspanntere, rationalere und letztlich überlegene Betrachtung eines Konfliktes möglich.

Und noch eine weitere soziale Tugend hilft, eine Menge unnötigen Ärger zu vermeiden: Toleranz. Wir müssen lernen, die Menschen so zu akzeptieren, wie sie sind. Das heißt auch, dass wir die Richter- oder Pädagogenrolle ablegen, unsere Erziehungs- und Belehrungsversuche sind ohnehin vergeblich. Die anderen werden nie so sein, wie wir sie haben wollen. Intoleranz ist nichts anderes als die negative Bewertung dessen, was andere anders tun oder denken als wir selbst: Sie sind zu naiv, zu träge, zu rechts, zu links, zu vergnügungssüchtig, zu elitär und so weiter. Wer seine Mitmenschen ständig bewertet und sie mit seinen eigenen rigorosen Maßstäben vergleicht, hat viel zu tun – und er findet reichlich Anlässe, sich zu ärgern.

Geradezu die »Königsdisziplin« der sozialen Fertigkeiten ist das Verzeihenkönnen: Wer Vergangenes vergangen sein lassen kann, hat mehr Kraft für Gegenwart und Zukunft. Der Entdecker des (herzinfarktgefährdeten) Typ A, Meyer Friedman, sieht im »Vergebenkönnen« einen wesentlichen Schritt im Abbau des gefährlichen Verhaltenssyndroms aus unterdrückter Aggressivität, Perfektionismus und Ichbezogenheit.

Sicher, aus uns zugefügtem Unrecht und den großen und kleinen Kränkungen ist uns so etwas wie ein Rechtstitel auf fortdauerndes Beleidigtsein, auf Ärger, Hass und Wut erwachsen. Aber wenn wir dieses Recht einklagen, wenn wir darauf bestehen, dass wir Opfer sind und deshalb unsere negativen Gefühle pflegen dürfen, berauben wir uns selbst eines großen Teils von Energie und Lebensfreude. Schwelende Ressentiments machen krank und sie lassen sich durch neue Ärgersituationen zu einem Großbrand entfachen. Deshalb ist das Loslassen- und Vergessenkönnen eine oft schwer zu erlernende, aber besonders gesunde Strategie.

Zorn, Wut und Ärger sind in unserem Leben unvermeidbar – sie sind wichtige Signale dafür, dass jemand »uns zu nahe getreten« ist und unsere Integrität beschädigt oder beschädigen wollte. Die Bereitschaft, sich zu ärgern, hängt eng mit dem Selbstwertgefühl zusammen. Wer selbstbewusst und selbstsicher ist, kann vieles gelassener nehmen als weniger Selbstbewusste. Und manche von uns sind trotz gut entwickelten Selbstbewusstseins schnell erregbar und so leichte Beute für alle Ärgernisse des Lebens.

Die schlechte Nachricht lautet, dass die Ärgerquellen sich in dem Maße vermehren, wie Stress, Konkurrenzdruck und Anforderungen wachsen und die Beschleunigung des Lebenstempos immer weiter zunimmt. Wir leben in einem übervölkerten Land voller Menschen, denen ohnehin ein Hang zur Rechthaberei und zum Ressentiment nachgesagt wird. Da liegt der Ärger gleich um die nächste Ecke.

Die gute Nachricht lautet: Gelassenheit kann man lernen. Zornesausbrüche sind ein lebensgefährlicher, überflüssiger Luxus, den man sich zum Glück abgewöhnen kann. Voraussetzung ist die Einsicht, dass unsere Lebenszeit zu kurz ist, um sie mit den im Grunde lächerlichen Ärgernissen des Alltags zu verschwenden.

Die Verhaltens- und Verfahrensregel *sine ira et studio*, die Dinge des Lebens, auch Konflikte und Streitfälle, ohne Zorn und Eifer zu prüfen, ist im wirklichen Leben kaum durchzuhalten. Und kühle Distanz, die vorgibt auf völliger Leidenschaftslosigkeit zu gründen, ist nicht mehr als eine Maske. Selbstkontrolle plus Zorn lautet die Formel, die uns vor dem Abgleiten ins Maßlose schützt: Gezügelter, kühler Zorn ist die schärfste Waffe im Kampf um berechtigte eigene Interessen und um die eigene Integrität.

Trägheit

Acedia

Die Höllenstrafe: Die Trägen werden in Schlangengruben geworfen.

»Seine Bewegungen, selbst wenn er erregt war, blieben weich und entbehrten nicht einer gewissen graziösen Trägheit. Wenn sich eine Sorgenwolke, aus der Seele aufsteigend, auf sein Gesicht legte, wurde sein Blick trübe, auf der Stirn zeigten sich Falten, und sein Mienenspiel drückte Zweifel, Kummer und Angst aus; aber nur selten nahm diese Erregung bestimmte gedankliche Formen an, noch seltener verwandelten sie sich in einen Entschluß. Im allgemeinen löste sich die ganze Erregung in einem Seufzer auf und erstarb in Apathie oder in Schläfrigkeit.

Das Herumliegen war für Ilja Iljitsch weder eine Notwendigkeit, wie für einen Kranken oder einen Menschen, der schlafen möchte, noch eine Zufälligkeit, wie für einen Müden, noch ein Genuß, wie für einen Faulpelz: es war sein normaler Zustand.«

Iwan A. Gontscharow

Im Allgemeinen haben wir ein untrügliches Auge für die ganz gewöhnliche Faulheit und ihre Erscheinungsformen. Wir erkennen die habituellen Abseiler an ihren Gesten und Tricks, mühelos identifizieren wir die Drückeberger aus Gewohnheit und Neigung ebenso wie die notorischen Krankfeierer oder gar den verbreiteten Typus des Kräftesparers, den die Mediziner »Durchschoner« nennen. Ihre Motive (oder besser: Nicht-Motive) interessieren uns nicht besonders, denn faul ist faul, was gibt es da zu erklären? Es reicht, wenn wir uns über sie mokieren oder ärgern. Manchmal finden wir sie sogar komisch und beneiden sie vielleicht auch ein bisschen um ihren Erfindungsreichtum, mit dem sie jeder Anstrengung und Belastung ausweichen. Denn um ungeniert faul zu sein trotz einer nie endenden Leistungslitanei, die uns zu Mehrarbeit, zu Rucks und Ärmelhochkrempeln antreibt, gehört Chuzpe. Diesen traurigen Mut bringt nicht jeder auf. Aber offenbar sind es doch weit mehr, als dem großen Ganzen gut tut.

Ist Hartz IV im Kern nicht eigentlich eine Reform gegen die faulen und dabei noch frechen Transferleistungsempfänger und hartnäckigen Arbeitsverweigerer? Wird nicht alles getan (»Agenda«), um der im Land der einstmals so Fleißigen grassierenden Faulheit zu wehren? Ist das »Reformwerk« nicht eine mit Sparzwängen kaschierte Zwangsmaßnahme, um die Kostgänger eines zu großzügigen Sozialstaates endlich auf Trab zu bringen? Um all die *Florida-Rolfs* und Segel-Professoren zu zwingen, mehr zu tun, *überhaupt etwas* zu tun? Am postmodernen Pranger, auf den Titelseiten der *Bild*-Zeitung, werden uns regelmäßig die jeweils »faulsten« Arbeitslosen, Beamten, Lehrer und so weiter vorgeführt.

»Es gibt kein Recht auf Faulheit!«, meinte denn auch Gerhard Schröder. Gezielt war dieses Kanzlerwort vor allem auf jene Arbeitslosen, die aus reiner Faulheit die freien Stellen auf dem Arbeitsmarkt verschmähten. Über dem populistischen Getöse um angebliche und wirkliche Faulheit, um deutsche Unwilligkeit zum Spargelstechen und um arbeitswillige Billigkräfte aus Polen oder anderen Ländern ging die Frage fast unter, wie es mit dem Recht auf Arbeit aussieht, ob es in dieser Wirtschaftsordnung jemals wieder so etwas wie Vollbeschäftigung auch nur annähernd geben könnte – und ob das überhaupt gewollt wird.

Der Anti-Faulheits-Populismus macht sich das offenbar immer noch weit verbreitete Ressentiment zunutze, dass es nichts als Trägheit und mangelnde Flexibilität sei, die die Arbeitslosen von der Arbeit abhielten. »Wer arbeiten will, findet auch Arbeit!«, heißt der Spruch, der nicht nur an Stammtischen, sondern offenbar auch am Frühstückstisch des »Arbeitsministers« zu hören ist. Und schon der Amtsvorgänger Schröders eröffnete die Debatte um die Arbeitsmoral in diesem seinem Lande, als er von den »sozialen Hängematten« und dem »kollektiven Freizeitpark Deutschland« schwadronierte. Helmut Kohls französischer Freund, der frühere Präsident François Mitterrand, hat in seinen letzten Lebensjahren immerhin das auszusprechen gewagt, was längst ein offenes Geheimnis ist: Wir werden nie wieder genügend Arbeit für alle haben. Er sagte: »Ich habe alles versucht gegen die Arbeitslosigkeit: Verstaatlichung, Preiskontrolle, Liberalisierung, Privatisierung. Nichts hat geholfen.«

Warum die Sottisen gegen die »Faulheit« der Arbeitslosen dennoch nur bei den unmittelbar Betroffenen Empörung hervorrufen, aber keinen allgemeinen und politisch wirksamen Sturm der Entrüstung entfesseln, lässt sich nur damit erklären, dass wir längst eingebunden sind in einen *manufactured consent*, wie Noam Chomsky die Zurichtung der öffentlichen Meinung im Sinne der politischen Klasse und der Wirtschaft nennt. Wir glauben diese Sprüche inzwischen, weil wir sie fast jeden Tag zu hören bekommen, mindestens aber jeden Sonntagabend bei *Sabine Christiansens* ritualisiertem und penetrantem »Es muss endlich etwas geschehen!« Wir glauben inzwischen, dass wir Abstiegskandidaten aus der ersten Liga der Industriestaaten sind, weil wir uns nicht genügend am Riemen reißen und wesentlich mehr arbeiten. Milliarden fleißiger und anspruchsloser Chinesen und Inder sitzen uns im Nacken, von den Polen, Tschechen und Ungarn ganz zu schweigen.

Aber ist die sinkende Arbeitsmoral, eine vornehme Umschreibung für fehlenden Fleiß, wirklich das Problem? Ist gar die Todsünde der Faulheit zum Massenlaster der Deutschen geworden – noch vor Völlerei und Wollust und Hochmut? Die *Süddeutsche Zeitung* kommentierte den Kanzler-Ausfall gegen das angeblich allzu sehr in Anspruch genommene »Recht auf Faulheit« so: »Wer schon mal frühmorgens in der S-Bahn den Leuten ins Gesicht geschaut hat, kann nicht auf die Idee kommen, in diesem Land sei vor allem Faulheit am Werk. Eher im Gegenteil: Die meisten sehen so aus, als könnte ihnen ein bisschen mehr Faulheit nicht schaden. Überhaupt ist es nur die Aussicht auf Faulheit, welche die Menschen durch ihr Arbeitspensum treibt. Und wer es nicht so empfindet, hat entweder Glück oder einen Schlag. Denn wo es kein Recht auf Faulheit gibt, braucht man mit dem Arbeiten gar nicht erst anzufangen.«

Die massenhafte innere Kündigung

Das Thema »Arbeitsmoral« wird von Wissenschaft und Wirtschaft mit stark alarmierenden Untertönen diskutiert: Seit vielen Jahren wird ihr scheinbar unaufhaltsamer Niedergang, ihr Zerfall protokolliert. Die Psychologen Ralf Brinkmann und Kurt H. Stapf kommen in ihrer Studie »Innere Kündigung. Wenn der Job zur Fassade wird« zu dem Schluss, »dass sich hinter der Maske des unauffälligen Angestellten oder Sachbearbeiters ein *aktiv unengagierter* (sic!) Arbeitnehmer verbirgt, der sich von seinem Job innerlich längst distanziert hat und täglich nur auf den Feierabend wartet«. Und laut der jüngsten Gallup-Umfrage empfinden 87 Prozent der deutschen Arbeitnehmer keine echte Verpflichtung gegenüber ihrer Arbeit; gut drei Viertel von ihnen machen lediglich noch »Dienst nach Vorschrift«, während knapp ein Viertel die »innere Kündigung« bereits vollzogen hat.

Dass sich hinter diesen Befunden nicht schlichte Faulheit verbirgt, sondern ein komplexes Problem der Arbeitsorganisation, kann auch der neoliberalste Arbeitgeberfunktionär nicht mehr ignorieren. Die bemerkenswerte Tatsache ist heute, dass selbst die, die noch Arbeit haben, erstaunlicherweise nicht ängstlich bemüht sind, ihre Stelle durch besonderen Fleiß zu erhalten – sie reichen vielmehr massenhaft die »innere Kündigung« ein. Wir befinden uns offenbar mitten in einem lang gezogenen Epochenwechsel, in dem der zukünftige Stellenwert von bezahlter Arbeit neu verhandelt werden muss in einer Gesellschaft, die sich seit Beginn der Industrialisierung als »Arbeitsgesellschaft« definiert und der nun die Arbeit ausgeht. Eine der Lösungen für dieses Dilemma, die immer wieder vorgeschlagen wird, ist, bezahlte Erwerbsarbeit durch »Tätigkeiten« jenseits der alten Kontrakte zu ersetzen – etwa soziale, gemeinnützige oder pflegerische Tätigkeiten gebührend zu werten und zu honorieren.

Die große Lust an der Arbeit ist bei den meisten Arbeitnehmern längst verflogen. Berufsarbeit war einmal das Sinnstiftende im Leben der meisten Menschen, weit über den Lebensunterhalt hinaus. Sie begründete den Wert als Person, und sie befriedigte das Bedürfnis nach Zugehörigkeit, indem sie den Einzelnen teilhaben ließ an einem größeren Ganzen. Geleistete Arbeit schuf Selbstachtung und Stolz.

Nun sind diese Gefühle selbst bei denen erodiert, die noch Arbeit haben. Ein Syndrom aus Resignation, Frustration, Erschöpfung und Desillusionierung lässt die meisten gerade das Notwendige tun, aber als »innerlich Gekündigte« engagieren sie sich nicht mehr darüber hinaus. Angesichts von Burnout, Mobbing und anderen Risiken und psychischen Kosten des Arbeitens sind heute Aussteigerfantasien, Freizeitpläne nach der Verrentung und *Downshifting*wünsche der Gesprächsstoff in den Kantinen und selbst auf *After-work-partys*.

Wenn ein Arbeitnehmer sich als *homo oeconomicus* begreift und sich wirtschaftlich möglichst vernünftig verhält, wird die Absurdität der gegenwärtigen »Wir müssen alle mehr arbeiten!«-Kampagne sichtbar. Der heutige Arbeitnehmer muss sogar »faul« sein, wenn er derselben Logik folgt wie die Vorstände von Banken und Unternehmen, die nicht müde werden zu versichern, dass Massenentlassungen und andere Grausamkeiten im Dienste einer wirtschaftlichen Gesamtvernunft unvermeidbar seien. Die ökonomische Vernunft gebietet auch dem Einzelnen, sparsam mit dem Einsatz seiner Investition zu sein, er muss also seine Kräfte schonen und sein Engagement dosieren. Denn wie jeder Investor oder Unternehmer muss auch der Arbeitnehmer darauf achten, seinen *Return on investment* zu maximieren. Er investiert seine Arbeitskraft und erhält dafür ein fixes, regelmäßiges Gehalt – das schon seit längerem stagniert oder sogar vom Schrumpfen bedroht ist. Es bleiben ihm also zwei Möglichkeiten, den *Return on investment* zu maximieren: Indem er entweder mehr arbeitet, zum Beispiel Überstunden macht, oder noch einen Nebenjob annimmt. Das ist oft gar nicht möglich, mangels Angebot, oder es ist mühsam und aufreibend und geht zu Lasten der Erholung und des Privatlebens. Die zweite Möglichkeit: Er minimiert das Investment, das heißt, er muss nach der Logik des *Return on investment* darauf achten, möglichst *wenig* zu arbeiten. Er tut also gerade das Nötigste. Für diese wirtschaftswissenschaftlich vernünftige Strategie muss er sich allerdings als »fauler Sack« beschimpfen lassen. Aber die »faulen Säcke« sind im Vormarsch.

Einübung in der Kunst des So-tun-als-ob

»Wer arbeitet, macht einen Fehler«, schreibt die französische Autorin Corinne Maier in ihrem Buch *Die Entdeckung der Faulheit*, dem zeitgeistigen Manifest der inneren Kündigung. Sie plädiert darin für eine Haltung des *désengagement actif*: »Macht es mir nach, ihr kleinen Angestellten, Lohnabhängigen, Neosklaven, Verdammte des Tertiärsektors, Hilfskräfte des ökonomischen Prozesses, meine Brüder und Schwestern, die von abgestumpften und unterwürfigen Sub-Chefs herumkommandiert werden und gezwungen sind, ihre Zeit mit nutzlosen Meetings und bescheuerten Seminaren zu vergeuden!«

Die Ratschläge in diesem sich subversiv gebenden Buch laufen im Wesentlichen darauf hinaus, Arbeit und Engagement nur noch kunstfertig zu simulieren, indem man die Phrasen und Gesten des mittleren Managements übernimmt. Denn die Büros und Kontore und Agenturen, in denen die Angestellten ihre Zeit verbringen, sind Stätten des rasenden Stillstandes – dort wird Sinnloses geredet, Nutzloses produziert, und die Nullen haben das Sagen. Die Hauptthese des *désengagements* lautet deshalb: Es ist ratsam, in dieser Arbeitswelt Verantwortung um jeden Preis abzuwälzen – selbst dann, wenn es finanzielle Einbußen bedeutet. Man entzieht sich am besten, indem man sich in die Bereiche Beratung, Gutachten, Forschung flüchtet. Dort gibt es reichlich unproduktive Stellen, die aber keinem Druck, keiner Kontrolle ausgesetzt sind. Es kommt darauf an, sich nicht zu exponieren, also auch nicht positiv aufzufallen, etwa sich durch Vorschläge oder konstruktive Kritik für höhere Aufgaben zu empfehlen. Damit wäre man nämlich schon auf die modernen Firmenideologien hereinfallen ...

In einer Rezension dieses Manifestes der Faulheit heißt es: »Man wird den Eindruck nicht los, dass Menschen wie Corinne Maier die Zukunft gehört.« Nur – was ist das für eine Zukunft, wenn das Arbeitsleben für all die Millionen Angestellten irgendwann nur noch aus den Guerillataktiken des Sich-Entziehens und des Sich-Durchmogelns besteht, wenn resignierte, erschöpfte, gedemütigte Mitarbeiter nicht länger um Anerkennung oder Beförderung kämpfen, sondern sich mit mehr oder weniger gutem Gewissen entziehen und schonen? Die Entfremdung des angestellten Büroarbeiters, der heute als »Symbolanalytiker und Informationsverarbeiter« vor einem PC sitzt oder als Kundenbetreuer und Dienstleister hinter einem Schalter, ist offenbar mindestens so tief greifend, wie es einstmals die des schwer körperlich schuftenden Arbeiters des Produktionskapitalismus war.

Faulheit: Der Widerstand gegen die Moderne

Die Leiden des Angestellten an der Ödnis der Bürowelt und an zunehmender Entfremdung sind kein Phänomen des 21. Jahrhunderts, sie haben eine lange Vorgeschichte und eine eigene literarische Tradition, die bis ins 19. Jahrhundert zurückreicht. Herman Melville zeigt uns bereits in seiner Novelle *Bartleby* (1853) den Angestellten als Verweigerer. Bartleby hat plötzlich keine Lust mehr, aber er sabotiert seine Arbeit nicht heimlich, sondern missachtet die dienstlichen Anordnungen ganz offen und direkt, indem er immer wieder bekundet, dass er es »lieber nicht tut«. Robert Walsers Bankangestellter Helbling (*Der Gehülfe*, 1907), der »nur so tut, als ob er schafft«, ist ein Bruder im Geiste, und auch die Gestalten in Wilhelm Genazinos *Abschaffel*-Trilogie (1977–1979) umweht die Melancholie des Rückzugs und der Resignation.

Die europäische Kulturgeschichte kennt die Faulheit als literarische und künstlerische Lebensform also seit langem, seit dem Beginn der Industrialisierung. Die Verweigerung der eisernen Arbeitsdisziplin, die die neuen Verhältnisse den Menschen abforderte, wurde immer schon bewusst inszeniert gegen den Strom der Zeit, gegen die Hektik des Zeitgeistes, gegen die frühkapitalistisch bestimmten Lebensformen: Die romantische Variante findet ihren Prototypen bei Joseph von Eichendorffs *Aus dem Leben eines Taugenichts* (1826); etwas später schuf der russische Schriftsteller Iwan Gontscharow die Figur des Ilja Iljitsch *Oblomov* (1859), der sein Leben auf dem Sofa liegend zubrachte und seine Wohnung in St. Petersburg nie verließ. In der Realität verwirklichte Paul Gauguin seine Aussteigerträume, indem er sich aus dem Pariser »Rattenrennen« in die Südsee flüchtete und dort das Paradies auf Zeit fand. Ein Held der Faulheit war auch der Komponist Giacomo Rossini. Er genoss die Reputation, ein Faulpelz höchsten Grades zu sein. Mit 37 Jahren und nach einigen großen Erfolgen, darunter *Der Barbier von Sevilla*, zog er es vor, nun keine Opern mehr zu schreiben und drei Jahrzehnte nur noch für den Genuss und in Muße zu leben. Schon zu seiner aktiven Zeit machte er großzügige und arbeitssparende Anleihen bei seinen eigenen früheren Werken und denen anderer Komponisten. Eine Anekdote erzählt, dass er seine Partituren gerne im Bett schrieb, und wenn ihm eine Seite heruntergefallen war, schrieb er sie lieber noch einmal neu, als aufzustehen und die heruntergefallene aufzuheben. Und Oscar Wilde gewann der Trägheit eine besondere intellektuelle Seite ab: »Gar nichts zu tun, das ist die allerschwierigste Beschäftigung und zugleich diejenige, die am meisten Geist voraussetzt.« Faulheit ist aber auch, wenn sie gepaart ist mit Intelligenz, eine Voraussetzung für kreative Leistungen: War Gutenberg nicht nur zu faul, Buch um Buch abzuschreiben, wie das die Mönche in jahrhundertelanger Fron getan haben? War nicht Carl Benz zu faul zum Laufen?

Stehen wir heute wieder einmal vor einer Neubewertung dessen, was im christlichen Wertekosmos als Todsünde galt? Immerhin war die Trägheit die einzige wirkliche Todsünde, die auch in der Moderne, vor allem im Kapitalismus noch als echte Todsünde galt, lange nachdem Habgier, Hochmut, Neid und die anderen einigermaßen umgewertet und teilrehabilitiert waren.

Ist Untätigkeit heute nicht ein vergleichsweise harmloses Laster, sogar segensreich in einer Welt des rasenden Stillstandes? Wer faul ist, sündigt ja wenigstens nicht, und wer nichts tut, macht nichts falsch. Trägheit kann einen gewissen Charme entfalten, sie wirkt nachgerade *cool* vor dem Hintergrund der Gschaftlhuberei und Hektik des modernen Lebens. Wo Workaholics, Karrieregeile und Hyperaktive den Takt in der Arbeitswelt vorgeben, ist selbst dann eine alternative Haltung sinnvoll, wenn man eigentlich gerne arbeitet: *Work smarter, not harder!* ist die Devise derer, die das hohle Pathos satt haben, mit dem die Schaffer und Karrieristen ihre Überstunden zur Heldentat überhöhen. Erfolg ist fast immer leichter durch Klugheit als nur durch Fleiß zu erzielen. Es sind die langen, anscheinend unproduktiven Inkubationszeiten und Pausen, durch die sich Kreativität auszeichnet.

Wie der Fleiß in die Welt kam

Faulheit war für die Kirchenväter eine Todsünde, aber sie meinten damit vor allem die spirituelle Trägheit, den Zweifel, das Verzagen an Gott und der Welt. Dass diese Verzagtheit auch in eine ungute Wechselbeziehung zum Nichtstun und zu allgemeiner Antriebslosigkeit trat, blieb nicht verborgen, und im Mittelalter erweiterte sich der kirchliche Blick auf die *acedia* und erfasste nun auch den Aspekt der körperlichen Erschlaffung. Die großen Ordensgründer Benedikt von Nursia und Bernhard von Clairvaux begründeten die verbindliche Tagesrhythmik des *Ora-et-labora*, und besonders die Dominikaner, Franziskaner und Zisterzienser achteten auf das Gleichgewicht von Arbeit und Kontemplation. Die Klöster der Zisterzienser beispielsweise wurden zum Schrittmacher der wirtschaftlichen Entwicklung, indem sie Disziplin, fortschrittliche Arbeitsorganisation und technische Innovation verbanden, etwa in der Mühlenwirtschaft und der Manufaktur. Die klösterliche Arbeitsmoral, die Ethik des Bete-und-Arbeite! strahlte auch auf die Gläubigen jenseits der Klostermauern aus – es war gottgefällig, gut zu arbeiten und in der Arbeit Gott zu ehren. Dennoch waren Faulheit und Fleiß noch keine Themen, die leidenschaftliche theologische oder weltliche Diskussionen entfachten oder die das öffentliche Leben dominierten. Eine völlig neue Dynamik entstand erst mit Beginn der Neuzeit und vor allem im Zuge der Reformation. In seinem Buch *Arbeit und menschliche Würde* weist Oskar Negt darauf hin, dass es im Mittelalter noch etwa 38 kirchliche Feiertage (neben den 52 Sonntagen) gab, an denen es streng verboten war zu arbeiten. »Erst im fünfzehnten und sechzehnten Jahrhundert, in der Entstehungsphase der modernen industriellen und kommerziellen Bourgeoisie, breitete sich der Hass gegen die Feiertage aus ... Der biblische Fluch, dass, wer nicht arbeitet, auch nicht essen solle, hat sich immer nur auf die unterdrückten und ausgebeuteten Klassen ausgewirkt. Eine ganze Menge Leute, die nicht gearbeitet haben, hat zu allen Zeiten sehr gut gegessen. Dass der Mensch von Natur aus faul sei, ist die Grundauffassung einer politischen Anthropologie, von der alle Herrschaft zehrt.«

In seiner Studie *Die protestantische Ethik und der »Geist« des Kapitalismus* suchte der große Soziologe Max Weber die Gründe für einen Epochenwandel, dessen hervorstechendstes Merkmal eine neue, auf Gewinn und Erfolg orientierte Mentalität war. Weber beschäftigte die aus heutiger Sicht verblüffende Tatsache, dass Menschen im Allgemeinen gerade nur so viel arbeiten, wie zu ihrem Lebensunterhalt nötig ist. Zumindest galt das, geschichtlich betrachtet, für den Großteil der Menschen. Warum bewirkten beispielsweise höhere Löhne, mit denen Gutsbesitzer ihre Erntearbeiter zu schnellerem, genauer: zu intensiverem Arbeiten bewegen wollten, genau das Gegenteil? Die Erntearbeiter arbeiteten für mehr Geld weniger intensiv. Der einfache Grund: Das zum Leben nötige Einkommen war ja nun früher gesichert. Die Idee des Akkordlohnes funktionierte merkwürdigerweise (noch) nicht, oder, wie Weber es ausdrückte: »Der Mehrverdienst reizte weniger als die Minderarbeit. Der Mensch will von Natur nicht Geld und mehr Geld verdienen, sondern einfach leben, so leben, wie er zu leben gewohnt ist, und so viel zu erwerben, wie dazu erforderlich ist.« Schon Webers Kollege Werner Sombart, der eigentliche Erfinder des Begriffs »Kapitalismus«, hat die beiden großen Leitmotive, zwischen denen sich die ökonomische Geschichte der Menschheit bewegt habe, die Bedarfsdeckung und den Erwerb, unterschieden, je nachdem, ob das wirtschaftliche Handeln eher vom Ausmaß des persönlichen Bedarfs oder vom Streben nach Gewinn über diesen Bedarf hinaus bestimmt wird.

Die Grundfrage lautete nun für Weber: Warum arbeiten manche Menschen nur so lange, bis sie das selbst gesteckte (Einkommens)Ziel erreicht haben, andere aber weit darüber hinaus? Was bremst die einen, was treibt die anderen? Ist nicht der »Naturzustand« der erste – man lebt nicht, um zu arbeiten, sondern arbeitet, um leben zu können? Weber zeigt, dass selbst noch im 18. Jahrhundert nicht einmal alle Unternehmer, die eigentlich nach kapitalistischen Gesetzen arbeiteten, also im Besitz der Produktionsmittel waren, Arbeiter beschäftigten, Kapital vorstreckten und damit eine Rendite erwirtschafteten, vom kapitalistischen Erwerbsgeist im engeren Sinne erfüllt waren. Am Beispiel von Textilfabrikanten zeigt Weber, welch beschauliches, nicht unbedingt von Konkurrenz und Gewinnmaximierung bestimmtes Leben sie führten: »… Mäßiger Umfang der Comptoirstunden – vielleicht 5–6 am Tage, zeitweise erheblich weniger, … leidlicher, zur anständigen Lebensführung und in guten Zeiten zur Rücklage eines kleinen Vermögens ausreichender Verdienst, im ganzen relativ große Verträglichkeit der Konkurrenten untereinander … daneben je nachdem noch Dämmerschoppen, Kränzchen und gemächliches Lebenstempo überhaupt.«

Weber fand die Antwort auf seine Ausgangsfrage in der puritanisch-calvinistischen Lehre von der Prädestination. Die Gnade Gottes und die ewige Seligkeit sind gemäß dieser Lehre nicht abhängig von den guten Werken, die ein Mensch vollbringt; er kann sie sich also nicht »erkaufen« oder erarbeiten. Wer auserwählt ist und wer der Verdammnis anheim fällt, kann der Mensch nicht beeinflussen. Allerdings leben die Erwählten schon auf Erden in der Gunst Gottes – was erkennbar ist am gottgefälligen Lebenswandel und vor allem am weltlichen Erfolg. Die Gläubigen bemühten sich, den Gnadenbeweis schon im Diesseits zu erfahren, indem sie besonderen Fleiß an den Tag legten und das Erwirtschaftete neu investierten, um noch mehr »Beweise« zu sammeln. Ein ganzes Bündel Tugenden begünstigte die Beweisführung: Neben Fleiß und Sparsamkeit auch Disziplin, Erfindungsreichtum und Unternehmergeist. Diese Art zu leben und zu arbeiten zeitigte in den Gemeinden und Staaten, deren Bevölkerung puritanisch-protestantisch-calvinistisch geprägt war, große wirtschaftliche Erfolge.

Eine Symbolfigur für die neue, aus religiösen Beweggründen erwerbsorientierte Mentalität wurde der amerikanische Staatsmann, Musterpuritaner, Erfindergenie, Unternehmer und Diplomat Benjamin Franklin. In kaum einem anderen Traktat kommt die eigentümliche Mischung aus Gewinnstreben und Faulheitsvermeidung so deutlich zum Vorschein wie in Franklins *Advice to a Young Tradesman:* »Bedenke, dass Zeit Geld ist; wer täglich zehn Schillinge durch seine Arbeit erwerben könnte und den halben Tag spazieren geht oder auf seinem Zimmer faulenzt, der darf, auch wenn er nur Sixpence für sein Vergnügen ausgibt, nicht dies allein berechnen, er hat neben dem noch fünf Schillinge ausgegeben oder vielmehr weggeworfen.«

Zeit ist Geld: Unsere moderne Einstellung zu Arbeit und Fleiß, zu Berufstätigkeit und Muße, Gelderwerb und Genügsamkeit ist weit über den Geltungsbereich des historischen Puritanismus hinaus grundlegend und nachhaltig geprägt worden, weil sie sich im kapitalistischen Erfolgsmodell verallgemeinert und sich vom religiösen Kontext gelöst hat. Max Weber sieht diese anscheinend unumkehrbare historische Entwicklung und ihre Auswirkungen ziemlich kritisch: »Der Puritaner wollte Berufsmensch sein – wir *müssen* es sein. Denn indem die Askese aus den Mönchszellen heraus in das Berufsleben übertragen wurde und die innerweltliche Sittlichkeit zu beherrschen begann, half sie jenen mächtigen Kosmos der modernen ... Wirtschaftsordnung erbauen, der heute den Lebensstil aller einzelnen, die in dieses Triebwerk hineingeboren werden ... mit überwältigendem Zwange bestimmt und vielleicht noch bestimmen wird, bis der letzte Zentner fossilen Brennstoffs verglüht ist.«

Versuch, die guten Seiten der Trägheit zu rehabilitieren

Trägheit als Nicht-Tätigsein ist der eine natürliche Pol menschlichen Daseins. Die *vita contemplativa* umfasste in der klösterlichen Welt das Gebet, die Meditation, den Rückzug aus den Tagesgeschäften in die Stille, die innere Einkehr. Im weltlichen Verständnis ist Nicht-Arbeiten identisch mit dem Entspannen, mit der notwendigen Regeneration, aber auch mit dem ausgedehnten süßen Nichtstun und der Muße. Das Nichtstun hat seinen Gegenpol im ebenso natürlichen Explorations-, Aktivitäts- und Bewegungsdrang des Menschen, in der *vita activa*. Und eine ideale, erfüllende Existenzweise – für Mönche, Lebenskünstler, Kreative, eigentlich für alle Menschen – bestünde darin, einen persönlichen Wechselrhythmus zwischen diesen beiden Daseinsformen zu finden und zu halten: Anspannung und völlige Entspannung. Aber die *vita activa* wird nur dann gesucht und als angenehm oder sinnvoll empfunden, wenn sie selbstbestimmt, freiwillig, interessant, gewinnbringend, erfüllend oder sonst wie motivierend ist. Die Diagnose zeigt, dass beides immer weniger gelingt – weder die äußerste Kraftanstrengung im Dienste einer sinnvollen Arbeit noch die völlige Entspannung und kontemplative Muße. »Müßiggang ist nicht das Gegenteil von Arbeit, sondern etwas, was aus der Arbeitswelt herausfällt, was weder in die heutige Form von Arbeit noch in die ihr korrespondierende Freizeit einzuordnen ist, er ist ein Zustand, der die Werte der heutigen Arbeits-Freizeit-Gesellschaft für sich nicht mehr anerkennt«, schreibt Erich Ribolits in seinem Buch *Die Arbeit hoch?*.

Als Jean-Luc Godard 1961 in dem Episodenfilm »Die sieben Todsünden« die Faulheit porträtierte, ließ er Eddie Constantine einen schlaffen Typen spielen, der sogar zu träge ist, um mit seiner schönen Freundin zu schlafen. Ein solcher Faulpelz wirkt sympathisch, denn er neigt weder zum Geldraffen noch zu ständigen Statuskämpfen, und er nervt auch nicht mit seiner Eitelkeit. Wenn also Faulheit die anderen Todsünden sogar verhindert – warum dann die theologische Aufregung? Warum sah Thomas von Aquin in der Faulheit »das Kopfpolster Satans« und erhob sie zur Todsünde? Ein anderer Thomas, Thomas Pynchon, kommentierte die Verteufelung der Trägheit so: »Ach, komm! Ist das nicht ein bisschen extrem – Verdammnis für so etwas Leichtes wie Faulheit?« Immerhin kam auch Immanuel Kant zu einem differenzierten Urteil über die Trägheit: »Unter den drei Lastern Faulheit, Feigheit und Falschheit scheint das erstere das verächtlichste zu sein. Allein in dieser Beurteilung kann man dem Menschen oft sehr Unrecht tun. Denn die Natur hat auch die Abscheu für anhaltende Arbeit manchem Subjekt weislich in seinen für ihn sowohl als andere heilsamen Instinkt gelegt; weil dieses etwa keinen langen oder oft wiederholten Kräfteaufwand ohne Erschöpfung vertrug, sondern gewisser Pausen der Erholung bedurfte ...« Außerdem kommt Kant auf seine Weise zu dem schon immer sehr volkstümlichen Schluss, dass, wer nichts tut, auch nichts verkehrt macht, dass »wenn nicht Faulheit dazwischen träte, mehr rastlose Bosheit weit mehr Übels, als jetzt noch ist, in der Welt verübt würde.«

Aber Faulheit kann nicht nur das rastlos Böse verhindern. Sie ist als wohl dosierte Muße schon immer auch als hohes Kulturgut geschätzt worden. Je dramatischer, unruhiger und angespannter die Zeiten, desto größer die Sehnsucht nach einer Gegenwelt. Die Verherrlichung der schönen Auszeit treibt heute einer neuen Blüte zu, befördert durch eine wachsende Skepsis gegenüber der Beschleunigung, die das Leben erfasst hat. Nichts Schöneres gibt es als Muße – das rar gewordene Gut unserer Tage! Einen Tag mit süßem Nichtstun vergeuden! Ist das nicht sogar ein Teil der Lebenskunst, die wieder zu entdecken und zu kultivieren wir uns alle bemühen? Die romantischen und politischen Vorläufer dieser ersehnten und idealisierten Muße sind Legion. Der wohl bekannteste Propagandist der antikapitalistisch inspirierten Faulheit war Paul Lafargue mit seiner 1883 veröffentlichten satirischen Schrift *Das Recht auf Faulheit. Widerlegung des »Rechts auf Arbeit« von 1848.* Lafargue machte schon damals auf eine »seltsame Sucht« aufmerksam, die Arbeitssucht des Proletariers, der damit den Fabrikanten und Unternehmern sehr entgegenkommt. Die unheimliche Allianz zwischen Kapital und Arbeit, zwischen Unternehmern und Gewerkschaften, zwischen Kapitaleignern und Sozialisten, zwischen Schwarzen, Gelben und Roten besteht bis heute fort: Alle fordern unablässig Arbeit! Arbeit! Arbeit! und tun so, als sei die Arbeit das höchste aller Güter, das Erstrebenswerteste überhaupt.

Lafargue begründete geradezu ein neues Genre – die Verweigerungspamphlete, deren vorläufig letzte hier zitiert sind. Dieses Genre blüht heute mehr denn je, in der McKinsey-Welt der durchrationalisierten und durchökonomisierten Bürowelt.

So meinen Lafargue-Epigonen in dem Buch *Die Kunst, weniger zu arbeiten:* »Ich bin faul. Ich habe die Neigung, einen Vormittag vor mich hin zu trödeln und nichts Vernünftiges zu tun … Der moralische Mehrwert, mehr als notwendig zu arbeiten, verblasst für mich zusehends. Tätigsein ist für mich nicht mehr immer besser als Nichtstun … Ich will mir den größten erdenklichen Luxus leisten: Zeit. Nicht vom Müßiggang ist unsere Kultur bedroht, sondern von einem Zuviel an Fleiß. Nicht an Tatmenschen fehlt es uns, sondern an Menschen, die müßig gehen können und aus dieser Ruhe das erschaffen, wovon wir alle – auch die Tatmenschen – leben, vielleicht ohne es zu wissen. Ohne die Taugenichtse aller Art wären wir geliefert. Wir würden zugrunde gehen an einem Mangel an Träumen und Bildern. Ist nicht gerade Rastlosigkeit eine Form von Trägheit?«

Tom Hodgkinson, ein britischer Journalist, hat Mitte der neunziger Jahre die Zeitschrift *The Idler* (Der Müßiggänger) gegründet und eine *Anleitung zum Müßiggang* geschrieben. Es gibt ein Leben jenseits der Erwerbsarbeit, die uns mehr und mehr versklavt: »Ich hatte die Wahl«, schreibt er über seine eigenen Schlussfolgerungen, »ich konnte weiter in London als Journalist arbeiten und mein Geld für Kinderbetreuung, Ratgeberliteratur, Therapie und viel

Alkohol ausgeben, oder ich konnte aufs Land ziehen und mein Leben in Muße verbringen.«

Ist das der Vorschein einer lange gehegten, immer wieder beschriebene Utopie: Leben ohne den Zwang zur Arbeit? Sind die Autoren der neuen Verweigerungsliteratur die Avantgardisten nicht nur eines neuen Lebensgefühls, sondern eines Lebensstils? Geht es darum, sich ins Unvermeidliche zu fügen? Immerhin hat ein Expertengremium aus fünfhundert Politikern, Wissenschaftlern und Konzernchefs schon 1995 vorausgesagt, dass bald schon 20 Prozent der arbeitsfähigen Bevölkerung ausreichen, um die Weltwirtschaft am Laufen zu halten. Vollbeschäftigung wird Mangelware. Klassische Arbeit und traditionelle Beschäftigungsverhältnisse wird es immer weniger geben. Was also machen die anderen 80 Prozent?

Wieder kommt die Idee der Grundsicherung auf die Tagesordnung, die der französische Politologe André Gorz bereits in den achtziger Jahren entworfen hat: Jeder hat das Recht auf ein Einkommen ohne Arbeit. Kein entwürdigender *Zwang* mehr zum Schneeschippen oder Laubfegen. Keine Bedingungen, keine Kontrollen. Keine 1-Euro-Jobs, keine *Job-Floaters*, keine Ich-AGs.

Wird es also den glücklichen Arbeitslosen geben? Selbst Tom Hodgkinson gibt zu, dass echtes Nichtstun auf Dauer nur dann Spaß macht, wen man in Wahrheit viel Arbeit hat. Und die Autorin Geneviève Hess meint:»Ich bin gegen die Verherrlichung der Faulheit. Faulheit ist oft die Kehrseite hektischer, fremdbestimmter Erwerbsarbeit. Sie zerstört Kreativität und Lebendigkeit.« Ist aber die Versuchung nicht doch groß, sich mit dem Grundeinkommen einen schönen Lenz zu machen? Was spräche dagegen? »Niemand hält es wirklich aus«, meint Hess,»monatelang untätig zu sein. Nach vielleicht anfänglicher Faulheit würde die Eigeninitiative erwachen.«

Was wirklich passieren würde, wissen wir erst, wenn Millionen ihre Tätigkeiten jenseits der Erwerbsarbeit organisieren müssten. Allmählich verliert diese Vision jedoch ihren Schrecken. Immer mehr bereits von Arbeitslosigkeit Betroffene, aber auch Noch-Arbeitende können sich ein Leben vorstellen, in dem sie selbstbestimmt tätig *und* müßig sein können.

Acedia: Die Erschlaffung des Geistes

Trägheit ist eine komplexe Sünde. Ihre ursprüngliche Negativität bestand nicht so sehr in der simplen Verweigerung von Arbeit, sondern vor allem in der Verweigerung von geistiger, spiritueller Anstrengung. *Acedia* (griechisch *akedia* = Sorge, Traurigkeit) befiel als Mittagsdämon die ersten Mönche in der ägyptischen Wüste im vierten und fünften Jahrhundert. Dieser Dämon verführte sie, melancholisch in die Ferne zu starren und auf den Abend zu warten. (Aus heutiger medizinischer Sicht ist das nicht verwunderlich: Wer die asketischen Ernährungsgewohnheiten dieser ersten Mönche studiert, muss einen dramatischen Blutzuckerabfall spätestens am Nachmittag, mit entsprechenden psychischen Folgeerscheinungen diagnostizieren). Sie schwächten durch dieses Nachmittagstief ihre geistige Disziplin und wurden anfällig für Zweifel, Verzagtheit und »böse« Gedanken – nicht zuletzt den, das asketische Mönchsleben aufzugeben. Eine verräterische Traurigkeit *(tristitia)* bemächtigte sich zudem der Verzagten. Das tödliche Gewicht dieser Verfehlung lag für die frühen Mönche und Theologen vor allem darin, dass die Trägen die Hoffnung auf Rettung und Erlösung verweigerten – und sich damit letztlich auch von Gott abwandten: Wer verzweifelt, zweifelt auch die Allmacht Gottes an. Dieses Erschlaffenlassen der spirituellen Disziplin und der Selbsterhaltungskräfte wird theologisch als schuldhaftes Versagen, als ein schwerer Frevel gegen Gott beurteilt: Denn wer sich vom Zweifel ankränkeln und schließlich überwältigen lässt, neigt auch bald dazu, der Versuchung nachzugeben und alle Verantwortung für sich selbst und andere abzuwerfen. Die Trägheit des Geistes und des Herzens kommt letztlich einer Flucht vor Gott gleich, und hinter der Passivität verbirgt sich die Verweigerung des Glaubens. Der träge Mensch wird ob seiner Gottesferne, in die er sich treiben lässt, zu einem transzendentalen Taugenichts. Trägheit ist, in der Sprache der modernen Psychologie, eine *passiv-aggressive* Form der Undankbarkeit gegenüber Gott und seinen Erlösungsabsichten.

Die *acedia* ist der Gegenpol zur Geschäftigkeit des Gierigen und Geizigen, *avaritia*, vor allem aber zur *superbia*, der Todsünde des

Stolzes: Der in Traurigkeit verfallene und deshalb träge gewordene Mensch will nicht sein wie Gott, er überhebt sich nicht wie die Hochmütigen und strebt nicht nach quasi-göttlicher Macht und Erkenntnis. Seine große Sünde ist es, die ihm gegebenen Chancen und Freiheiten zum Menschsein zu verspielen. Er ist ein existenzieller und spiritueller *underachiever* und bleibt hinter seinen Möglichkeiten zurück. Der Jungianische Psychotherapeut James Hillman nennt diese Verweigerung den Jonas-Komplex: Wie der biblische Jonas, der sich versteckt, um sich dem göttlichen Auftrag der Missionierung Ninives zu entziehen, so entziehen wir uns auch dem göttlichen Ruf (oder der Berufung): indem wir hinter unseren Möglichkeiten zurückbleiben, der Berufung ausweichen, unsere Talente vergraben wie der faule Knecht und nicht mit dem Pfund wuchern.

In der Trägheit hat Gregor der Große später, in der Endfassung des Todsündenkataloges, zwei Teilsünden, zwei Aspekte des Nichtstuns zu einer Sünde zusammengefasst: *Acedia* ist zum einen spirituelle Verzagtheit und resignierte Melancholie, zum anderen die aus dieser Haltung resultierende Antriebslosigkeit und Faulheit. Welche enorme Schädlichkeit dem relativ harmlos erscheinenden Laster der Trägheit beigemessen wurde, ist noch im Sprichwort »Müßiggang ist aller Laster Anfang« zu erkennen: Wer erst einmal in die melancholische Starre gefallen ist oder auch einfach nur faul und bequem ist – ganz ohne spirituelle Verzagtheit –, der öffnet dadurch die Einfallstore für all die anderen Sünden. Trägheit ist aus all diesen Gründen die religiöseste aller Todsünden. Alle anderen Sünden lassen sich auch von Nichtgläubigen umstandslos als Laster oder Charakterdefizite betrachten. Habgier, Neid, Wollust oder Hochmut können auch ohne Bezugnahme auf Gott definiert werden. Die antike nicht-christliche Philosophie sah in der *acedia* auch eher eine Krankheit als ein Laster – verwandt der *melancholia*. Erst Juden und Christen maßen ihr die anti-göttliche Bedeutung bei, die sie zur echten Todsünde machte. Aber es ging den Erfindern der Todsünden schon damals nicht (nur) um jene Trägheit, die als Gegenstück zum Fleiß verstanden wird: ums Arbeiten und Tätigsein.

Sören Kierkegaard greift in seiner *Krankheit zum Tode*, einem

Traktat über die Verzweiflung, die Selbstlähmung durch Zweifel und vorauseilende Resignation auf. Eine philosophische Deutung dieser Geistesverfassung hat Martin Heidegger formuliert: Für ihn kommt in der *acedia* der »Lastcharakter des Daseins« zum Ausdruck. Trägheit wird bei ihm paradoxerweise aber auch produktiv – sie mutiert zur erkenntnisfördernden Langeweile: In seiner Freiburger Antrittsvorlesung von 1929 mit dem Titel *Was ist Metaphysik?* formulierte er, es sei die Aufgabe der Philosophie, der Entfremdung entgegenzuwirken: »Philosophie muss, gerade im Zeitalter einer siegreichen wissenschaftlichen Weltauffassung, auf die Grundmöglichkeiten eines Daseins im Ganzen zielen. Wissenschaftler haben es immer nur mit einem Etwas zu tun, nie mit dem Ganzen des Seienden, mit der Welt als Ganzem.« Dieses Ganze offenbare sich uns in Grundstimmungen, es zeigt sich in den Augenblicken tiefer Langeweile und Angst. Wenn uns alles langweilt, dann eröffnet sich die Chance zu einer besonderen Erkenntnis: »Die tiefe Langeweile, in den Abgründen des Daseins wie ein schweigender Nebel hin und her ziehend ... offenbart das Seiende im Ganzen.« Die Welt enthüllt sich uns in diesen beiden Gefühlen – in Angst und in Langeweile.

Gleichgültigkeit ist die Trägheit der Moderne

Aus spiritueller Verzagtheit wurde in unseren säkularisierten Zeiten existenzielle Lethargie und soziale Apathie, die sich heute vor allem als Gleichgültigkeit zeigt. In seinem Traktat *Das Glück der Gleichgültigen* erläutert der Philosoph Manfred Geier die zwiespältige Haltung, die diese moderne Form der *acedia* kennzeichnet: »Der gleichgültige Mensch gilt als affektgelähmt und geistig träge ... Teilnahmslos und indolent lebt er vor sich hin, verzichtet darauf, sich zu engagieren. Immer wieder lässt er sich von der Gewissheit beherrschen, dass sich keine Tat rechtfertigt, die das Ziel hat, etwas zu ändern. Das Leben erscheint als absurdes Schauspiel, in dem passionierte Hoffnungen keinen Platz haben.«

Die moderne *acedia*, die Gleichgültigkeit, verbirgt sich manchmal hinter der so tolerant erscheinenden Haltung: Leben und leben lassen! Im Grunde heißt das nichts anderes als »Mir doch egal! Es soll jeder machen, was er will, solange er mich in Ruhe lässt!« Der Radius des sozialen Sensoriums und des Verantwortungsgefühls über die eigene Existenz hinaus ist extrem klein geworden. Dieser Art zu existieren fehlt buchstäblich der *Kontext:* Das eigene Leben wird zu einer Abfolge von Episoden und Erlebnissen, die möglichst angenehm sein sollen, denen aber jeder innere Zusammenhang, jede narrative Kohärenz abgeht. Die Leere dieser Geschichtslosigkeit erzeugt einen leisen, aber unabweisbaren Schmerz, und sie muss gefüllt werden.

Wie kam es, dass Gleichgültigkeit ein so markanter Wesenszug der modernen Mentalität wurde? Die Objektivierung der Welt im wissenschaftlichen Zeitalter zu einer bloßen Gegebenheit, die von jeder mythischen, religiösen und metaphysischen Wertigkeit gesäubert worden ist, hat jene extremen Zumutungen ins Spiel gebracht, die sich bis hin zu einer maßlosen, nihilistischen Weltvergeblichkeitserfahrung steigern konnten. Der Philosoph Hans Blumenberg erkannte in der Resignation »die ängstigende Erfahrung einer gleichgültigen Welt«, die sich gegenüber jedermann gleichgültig und rücksichtslos verhält.

Acedia hat heute viele Gesichter und Erscheinungsformen: Unlust, Bequemlichkeit, Passivität, den *Blues*, aber auch geistige Feigheit und Verzagtheit. Sie erscheint heute als pathologische Antriebslosigkeit oder als *Anhedonie*, als Unfähigkeit, Freude und Lust zu empfinden. Psychologisch nimmt die Trägheit die Form von tiefer Resignation, von Verzweiflung und Depression an. Depression, so argumentieren einige Sozialpsychologen, ist die Folge einer tiefen Ernüchterung, eines besonders klaren Blicks auf das Getriebe der Welt um uns herum. Depressive Verzagtheit entsteht durch die Erkenntnis, dass die Welt unverbesserlich und auch durch noch so große Anstrengung nicht zum Guten zu verändern ist. Depressive sind im Grunde Hyperrealisten, sie sind nicht mehr fähig zu jenen lebensnotwendigen positiven Illusionen, die uns – entgegen der Wahrscheinlichkeit – immer wieder neu beginnen und auch das unmöglich Erscheinende versuchen lassen. Depressive haben die rosarote Brille abgelegt, sie sind »*sadder but wiser*« –

aber ihre Klugheit macht sie krank. In der Depression liegt die Anerkennung der eigenen Machtlosigkeit: Es hat doch alles keinen Zweck! Positive Illusionen, das zeigt die psychologische Forschung, sind die permanenten und systematischen Selbstüberschätzungen, die wir brauchen, um morgens überhaupt aufzustehen. Nur wenn wir uns mehr zutrauen, als es unseren Möglichkeiten und Fähigkeiten entspricht, fassen wir Lebensmut und riskieren etwas. Zum gesunden Menschsein gehört offenbar ein Mindestmaß an Verkennung von Realitäten und fast mutwilliger Unterschätzung der Schwierigkeiten. Die Passivität, die mit einer Depression häufig einhergeht, ist nach den Erkenntnissen der neueren Forschung in erster Linie ein Selbstschutzmechanismus der überforderten Psyche. Das erschöpfte Selbst zieht sich in eine Schonhaltung zurück.

Die moderne Trägheit in der Gestalt von Resignation, Depression und daraus sich entwickelnder Gleichgültigkeit ist auch die Folge einer massiv gestörten Lebensrhythmik. Zeitdruck, Reizüberflutung und Beschleunigung sowie die Vervielfältigung der sozialen Kontakte führen zu einer Dauerbelastung, der wir biologisch und psychisch nicht mehr gewachsen sind. Wir pendeln zwischen Überstimulation und Daueraktivität auf der einen Seite und wachsender Erschöpfung auf der anderen, ohne die »Pufferzeiten« einzuhalten, die es zu Reizverarbeitung und Regeneration braucht, und wir respektieren die Rhythmen und Zyklen des Körpers immer weniger – abzulesen am enormen Schlafdefizit oder am wachsenden Verbrauch wach haltender und stimulierender Psychopharmaka.

Die Balance zwischen Aktivität und Erholung ist uns verloren gegangen. Es ist geradezu ein Teufelskreis entstanden aus Unfähigkeiten – der Unfähigkeit, sich richtig zu erholen, folgt die Unfähigkeit, gut und lustvoll aktiv zu sein, was zu Erschöpfung und Frust führt, die wiederum passive und wenig kontemplative »Auszeiten« fördern, etwa als Stunden vor der Glotze oder als hektische Suche nach dem »wahren Leben« in der Freizeit. Es scheint, als ob der Mensch von heute nur noch »das Zwillingsübel zweier Seelenregungen kennt: Indolenz und Unruhe«, meint Manfred Geier. *Vita activa* und *Vita contemplativa* lassen sich nur wieder ins Gleichgewicht bringen, wenn wir beides bewusst inszenieren. Balance bedeutet auch, sich nicht selbst zu überfordern, sich nicht selbst zu unterfordern.

Jeder für sich: Das Werkeln am Ich macht träge

Die Todsünde der Trägheit erscheint uns heute vor allem als Denkfaulheit, als mangelndes Engagement. Sie ist zu erkennen in der Bequemlichkeit der Vorurteile, in der Gleichgültigkeit und der Nicht-Achtsamkeit. Symptome der modernen Trägheit sind das Gefühl der Sinnlosigkeit (maskiert mitunter durch eine paradox anmutende Hyperaktivität und pausenlose Geschäftigkeit), aber auch eine durchgängige Lethargie, die Unfähigkeit, langfristige Ziele zu formulieren und zu verfolgen (und manchmal reicht es nicht einmal für kurzfristige). Die moderne Trägheit besteht in der Vernachlässigung der Pflichten und Verantwortlichkeiten – gegenüber dem Partner, der Familie, den Gemeinschaften, denen man angehört.

Hoffnungslosigkeit und Traurigkeit bis hin zur Melancholie verstärken diese Lethargie – das Leben erscheint sinnlos. Die Soziologen beschreiben dieses Gefühl als Anomie oder Entfremdung. Es geht auf der psychischen Ebene einher mit der allmählichen Erosion der emotionalen Bindungen an nahe stehende Menschen. Umso verheerender, weil diese Bindungen ohnehin geschrumpft sind auf einen immer kleiner werdenden Kreis von Menschen, auf Kleinfamilien und wenige Freunde. Aus dem spirituellen »Austrocknen«, das die frühen Mönche bedrohte, wurde das moralische Austrocknen oder Ausbrennen, das so genannte *burnout* – eine große Verzagtheit, Resignation, Rückzug, Kapitulation, Feigheit und Zynismus.

In einer Tirade über diese zeittypische Form der *acedia* als geistiger und spiritueller Trägheit schreibt die Schriftstellerin Sibylle Berg: »Süß war das, sich über die einfachen Menschen aufzuregen, und was war die Welt noch in Ordnung, als ich Schopenhauer las ... und er wie ich noch an die Lernfähigkeit glaubte. Schopenhauer in seinem gelinden Größenwahn und ich, in meiner Unbedarftheit, liefen mit Büchern in der Hand durch die Straßen und beklagten die intellektuelle Mattheit der Bevölkerung. Das sind die, die man sieht. In Büros und Supermärkten, in Monteurskleidern und mit Fleischermützen. Heute weiß ich, viel schlimmer als die harmlosen Zerstreuungen der Menschen, die man sieht, ist die geistige Trägheit derer, die man nicht sieht. Weil sie den ganzen Tag arbeiten. Mit Dienstwagen in Tiefgaragen gleiten und diese in der Nacht wieder verlassen, um in ein Gym zu stratzen, um die überflüssige Arbeitskraft und die geistig nicht genutzte Kapazität zu regenerieren ... Wir werden vom Mittelmaß regiert. Eine Rotte Dummköpfe, die sich jeden Morgen im Spiegel ansieht, mit farblosen Augen in ein farbloses Antlitz, die Faust ballt und ruft: Ja, Welt, heute werde ich dich wieder ein bisschen dümmer machen ... sie lassen ihr Hirn auf Sparflamme laufen.«

Trägheit im Sinne der ursprünglichen Todsünde findet sich heute in einem bestimmten Lebensstil: Es ist das Leben in freiwilliger geistiger Selbstbeschränkung, als Extremismus des Mittelmaßes. Indem wir nur einen Bruchteil unserer Talente und Fähigkeiten nutzen, indem wir unsere Persönlichkeit unterentwickelt lassen, sind wir sündhaft träge. Diese Trägheit mutet paradox an, weil doch gerade die »Selbstverwirklichung« für viele ein erklärtes und begehrtes Ziel ist, in das sie nicht wenig Zeit und Energie investieren. Aber Selbstverwirklichung wird nicht als mühsame Arbeit an der Selbstvervollkommnung, als Selbstbildung interpretiert und gelebt, sie ist eher ein egoistisches Programm, die Tendenz, seinen Impulsen mit einer esoterischen oder spirituellen Rechtfertigung nachzugeben und ein vage definiertes »Wachstum« anzustreben, das nichts anderes ist als eine Gutfühlideologie. Die Selbstverwirklichung im Geiste der Pop-Psychologie und der missverstandenen *Human Potential Movement* gründet auf der irrigen Annahme, dass Erfüllung und Lebenssinn aus sich selbst heraus zu schöpfen seien.

Der extreme Individualismus unserer Epoche kann sogar als eine Voraussetzung der geistigen Trägheit gesehen werden: Wenn jeder nur sein Ding macht, macht er zu wenig. Die ausschließliche Fokussierung auf eigene Interessen und Bedürfnisse macht gleichgültig für größere Zusammenhänge und Projekte. Der amerikanische Soziologe Robert Putnam sieht in seiner Gesellschaftsdiagnose *Bowling Alone* den hypertrophierten Individualismus als Ursache für die Zerfallserscheinungen im sozialen Gewebe moderner Gesellschaften. Im Vordergrund stehe zunehmend die Tendenz, Lasten aller Art abzuwerfen (oder das, was für lästig gehalten wird). Es gehe immer nur noch um die Frage »Was ist drin für mich?« Das Streben nach einer Sofortbefriedigung aller Wünsche habe Loyalitäten und Bindungen unterminiert. Sie halten nur noch so lange – einschließlich der Ehe –, wie sie sich »lohnen«.

Trägheit ist heute Desinteresse am Schicksal anderer – und an der Entwicklung des großen Ganzen. Trägheit ist die Lebensform der Nische, die Sünde der Nachlässigkeit, Nonchalance, Gleichgültigkeit. Sie erscheint als Weigerung, den gesellschaftlichen Realitäten ins Auge zu sehen und bequeme Arrangements aufzugeben.

Trägheit als Nicht-wissen-Wollen und Wegsehen

Wie vertrackt und tückisch diese moderne Trägheit weiter wirkt und immer neue Indolenz und Gleichgültigkeit erzeugt, zeigt sich in der moralischen Trägheit der deutschen Mehrheitsgesellschaft und ihrer politischen Klasse: Sie lügt sich aus Bequemlichkeit in die Tasche und nimmt fatale Entwicklungen nicht zur Kenntnis. Oder sie findet faule Erklärungen für Missstände – etwa indem sie die Lage der »Unterschicht« auf deren Faulheit zurückführt. Der Historiker Paul Nolte hat dieses Wechselspiel zwischen Denkfaulheit »oben« und Immobilismus »unten« untersucht und plädiert für einen neuen Umgang mit den sozial Schwachen in der Gesellschaft: Deren »fürsorgliche Vernachlässigung« durch den Wohlfahrtsstaat zementiere ihre Immobilität. Diese strukturell erzeugte Trägheit stellt sich dar als Syndrom von Bildungsferne, unmäßigem Fernsehkonsum und Fastfood-Ernährung. Die Mehrheitsgesellschaft hat sich mit den Transferzahlungen freigekauft von weitergehenden Verpflichtungen – etwa der zur Reform des Schul- und Bildungswesens. Der PISA-Befund ist nur die sichtbarste Folge davon: Das deutsche Bildungssystem ist das undurchlässigste und schichtfixierteste in Europa. »Das Phänomen der Wohlstandsarmut hat Konsum- und Kulturoptionen geschaffen, die nicht aus sozialen Randlagen hinausführen, sondern sie eher noch verstärken. Beispielsweise ist Bücherlesen nicht teurer als die Playstation, aber die Effekte versäumter Lesefähigkeit können ein Leben lang ausgrenzen und den sozialen Aufstieg erschweren.«

Und was ist zu tun? Wie gelingt es, diese Menschen aus ihrer Lethargie zu holen? Wie lässt sich die strukturelle Trägheit bekämpfen? Man muss früh ansetzen – und deshalb ist Bildung der Schlüssel, argumentiert Paul Nolte: »Keine Bildungsdiktatur, aber mehr Einmischung statt Vernachlässigung und *Laissez-faire*-Politik können wir gebrauchen. Wir müssen uns von der Kultur der Beliebigkeit verabschieden und den Mut haben, Grenzen zu ziehen, Werte zu markieren.«

In der Theologie ist Trägheit die Ablehnung, sich mit allen geistigen Dingen zu beschäftigen, die eine Anstrengung erfordern, die Verzagtheit im Angesicht von Schwierigkeiten. Aber ist die moderne *acedia* nicht eine mehr als verständliche Haltung? Ist sie nicht der Gegenpol zur Hyperaktivität, zum »Rattenrennen«, zur Beschleunigung und zur Hyperkinese der heutigen Zeit? Sind Melancholie und Rückzug nicht geradezu eine notwendige Reaktion, eine würdige, geistvolle Haltung angesichts der Hektik und sinnlosen Betriebsamkeit? Sind Muße und Kontemplation nicht sinnvoller als der blinde Eifer der Macher?

Der spirituell Träge erfindet mit erstaunlicher Einfallskraft immer neue Gründe, warum er nicht aktiv wird. In der säkularen Welt entspricht dies dem Abwehrmechanismus der Rationalisierung. Die größte dieser Rationalisierungen ist die Behauptung, die Probleme dieser Welt seien so groß und kompliziert, dass es keinen Sinn hat, etwas zu unternehmen und alle Mühe ja doch vergeblich bleiben muss. Das ist die Weltsicht des trägen Zynikers, der sich als Zuschauer nur noch bittere, spöttische oder ironische Kommentare abringen kann – der Gedanke an Einmischung und Kampf erscheint ihm lächerlich. Das Leben ist absurd, die Welt schlecht, die Institutionen verrottet, die viel bemühten »Werte«

sind nur noch ein fadenscheiniger Deckmantel für Geschäfte und Interessen. Das Fatale ist, dass der Zyniker immer wieder in seinem Urteil bestätigt wird: Nichts ist deprimierender, als wenn Heuchler und Habgierige, Hochmütige und Geizige den anderen Werte predigen und sich als Verteidiger derselben ausgeben.

Trotzdem ist auch die permanente Akzentuierung des Kaputten und Hässlichen, des Korrupten und Falschen in dieser Welt auf Dauer nicht menschlich. Diese Haltung ist ein postmodern-manichäischer Glaube, dass alles den Bach runtergeht – nur ohne die asketische Disziplin der Manichäer. Trägheit heute ist ein gut ausstaffierter Eskapismus, der sich als desillusionierter Pragmatismus tarnt. Oder auch als »Systemtheorie für Faule«, wie Robert Misik es in der *tageszeitung* nannte: Ist doch egal, wer regiert, die Gesellschaft bestimmt die Gesellschaft. Man theoretisiert sich die eigene resignative Gemütlichkeit ganz luhmann'sch zurecht, um sich nicht mehr engagieren zu müssen. Eine andere Form des Eskapimus ist jene Zukunftsscheu, die sich mit der exzessiven Aufarbeitung der Vergangenheit tarnt. Diese Absorption durch die Zeitgeschichte ist ein Merkmal der gegenwärtig mittleren Generation und ihrer Repräsentanten in Politik und Wirtschaft. Die Unfähigkeit zu großen Würfen in der Gesellschaftspolitik und in der Neuorganisation der Arbeitswelt beispielsweise mag zu einem Gutteil auf eine mit großer Verzögerung wirksamen Nach-Denklichkeit über die Zivilisationskatastrophe des Dritten Reiches zurückgehen.

Macht es euch bequem!

In einem ganz banalen Sinne erweist sich – paradoxerweise – der allgemeine Hang zur Bequemlichkeit und zum Komfort als Stimulans für Erfindungen und Innovationen. Die sitzende Gesellschaft hat die Notwendigkeit körperlicher Arbeit weitgehend ausgeschaltet durch die moderne Technik, die uns Arbeit abnimmt. Maschinen, Haushaltsgeräte, das Auto, Fertiggerichte, *(convenience food)*, Lifte. Selbst die Fitness-Verrückten fahren mit dem Auto zu ihrem Sportstudio. Anstrengende körperliche Arbeit ist passé, deshalb müssen wir sie im Fitness-Studio simulieren und die fehlende Muskelanspannung kompensieren, wenn wir der körperlichen Erschlaffung vorbeugen wollen. Dabei zeigt sich ein Trägheits-Fleiß-Paradox der besonderen Art: Das schweißtreibende Streben nach körperlicher Fitness ist häufig eine Flucht vor geistiger Anstrengung, vor einer Auseinandersetzung mit sich selbst. Die mitunter masochistischen Exerzitien der neuen Körperreligion sind Übungen der Selbstvergessenheit – man weicht der unangenehmen, weil zu Zweifeln und Selbstkritik führenden Begegnung mit sich selbst aus. Die Kasteiung des Körpers wird selbst zu einer Art neuer Spiritualität. Der Theologe Henry Fairlie schreibt spöttisch über all die Ausweich-Bewegungen und Versuche, die eigene Fitness zu einem Akt der Spiritualität zu überhöhen: »Wer sein Tennisspiel verbessert, verbessert nur sein Tennisspiel. Er verbessert nicht seine Seele, selbst wenn er mithilfe von Zen trainiert hat.«

Die existenzielle Lethargie und die resignierte Gleichgültigkeit von heute, in denen wir die alte Todsünde der spirituellen Verzagtheit wiedererkennen, werden vermutlich auch durch eine zu hohe (und entsprechend enttäuschte) Erwartung an den »Sinn des Lebens« verursacht. Die Sinnfrage treibt uns Postmoderne vielleicht noch mehr um als die Menschen zu anderen Zeiten: Wir fragen uns, ob dieses Dasein einen Sinn hat und worin der wohl liegt, wir fürchten, dass es keinen haben könnte. Wir fragen uns aber auch, ob man überhaupt nach einem Sinn suchen und fragen soll, denn in dieser Frage könnte, nach Sigmund Freud, das Symptom für ein Gestörtsein erkennbar werden. Oder sollen wir es mit Viktor Frankl, Erfinder der Logotherapie, halten, der im Sinn das Lebenselixier schlechthin sah: »Wer ein Wozu hat, erträgt jedes Wie.«? Zwischen Nihilismus und Existenzialismus, zwischen religiöser Gewissheit und säkularen Werten suchen wir nach Sinn – und tun uns sehr schwer damit. Die Rede vom Sinndefizit, wenn nicht gar vom Sinnverlust (auch: Verlust der Mitte), gehört zum Standard aller Versuche, die Befindlichkeit des modernen Menschen zu erklären.

Lethargie durch zu viel Sinnerwartung

In der wissenschaftlich entzauberten Welt haben die alten Sinnproduzenten Religion, Philosophie und Tradition ihre Autorität weitgehend verloren. Zwar erlebt die Wissenschaft eine gewisse Konjunktur als neuer Sinnproduzent, aber die Zweifel mehren sich, ob sie nicht mehr Probleme aufwirft, als sie erklären oder gar lösen kann. Manche versuchen, dieses Vakuum zu füllen mit der Hinwendung zu mehr oder weniger exotischen Sinnsurrogaten und Religionsimporten, vom Buddhismus bis zur Kabbala. Mystische Erfahrungen im Wochenendworkshop oder Instant-Erleuchtungen und Gemeinschaftserlebnisse in religiösen Gruppen sind Versuche, die Leere zu füllen und den Hunger nach Sinn zu stillen.

Die gängigsten Sinnsurrogate jedoch sind heute Wohlstand, Genuss, Zerstreuung, Geld, Erfolg, Prestige, Wachstum. Aber sie unterliegen einer fatalen Steigerungslogik, wenn sie das Sinnvakuum füllen sollen: Wir brauchen immer mehr davon, damit der Phantomschmerz der Sinnleere gemildert werden kann.

Dieses Mehr, die Anhäufung von Surrogaten, nennt der Philosoph Odo Marquard den »Kummerspeck des Sinndefizits«. Muss man sich diesen Speck wirklich anfressen? Was wäre der Ausweg? Die Sinn-Nachfrage ist offenbar zu groß, meint Marquard. Wir leiden an zu viel Sinnerwartung. Nicht der Sinn fehlt – der lässt sich durchaus finden – unsere Ansprüche an ihn sind zu hoch. Er lässt sich, wie das Glück, nicht direkt anstreben, herbeiführen, erzwingen. Er stellt sich beiläufig ein, wenn wir uns an die *nächsten* Dinge machen, anstatt permanent über die *letzten* zu grübeln: »Gott hat die Sinnfrage subsidiär geregelt.« Das, was wir gemeinhin für Umwege halten, ist der direkte Weg zum Sinn: Die Bewältigung des Alltags in Beruf und Familie, die Beschäftigung mit Staat, Kunst oder Wissenschaft, das Aktivwerden aus Pflicht *und* Neigung, alltäglich praktizierte Mitmenschlichkeit – all das verschafft Sinn. Lebensbejahung ist nicht abhängig von einer Perfektion des Überbaus, den wir unserem Leben geben, auch nicht von absoluten Sinnbeweisen. Jeder Perfektionismus in Sinnfragen ist von Übel, denn er führt in endlose Grübeleien, in die Frustration – und schließlich in die moderne Form der *acedia:* existentielle Verzagtheit.

Es empfiehlt sich vielmehr, die eine Sinnfrage in Sinnfragen zu zerlegen – Sinn ist offenbar nur im Plural zu haben. Das Ensemble der alltäglichen Pflichten und Gewohnheiten ist das, was uns trägt und stabilisiert. Auch die kleinen Antworten sind wertvoll, und der Segen von Routinen und Ritualen wird gerade wieder entdeckt als ein Gegengift zum lähmenden Gefühl der Sinnlosigkeit. Darin liegt die Weisheit des Camus-Satzes: »Wir müssen uns Sisyphus als einen glücklichen Menschen vorstellen.« Der Stein, den Sisyphus den Berg hinauf wälzt, ist der Stein der Weisen. Weil es keinen absoluten Sinnbeweis gibt, lässt sich auch Sinnlosigkeit nicht absolut beweisen – die Lebensklugheit gebietet deshalb: Im Zweifel für das Leben! »Das Beste ist, nicht geboren zu werden«, meinte der antike Philosoph Silen. »Aber wem passiert das schon?«, ergänzte Alfred Polgar.

Das Problem unserer Zeit scheint neben der drohenden geistigen und körperlichen Erschlaffung die Große Müdigkeit zu sein, die uns befallen hat. Das Gefühl der kollektiven Erschöpfung eint alle Schichten, ein subjektives Empfinden, müde, ausgebrannt und ausgetrocknet zu sein. Dieses Motiv der Ermüdung taucht in Abständen immer wieder auf, vor allem in Wende- oder Übergangszeiten: von Oswald Spenglers *Untergang des Abendlandes* bis zu den heutigen Büchern, die das »Ende« von irgendetwas im Titel führen – das Ende der Arbeitsgesellschaft, das Ende der Geschichte, das Ende der Moderne ... Das »alte« Europa pflegte seine Hypochondrie schon immer auf besondere Weise. So, wie die Romantik eine Reaktion auf die Industrialisierung war, so erscheint die Neoromantik unserer Tage als angemessene Reaktion auf die Globalisierung, Ökonomisierung und Beschleunigung: der Flirt mit der Verweigerung, mit der Melancholie, neuerdings mit einer irgendwie gearteten und von Zweifeln unangekränkelten »Unbedingtheit«, die man beispielsweise in der Spiritualität »unbeugsamer« Hardliner wie dem letzten und dem neuen Papst zu erkennen glaubt.

Wie lassen sich die resignative Lähmung und die Gleichgültigkeit überwinden? Thomas von Aquin predigte in seiner *Summa Theologica* gedankliche Disziplin als Gegenmittel gegen die verführerische Erschlaffung: »Je mehr wir an die spirituellen Güter denken, desto schöner erscheinen sie uns, und die Apathie weicht von uns.« Die Therapie der Trägheit besteht in einer frühen Form der Imagination, des mentalen Trainings und der Bildmeditation: Was wir uns vor das geistige Auge holen, hilft uns, das therapeutische Ziel zu erreichen.

Im theologischen Denksystem war eben nicht Fleiß, sondern *fortitudo*, Tapferkeit, die Tugend, die der *acedia* entgegengestellt wurde. Diese Tapferkeit sieht Jean Baudrillard heute in einem »spielerischen Stoizismus, der die Welt durch eine Gleichgültigkeit besiegt und verführt, die der ihren zumindest ebenbürtig ist«.

Völlerei

Gula

Die Höllenstrafe: Ratten, Kröten und Schlangen fressen.

»*Eldorado, Atlantis, Avalon. Menschen brauchen Utopien, um eine schlechte Wirklichkeit zumindest in der Vorstellung zu konterkarieren. Die deutsche Ausformung dieses Wunschdenkens heißt Schlaraffenland, dessen Wiedergänger ist die Grüne Woche ...
Auch in der Gegenwart, da den Körperfetischisten der Body Mass Index wichtiger ist als der DAX, gelten dem Schlemmen Sehnsüchte ...
Das Schlaraffenland etabliert in karnevalesker Verkehrung eine Sozialhierarchie, an deren Spitze die Faulsten stehen. Ein Recht auf Faulheit aber gibt es laut Cherub Schröder nicht. Insofern scheint es, als ob die Mär vom Schlaraffenland eher eine Warnutopie denn der Vorschein aufs Paradies sei. Dass der Mythos dennoch, zumal in Deutschland, so wirkungsmächtig wurde, lässt sich damit erklären, dass – geprägt durch sinnenfeindlichen Protestantismus – ein gestörtes Verhältnis zur Leiblichkeit üblich geworden ist. Immerhin lässt sich dieses Defizit durch das seuchenunabhängige Faible der Deutschen für Fleisch kompensieren ...
Ein Faible, dem mehr an Quantität denn an Qualität liegt. Es lebe billig!
... Der Franzose gilt als Gourmet, der Deutsche als Gourmand. Beim Besuch der Grünen Woche will er Franzose und also Feinschmecker sein. Und doch schlägt in ihm der Vielfraß durch, der alles probiert haben muss, bevor er sich in einer Mixtur aus Ekel und Stolz von jenem Zerrbild abwendet, das ihm am Messeausgang aus dem Spiegel entgegenquillt: Die Bewohner des Schlaraffenlandes sind wir.*«

Hendrik Werner

Völlerei ist im theologischen Verständnis die niederste, weil tierähnlichste der sieben Todsünden. Und wenn man ihr verfallen ist, dann erweist sich das Große Fressen, ob für Christen oder für Nicht-Christen, als das verräterischste aller Laster: Die anderen Sünden kann man mehr oder weniger gut tarnen, durch Heuchelei und Verstellung oder indem man ihnen im Verborgenen frönt. Zwar kann man auch *heimlich* übermäßig essen und trinken, aber die *Folgen* dieses Lasters sind auf Dauer unübersehbar.

Völlerei macht in den meisten Fällen ganz einfach dick. Der Körper verrät das Laster. Die »horizontal Herausgeforderten« finden zwar eine Vielzahl von Euphemismen und Ausreden für ihre Körperformen, aber sie müssen auch die abwertenden Etiketten oder die Vergleiche mit bestimmten Tieren ertragen, die ihnen die Umwelt gibt. Ob »stattlich« oder »fett«, ob »adipös« oder gar »elefantös«: Das Runde überwiegt, im Gesicht und anderswo, die Wampe quillt über den Hosenbund, die Figur erreicht »Übergrößen« und muss in Kleidung der XXL-Kategorie gehüllt werden.

So einfach die Diagnose »Völlerei« aufgrund der körperlichen Konsequenzen sein mag, so kompliziert und widersprüchlich ist ihre Kulturgeschichte. Sie ist, etwas überraschend, die einzige der Todsünden, die nicht schon in der Bibel verdammt und mit Strafandrohung belegt wird. Im Alten wie im Neuen Testament wird durchaus oft und gerne gegessen – immer wieder wird von festlichen Gastmählern, Hochzeiten, picknickähnlichen Speisungen erzählt; und nicht zuletzt die Feier des Abendmahles weist auf eine relativ unbelastete biblische Einstellung zum Essen hin: Nirgends findet sich ein Hinweis darauf, dass der Genuss an sich verpönt ist oder als sündig erachtet wird. Jesus übertritt sogar die strengen Ernährungsregeln des Judentums und sagt ausdrücklich, dass nichts von dem, was in den Mund hineingeht, den Körper oder die Seele »verunreinigen« könne, sehr wohl aber das, was dieser Mund spricht.

»Die Mutter aller Lust«

Erst fünf Jahrhunderte nach Christus entdecken der Erfinder der sieben Todsünden, Evagrius von Pontus, und mit ihm die ersten christlichen Mönche und Asketen das sündige Potenzial des übermäßigen Essens. Sie erkannten im maßlosen Genuss vor allem eine spirituelle Grenzüberschreitung. Für Evagrius war Völlerei sogar »die Mutter der Lust, die Nahrung übler Gedanken, das Gefäß der Krankheit, die Verbündete der Wollust, die Vergiftung des Geistes, die Schwäche des Körpers, der düstere Tod ...«

Zusammen mit der Wollust zählt die Völlerei von nun an zu den so genannten »Sünden des Fleisches«. Nun sind aber Hunger und sexuelle Lust für das Überleben des Menschen unabdingbare Instinkte, deren Macht über den Menschen selbst die strengen, leibfeindlich gesinnten Kirchenväter und Mönche anerkennen mussten. Das Besondere an diesen Sünden des Fleisches ist, dass sich in ihnen biologische Notwendigkeit und sinnliche Lust treffen und nahezu untrennbar miteinander verkoppelt sind: Die empfundene Befriedigung hält das Verhalten überhaupt erst im Spiel (Psychologen würden von »Verstärkung« oder »Bekräftigung« sprechen). Der Lustgewinn, den Essgenuss und Sex verschaffen, sichert den Fortbestand des Individuums und der Art. Deshalb kreisen die theologischen Spitzfindigkeiten, nachdem ein Sündengehalt in beiden Verhaltensweisen entdeckt war, lange um die Frage, wie sich das Vergnügen am Notwendigen auf ein Minimum reduzieren und sich diese Reduzierung theologisch rechtfertigen ließe. Selbst der halbe Apfel, den Adam vom Baum der Erkenntnis im Paradiesgarten aß, diente als Beweis dafür, dass die Sünde der Völlerei von Anfang an im menschlichen Spiel gewesen sei, und auch Noahs Trunkenheit wurde herangezogen, um die Gefahren der oralen Laster zu dokumentieren. Im Eifer, die Völlerei zu diskreditieren, wurde sie auch dem verlorenen Sohn als eine seiner schwersten Sünden angekreidet. Diese krampfhaften Bemühungen, die Lust an der Nahrungsaufnahme schon früh als sündhaft zu markieren, überzeugten selbst einige ihrer Erfinder wenig, denn sie kollidierten mit gewichtigeren theologischen Befunden. So lag im Falle Adams und des verlorenen Sohnes die Sünde eindeutig weniger im Essgenuss als in der Rebellion, im Ungehorsam gegenüber der väterlich-göttlichen Autorität.

Worin auch immer die besondere Schwere des Vergehens gesehen wurde – die Völlerei war nun unwiderruflich im Sündenkatalog verankert. Sie stand den asketischen Lebensstilen und den ganz aufs Jenseitige gerichteten Idealen der frühen Christen entgegen. Aber so »tierisch« und niedrig das Laster auch erschien, es zeigte sich bald, dass Völlerei keineswegs eine einfach zu bekämpfende Angelegenheit war. Cassian, ein Mönch und Theologe des 4. Jahrhunderts, war davon überzeugt: Um die Völlerei in Schach halten zu können, bedürfe es ganz besonderer, komplexer Techniken. Für Cassian, der ein kämpferisches Christentum vertrat, war die Todsünde der Völlerei eine Art Sparringspartner – ein Feind, den man immer wieder niederringen musste, um als »Athlet Christi« im Training zu bleiben: »Der erste Kampf, den wir bestehen müssen, ist der gegen die Völlerei, denn wir können den Kampf um den inneren Menschen nicht gewinnen, wenn wir ihn nicht zuvor vom Laster der Völlerei befreit haben.«

Warum war das frühchristliche Misstrauen gegen den Genuss am Essen so groß, dass er in den Rang einer Todsünde erhoben wurde? Was macht das so harmlos scheinende Vergnügen des Essens, selbst wenn ihm im Übermaß gefrönt wird, so gefährlich und verderblich für die Seele? Wem schadet denn der Esser? Ist er nicht eher ein friedlicher, geselliger Zeitgenosse, sind nicht die gemütlichen Dicken so ganz anders als die Habgierigen oder die Zornigen?

Es ging den Kirchenvätern weniger um die Menge des Gegessenen, und schon gar nicht um ästhetische oder gesundheitliche Probleme, die das übermäßige Essen nach sich zieht, sondern um die innere Haltung, mit der sich ein Vielfraß an den Tisch setzt. Thomas von Aquin erkannte im »unangemessenen Appetit beim Essen und Trinken« vor allem die *grundsätzliche Maßlosigkeit*, die »von der vernünftigen Ordnung des Lebens abweicht, in der das moralisch Gute zu finden ist«. Die Völlerei ziehe zudem »Tochtersünden« nach sich – etwa »unangemessene Freude, Lautheit, Unreinlichkeit, Geschwätzigkeit, Abstumpfung des Geistes«. Umgekehrt bringe die Mäßigung an sich schon eine spirituelle Erhebung, denn sie stärkte die Kräfte der Beherrschung. Augustinus sah im Genuss das eigentlich korrumpierende Element. Seine Folgerung: Wenn man schon essen muss, um bei Kräften und gesund zu bleiben, so soll es doch keinen Spaß machen!

Was ihm das Genießen so verdächtig machte, war: Der essende Mensch, zumal der schlemmende und maßlos schlingende, fällt auf seine animalische Stufe zurück. Als Gottes Ebenbilder jedoch sollten wir so wenig animalisch wie nur möglich sein. Mit dieser Auffassung schließt das frühe Christentum eng an die platonische Lehre und ihren Dualismus von Geist und Körper an – auch für Plato war der Körper das Geringere von beiden. Und auch bei Aristoteles finden sich abwertende Bemerkungen über das Essen – er maß dem Schmecken einen geringeren Wert bei als den anderen Sinnen.

Das Große Fressen: ungesund und unästhetisch

Der Genuss beim Essen bedeutet in frühchristlich-theologischer Sicht also immer eine Schwächung oder Vernachlässigung der wichtigsten Gaben, die Gott uns gegeben hat, nämlich von Vernunft und Willen. Wer sich den Gaumenfreuden hingibt, lässt sich von den wesentlichen Dingen des Lebens ablenken, als da sind: Beten, Denken, Meditieren, Spiritualität.

Übermäßiges Essen ist, und nun kommt doch noch die Gesundheit ins Spiel, auch ein mutwilliger Frevel am Körper, denn die Völlerei schädigt ihn langfristig. Der Christ hat die Pflicht, gesund zu bleiben – um Gott mit allen Kräften dienen zu können. Völlerei ist außerdem eine so schwer wiegende Sünde, weil sie ein Einfallstor für viele andere Laster und Sünden ist: Wer viel isst, frisst anderen auch etwas weg – er ist egoistisch und selbstbezogen (was in früheren Zeiten, in denen oftmals Mangel herrschte, ein stichhaltiges Argument war). Völlerei macht einsam, selbst wenn am Tisch mehrere Mitesser oder Zechkumpane sitzen. Wenn Essen und Trinken das Wichtigste werden, ist die Gesellschaft nur ein Vorwand, die Geselligkeit Schein. Abgesehen davon, dass der Vielfraß häufig auch zu viel trinkt, macht ihn das übermäßige Essen träge, dumm, gleichgültig und passiv. Wer sich voll stopft, vergisst Gott, und indem er sich so viele Lebens-Mittel einverleibt, versucht er zudem, seine eigene Sterblichkeit zu verleugnen.

Das Schauspiel eines großen Fressens hat etwas Faszinierendes und Abstoßendes zugleich. Das wird jeder bestätigen, der den gleichnamigen Film in Erinnerung hat, in dem sich Michel Piccoli und seine Freunde bis zum Exitus mästen. Mit einiger innerer Distanz zusehen zu müssen, wie jemand unablässig etwas in die Öffnung seines Mundes hineinstopft, wie er schmatzt, mampft, kaut, schluckt, nachspült, aufstößt, schwitzt, kann den Appetit nachhaltig verderben. Nicht von ungefähr sind die theologischen Traktate wider die Völlerei auch angereichert mit drastischen, Ekel erregenden Beschreibungen der körperlichen Vorgänge beim Essen. Immer wieder werden die unappetitlichen Begleiterscheinungen der Völlerei – wie etwa das Schmatzen, Rülpsen und Furzen – geschildert.

Es blieb also nicht bei der Verdammung des Animalischen – wer maßlos frisst, versündigt sich auch an der Ästhetik. Wie jede Todsünde ist die Völlerei auch eine Sünde der Lieblosigkeit und Blindheit, eine Entfremdung besonderer Art: Sie würdigt die *Schönheit* der Schöpfung herab, indem sie sich ihr gegenüber achtlos, gleichgültig und egoistisch verhält. Der Stolz hat nur Augen für die eigene Schönheit, der Neid erträgt die Schönheit eines anderen erst recht nicht, die Wut zerstört, was sie nicht besitzen kann, der Trägheit mangelt die Energie, Schönes zu genießen, der Geiz sieht in ihr nur das eigene Spiegelbild, die Wollust konsumiert die Schönheit nur – und die Völlerei zerstört und verschlingt alles, was sie berührt. Das Symbol dieser Sünde ist deshalb die zerstörte Schönheit: die abgefressene Tafel, das verwüstete Buffet, die traurigen Reste eines gigantischen Fressens. Wer sich dem Exzess hingibt, wird unachtsam für das Leben und seine Schönheiten, er verengt und beschränkt sein Dasein auf sein Laster. Der Vielfraß wird deshalb in der frühen christlichen Literatur häufig dem Toren und dem Faulpelz gleichgestellt. Die gewohnheitsmäßige Übersättigung brütet zudem Langeweile aus, die verzweifelt immer neue Reize und Kitzel suchen muss. Der Theologe Henry Fairlie schreibt: »Unsere Gesellschaften mögen auf Habgier aufgebaut sein, aber sie reduzieren uns als Menschen auf die Völlerei.«

Zu viel, zu fein, zu früh, zu gierig ...

Wie bei allen Todsünden machen die Sünder auch bei der Völlerei einen Teilaspekt des Lebens zum Mittelpunkt und Hauptzweck ihres Daseins. Der Exzess verdrängt allmählich alles andere und wird zum alles dominierenden Lebensziel, oder, in moderner Sprache: zum Lebensstil. Essen kann eine Quelle des Genusses, der Lebensfreude und der Kultur sein, es fördert Geselligkeit, Gemeinschaft und Freundschaft. Dem Vielfraß entgehen diese edlen Motive und Feinheiten jedoch – indem er sich auf die Quantität verlegt, verliert er die Qualitäten des Essgenusses. Er konzentriert sich aufs Verschlingen. Und er gewöhnt sich den Modus des gierigen Konsumierens und Hinunterschlingens auch jenseits des Tisches an.

Von Gregor dem Großen stammt die Liste der Kriterien, anhand derer sich die Sünde der Völlerei leicht erkennen und entlarven ließe: Der Sünde macht sich schuldig, wer *zu früh, zu fein, zu kostspielig, zu gierig oder zu viel* isst. Diese fünf Kriterien sind nicht nur ein Raster für den kritischen Betrachter, sie sollen auch dem inneren Beobachter und somit der Selbstkontrolle dienlich sein. Was bleibt von diesem Raster, wenn wir es auf die Situation des heutigen Menschen anwenden?

Zu früh hieß für Gregor den Großen, dass jemand die festgelegten Mahlzeiten nicht abwarten kann und schon vor der Zeit isst. Heute würden wir dies unter Umständen als vernünftige Verhaltensweise ansehen, es entspricht dem *grazing*, das manche Ernährungsexperten empfehlen: Es ist bekömmlicher und gesünder, ein paar kleinere Mahlzeiten oder Snacks zwischendurch zu sich zu nehmen, auch im Sinne einer leistungsförderlichen Energiezufuhr, als den Magen bei den großen Mahlzeiten zu überladen. Aber auch wer aus Vernunftgründen »zu früh« isst, muss sich die Frage nach dem vernünftigen Maß stellen. Der »kleine Hunger zwischendurch« verführt zum *Snacken*, und viele erliegen zu häufig den permanenten Verführungen zu Süßigkeiten und anderen Klein- und Zwischenmahlzeiten, die heute reichlich und überall angeboten werden. Besonders fatal ist es, wenn zusätzlich volle Hauptmahlzeiten konsumiert werden.

Zu fein: Die Verfeinerung des Essens zählen wir, anders als die frühen Christen, zu den großen Kulturleistungen. Und die moderne Theologie würde sich nicht mehr dazu versteigen, die Veredelung von Nahrungsmitteln, das Würzen und kunstvolle Zubereiten als sündig abzustempeln. Was allerdings noch kulturell wertvolle Raffinesse ist und was schon unsinnige, unmäßige oder perverse Überspanntheit – diese Unterscheidung treffen zu können ist auch heute noch der Grat, der Genuss von Sünde trennt. Ein Gericht mit echtem Blattgold zu verzieren oder exotische Tiere oder Früchte mit riesigem logistischem Aufwand herbeizuschaffen, um den Gaumen gelangweilter »Feinschmecker« zu kitzeln, grenzt auch aus Sicht moderner Küchenkunst ans Gregorianisch-Sündhafte. Der wahre Gourmet ist heute jedoch sehr empfindlich für die Distinktionen, etwa zwischen protzigem Neu-Reichtum, der sich in aufwändigen Fressinszenierungen beweisen muss, und wahrer Kennerschaft, die mit frugalen Elementen in der Zubereitung spielt, um den Wert und den Eigengeschmack bestimmter Nahrungsmittel hervorzuheben. Er kennt zudem die Dialektik von *einfach* und *raffiniert* und schätzt das Gefälle zwischen beidem als notwendiges Kontrasterlebnis zur Genusssteigerung.

Zu teuer: Wer ständig »sündhaft« teuer isst, ohne zu bedenken, dass Hunger immer noch ein Problem dieser Welt, sogar dieser Gesellschaft ist, handelt mehr als gedankenlos. Es ist heute eher der Ausweis mangelnder sozialer und kultureller Sensibilität, aber auch von Egoismus und Eitelkeit, immer »nur das Beste« konsumieren zu wollen. Ansonsten aber ist »teuer« heute kein Kriterium mehr fürs Sündhafte. Die Ausgaben für Lebensmittel, gemessen am Pro-Kopf-Nettoeinkommen sinken in Deutschland seit Jahren. Fürs Essen wird immer weniger ausgegeben, im Vergleich zu anderen Gütern – ein Trend, der in Deutschland schon immer besonders ausgeprägt war.

Bleiben *zu gierig* und *zu viel:* Diese beiden Kriterien gelten dem Stil und der Menge des Essens. An ihnen gemessen ist die Völlerei heute noch sehr lebendig und weit verbreitet. Die verzehrten Quantitäten und die Gier, mit der gegessen wird, sind, wenn auch nicht mehr Todsünde, so doch Ursache für zahlreiche Probleme nicht-spiritueller Art.

Statussymbol »demonstratives Schlemmen«

Das Essen wurde immer wieder als Statussymbol eingesetzt. Aus dem intimen, privaten Vorgang der Nahrungsaufnahme haben die Mächtigen eine Gelegenheit zur Demonstration von Reichtum, Kultiviertheit und Überfluss gemacht, eine Entwicklung, die von den Gelagen der Antike über die Renaissance-Inszenierungen der Medici und die verschwenderischen höfischen Orgien des Barock bis zu den Zeremonien in den Fresstempeln unserer Zeit reicht. Der amerikanische Soziologe Thorstein Veblen hat in seiner *Theorie der feinen Leute* begründet, wie und warum auch das Essen eine Möglichkeit der Status-Darstellung wurde: Erst im *demonstrativen Genuss* vor möglichst vielen Zeugen lässt sich der eigene Erfolg, namentlich die Arriviertheit der Neureichen, bekräftigen. Das aufwändige, luxuriöse Essgelage ist ein Beweis für Reichtum, Macht und Lebensart und soll den Neid wecken: Seht her, was ich mir leisten kann, seht, was für ein Genießer ich bin! Bei diesem neureichen Kult ums Essen geht es weniger um das animalische Genießen und Schlemmen an sich, das im Grunde keine Mitesser oder Zeugen braucht. Die Sünde der Völlerei schlägt im *demonstrativen Genuss* um in die Sünde des Hochmuts. Der Überfluss an Nahrung und ihre raffinierte Zubereitung und kostspielige Stilisierung ist *eine* Möglichkeit, »symbolisches Kapital« (Pierre Bourdieu) anzuhäufen, das dem Distinktionsgewinn dient – der Überhebung über weniger Glückliche, weniger Genussbegabte, weniger Arrivierte.

Das Urbild dieser Völlerei aus Geltungssucht ist die *cena Trimalchionis*, das Muster der spätrömischen Dekadenz und das Vorbild aller sündigen Bankette und Fressorgien. Der Neureiche Trimalchio, ein freigelassener Sklave, lädt zu einem Gastmahl, bei dem die Phantasie der Köche sich in abenteuerlichen Kreationen austobt. F. Scott Fitzgerald wollte seinen Roman *Der große Gatsby* zunächst nach diesem Gelage der Emporkömmlinge benennen, sah aber davon ab.

Im »Normalfall« jedoch waren die Gastmähler, Symposien und Bankette der klassischen Antike ein wichtiges soziales und kulturstiftendes Element. Erst die zunehmenden Exzesse der Heiden während des Niedergangs des Römischen Reiches erregten den Ekel und den Abscheu der frühen Christen und erleichterten die eigene Askese. In der mönchischen Kultur wurde der Körper schließlich immer mehr zum Feind. Franziskus von Assisi streute Asche über seine Speisen, um ihnen den Geschmack zu nehmen. Der Benediktinerorden hat das klösterliche Essen, die Zeiten und Mengen minutiös in seinen Regeln fixiert und auch Ausnahmen und Besonderheiten vorgesehen – etwa bei schwerer körperlicher Arbeit oder Krankheit. Im Wesentlichen ging es aber darum, vom eigentlichen Essgenuss abzulenken, etwa indem während der Mahlzeiten aus der Heiligen Schrift vorgelesen wurde.

Und dennoch war die Esslust auch und gerade im klerikalen Milieu nicht zu unterdrücken. Der feiste, bierbrauende Mönch, der allerlei Tricks ersinnt, um den Fastengeboten zu entgehen, oder die Pfarrersköchin, die ihren Monsignore mästet, sind beliebte Witzfiguren der volkstümlichen und der großen Literatur. Bei aller dogmatischen Strenge, wenn es um Völlerei ging, wurden von der Kirche doch gelegentliche Exzesse toleriert. Völlerei ist ab einem gewissen Grad eine Sünde. Von Urzeiten an bis weit in die Neuzeit waren Hungersnöte keine Seltenheit und der Mangel für die Massen der Normalfall, und selbst wenn es gute Zeiten gab, so waren sie oft kurz: die Menschen aßen dann so viel, wie sie nur konnten, solange die Vorräte reichten. Über weite Strecken der

Menschheitsgeschichte war das *Schlaraffenland* der vorherrschende Paradies-Mythos – eine Welt, in der man immer satt sein konnte, eine Welt des Überflusses. In den Gemälden Pieter Breughels etwa wird diese Spannung zwischen Not und Exzess deutlich. Das Paradies ist nichts anderes als ein Ort, an dem kein Mangel herrscht; es war, zumal in der Mythologie der Wüstenvölker, eine Oase, in der Milch und Honig fließen.

Noch Martin Luther, der von seinen Kritikern auch »das sanfte Fleisch von Wittenberg« genannt wurde, aß und trank sichtbar gerne. Der erfolgreiche Protestantismus jedoch förderte eher einen Lebensstil, der sich durch Frugalität, Sparsamkeit auch beim Essen und durch besondere Sinnes- und Leibfeindlichkeit auszeichnete. Völlerei war nie eine protestantische Sünde – und im heraufziehenden Kapitalismus auch als Schwestersünde der Faulheit verpönt. Der Film *Babettes Fest* zeigt, wie protestantische Frugalität und Lustfeindlichkeit und katholische Esskultur aufeinanderprallen. Sieger dieses Konfliktes ist eine französische Köchin, die in ihrem nordischen Exil den dänischen Haferbrei- und Stockfischessern beibringt, was Genuss und Verfeinerung ist – und vor allem: wie leicht ein gutes Essen die verstockten und vertrockneten Herzen öffnen kann.

Endstation Schlaraffenland

Bis weit in die Moderne hinein machte Dicksein neidisch, denn Dicke waren offensichtlich reich. Die Masse der Menschheit jedoch hungerte sehr oft oder musste sich mit sehr frugalem Essen begnügen. Nur selten konnten sie über die Stränge schlagen, und in der Regel galt: Den Brotkorb hoch hängen, den Gürtel enger schnallen, Schmalhans ist Küchenmeister! Der Preis des Brotes löste Revolutionen aus. Als Marie Antoinette gesagt haben soll: »Die Armen haben kein Brot? Dann sollen sie doch Kuchen essen!«, stürmten die hungrigen Pariser die Tuilerien.

Der Prozess der Zivilisation, wie ihn Norbert Elias beschrieben hat, bändigt mehr noch als die kirchlichen Vorschriften die animalischen Exzesse der Nahrungsaufnahme. Seit der höfisch und feudal geprägten Gesellschaft des ausgehenden Mittelalters bis in die Neuzeit prägen Verfeinerung und Disziplinierung die Tischsitten. Das wilde Fressen mit den Händen, das Hinunterschlingen riesiger Berge von Fleisch, das Hinunterstürzen von Humpen voller Wein und Bier war vorbei – von gelegentlichen Rückfällen abgesehen. Die Erfindung der Gabel symbolisiert diesen Fortschritt. Sie ist in erster Linie ein Instrument der Distanzierung, das heißt, es entsteht eine zivilisierende, mäßigende Distanz zwischen dem Körper und den Objekten, die er sich einzuverleiben gedenkt, aber auch eine Distanz zu denen, die früher ein Stück vom selben Braten heruntergerissen. Die Begierde, das Markenzeichen der Völlerei, wird mehr und mehr gebändigt durch Rituale und Regeln, die Serviette wird bei Hofe eingeführt, »damit nit schmaltzig machst den Wein«. Man schnäuzt sich auch nicht mehr ins Tischtuch, das Taschentuch war erfunden. Und man schläft – zumindest bei den Reicheren – auch nicht mehr im selben Bett. Die differenziertere höfische Gesellschaft erzwingt die Domestizierung des Animalischen, Triebhaften, Impulsiven – auch und gerade beim Essen.

Aber auch heute bleibt die evolutionäre Wurzel der Völlerei auf fatale Weise virulent – mehr denn je. Norbert Elias' Lehre von der zunehmenden Verfeinerung und Distanzierung wird heute teilweise widerlegt. Im Zeichen einer »Neuen Natürlichkeit« und weil Regressionen auch beim Essen als lustvoll empfunden werden, wird die Nahrungsaufnahme wieder entritualisiert: *Finger Food* und Fastfood bezeichnen die Rückkehr archaischer Essgewohnheiten – wir essen mitunter gerne wieder so wie in der Steinzeit.

Was das Essen betrifft – seine Vielfalt, seine Verfügbarkeit, seinen Überfluss –, so sind wir längst in einem irdischen Paradies, im Schlaraffenland angekommen. Die Supermärkte mit ihrem immensen Angebot an Nahrungsmitteln und die Fastfood-Restaurants und Imbiss-Stuben an jeder Ecke sind Zeichen dafür, dass wir an Mangel nicht nur nicht mehr zu denken brauchen, sondern uns im Gegenteil ständig neuer Anreize zum Essen erwehren müssen. Die Erfindung des Buffets, beispielsweise, war eine wichtige Etappe in der Geschichte des Essens und der Völlerei: Der alte Menschheitstraum vom *all-you-can-eat* ist Wirklichkeit geworden. Der nie da gewesene Überfluss an Nahrung in den reichen Staaten grenzt an Nötigung.

Wir sind in allen Etagen der Gesellschaft fast permanent auf die eine oder andere Weise mit dem Essen beschäftigt. Das Essen ist zur Obsession geworden – weit über die Nahrungsaufnahme selbst hinaus. Wenn man das Wort Völlerei heute noch benutzen will, so muss es auf die ständige mediale, geistige und soziale Beschäftigung mit dem Thema Essen ausgedehnt werden. Wir *essen* nicht nur viel, vielfältig, überreichlich, exotisch, raffiniert, wir konsumieren auch TV-Kochsendungen, zelebriert von einer wachsenden Brigade von Fernsehköchen, wir kaufen Kochbücher, interessieren uns für die ethnischen Küchen und frequentieren längst nicht mehr nur den Italiener oder Griechen um die Ecke, sondern essen Sushi und Sashimi, Falafel und Bagels, Döner, Tandoori- und Wokgerichte. Thailänder, Vietnamesen, Koreaner und Pakistanis erweitern unseren gastronomischen Horizont und versorgen uns auch daheim mit Gaumenkitzeln, die wir als meisterhafte Touristen an allen Enden der Welt kennen gelernt haben.

Ist das nicht ein Segen? Ein Fortschritt? Ist exotische Vielfalt der Nahrungsmittel und die Menge des Angebots an Essen zu erschwinglichen Preisen nicht erfreulich? Ist nicht auch die Verfeinerung der Kochkünste durch das Vorbild der Meisterköche, die ihre Kenntnisse großzügig verbreiten, ein Zeichen für kulturellen Fortschritt und Gastfreundschaft? Es drängt sich der Verdacht auf, dass dies alles nicht dem zivilisatorischen Fortschritt oder dem vernünftigen, entspannten Umgang mit dem Essen dient, sondern andere Motive im Vordergrund stehen: Wenn Alfred Biolek das Zeug kostet, das seine semiprominenten Kochgäste zusammengerührt haben, und wenn er dann die Augen pflichtschuldigst verdreht und sein obligatorisches »Hmmmm! Lecker!« aus vollen Backen hervormümmelt, dann wirkt er eher wie der virtuelle Frustfresser der Nation und nicht wie ein Lehrmeister des Genießens. Und wenn Tim Mälzer, ein anderer aus der TV-Küchenbrigade, in seinem typischen Ratzfatz-Stil Kräuter hackt und Packungen mit Fertigsaucen aufreißt und sozusagen mit der Stoppuhr kocht, dann verkörpert er das McKinsey-Prinzip, das nun auch

Einzug hält in die Keimzelle aller Ökonomie – in Küche und Hauswirtschaft. Zeit ist Geld.

Es scheint, als ob die Völlerei heute in ganz besonderem Maße und sehr nachhaltig ihre irdische Strafe selbst hervorbringt: *Peccatum poena peccati* – die negativen gesundheitlichen, psychischen, wirtschaftlichen und ökologischen Folgen des übermäßigen Essens sind überdeutlich und überall erkennbar.

Jeder fünfte Deutsche ist heute fettsüchtig, weil er zu kalorienreich und zu süß isst und zu viele zuckerhaltige Getränke zu sich nimmt, konstatiert der Bund der Ernährungsmediziner, und er sieht »ein Riesenproblem mit stark übergewichtigen Menschen in immer jüngerem Alter« auf die Gesellschaft zukommen. Auf dem 71. Kardiologentag wurden die wirtschaftlichen Folgen des übermäßigen Essens beziffert: Die deutsche Volkswirtschaft erleide jährlich einen Schaden von 580 Millionen Euro durch die unmittelbaren Folgen des deutlichen Übergewichtes, und wenn man die »Begleiterkrankungen« mitberücksichtige, so stiege die Schadenssumme auf fünf Milliarden Euro.

Die Reichen sind schlank, die Armen dick

Beginnend im Rationalismus und während der Aufklärung, aber vor allem während der Industriellen Revolution hatte die Völlerei ihr Stigma verloren. Gut und reichlich essen wurde allmählich zum Symbol, zum Ausweis für Erfolg und Kultur, für Reichtum und Vitalität. Der Bauch wurde ein Statussymbol. Mäßigung war höchstens ein Thema im Zusammenhang mit Fragen um Gesundheit und langes Leben. Der Bauch galt als Symbol für den Erfolg bis noch in die sechziger Jahre hinein. Die Politikerporträts zeigen »gestandene Männer« wie Ludwig Erhard, Franz Josef Strauß, Carlo Schmid und andere. Auch beim weiblichen Geschlecht waren androgyn-anorektische Hungerhaken noch nicht das Ideal, sondern üppige, aus heutiger Sicht geradezu barocke Formen.

Das hat sich in unserer Zeit völlig umgekehrt: Heute ist Körperfülle verdächtig, sie gilt als der sichtbare Ausdruck von Willensschwäche, Undiszipliniertheit und immer häufiger auch mangelnder Bildung: Die Armen sind dicker als die Reichen. Die Zugehörigkeit zur Unterschicht prädestiniert zum Übergewicht.

Wenn ein Angehöriger der politisch Mächtigen auf geradezu anachronistische Weise dick ist, wie etwa im Fall des ehemaligen Bundeskanzlers Helmut Kohl, wird der wachsende Fettpanzer nicht als Beweis für Willensschwäche und Unbildung gesehen, sondern psychologisch interpretiert – als eine Art Selbstschutz gegen eine feindliche Umwelt. Der angefressene Fettpanzer, die schiere Masse soll Angriffe abprallen lassen und einschüchtern. Und beim früheren Außenminister Joseph Fischer erforderte das mehrmalige An- und Abschwellen der Körperfülle ebenfalls eine psychologisch-biografische Erklärung: Die wachsende Saturiertheit des Aufsteigers, der die Einsamkeit und den Stress der zugewachsenen Macht mit oralen Genüssen kompensiert, wandelte sich kurzfristig zum asketischen Lebensstil des modernen Managers, Marathonlauf inklusive. Die Metamorphose und das entsprechende Erweckungserlebnis werden publizistisch verbreitet, die Wandlungsfähigkeit als postmoderne Tugend zelebriert. Doch danach erwiesen sich Stress und orale Bedürfnisse wieder als stärker, Fischer schwoll wieder zu vollem Umfang an.

Trotz dieser Einzelfälle gilt: Körperfülle über ein bestimmtes Maß hinaus ist kein Beweis mehr für Erfolg und Vitalität – im Gegenteil. Schlankheit und Fitness sind das neue Statussymbol der Eliten und der Erfolgreichen, und die neue Körper- und Gesundheitsmoral ist Ersatzreligion und Religionsersatz. Unkontrollierter Hedonismus beim Essen, der in die gewohnheitsmäßige Völlerei und schließlich ins Dicksein führt, gilt als lebensverkürzend.

Das Essen ist heute prinzipiell eine Bedrohung, eine Gefahr für Leib und Leben, so propagiert es die neue gesellschaftliche Norm. Diese neo-asketische Haltung hängt auf vielfache Weise mit der Wende zusammen, die durch neoliberale Ordnungsvorstellungen und Umverteilungsvorhaben in Gang gesetzt wurde und die vor allem in der Gesundheitspolitik schon weit gediehen ist: Indem Übergewicht und Fettleibigkeit zu Risikofaktoren erklärt werden, und indem Studie auf Studie diesen Zusammenhang wissenschaftlich zu beweisen versucht, lassen sich die Gesundheitskosten auf ihre vermeintlichen »Verursacher« abwälzen: Wer sich nicht mäßigen kann, der soll wenigstens die Kosten tragen, die er durch seine »unvernünftige« Lebensweise verursacht.

Der Kampf gegen die Dicken – ein Klassenkampf?

Das Dicksein ist längst nicht mehr nur ein Thema der Frauenzeitschriften, sondern auffallend häufig auch der Wirtschaftspresse: *Financial Times, Economist* und *Business Week* ebenso wie *Handelsblatt* und *Wirtschaftswoche* widmen sich auffällig häufig dem »Problem der Fettleibigkeit« – fast immer mit dem Tenor: Die Gesundheitskosten explodieren, weil die Menschen zu undiszipliniert sind, sich zu wenig bewegen, sich verführen lassen. Und schließlich werden sie krank – und überfordern Gesundheitskassen. Der Kampf gegen die »Epidemie der Fettleibigkeit« nimmt immer mehr ideologische Züge an und soll der Hebel werden, um diese »Kostenlawine« auf die »Verursacher« zu lenken, etwa durch den Zwang zur privaten Vorsorge.

Was ist Propaganda und was ist Realität an diesem Bild der »übergewichtigen Nation«? Sind wir wirklich auf dem Wege zur massenhaften Verfettung oder ist das Übergewicht eine im Grunde ungefährliche, ästhetisch vielleicht nicht immer besonders schöne Nebenwirkung der immer besseren Ernährung? Die Experten streiten sich über die Interpretation der objektiven Daten. Sicher ist: Das reichliche Angebot an Nahrungsmitteln und die ständige Verfügbarkeit haben die durchschnittlich konsumierte Kalorienzahl nach oben getrieben – allen Schlankheitsidealen und allem Diätenwahn zum Trotz. Sicher ist auch: Die Nahrungsmittelindustrie und der Lebensmittelhandel gehören zu den wichtigsten und umkämpftesten Wirtschaftszweigen. Die Preiskämpfe im Handel und der Erfindungsreichtum bei der Kreation und Vermarktung immer neuer Gaumenreize – man könnte auch sagen: die systematische Ausbeutung des menschlichen Appetits – beweisen, dass die gute alte »Völlerei« ein Wirtschaftsfaktor ersten Ranges geworden ist.

Teilweise lesen sich die genannten Ursachen für die zunehmende

Verfettung vieler Menschen wie die Bestandteile einer Verschwörungstheorie. Agrarindustrie und große Handelsketten sorgen dafür, dass die Lebensmittel immer billiger werden. So ist es auch weniger Bemittelten möglich, für wenig Geld über die Maßen zu völlern. Zu allem Überfluss sind viele der angebotenen Lebensmittel ungesund, wenn sie häufig oder gar ausschließlich konsumiert werden: Sie sind zu fett, zu süß, zu salzig, angereichert mit Geschmacksverstärkern, die süchtig machen können. Auch das Vordringen der Fastfood-Ernährung bei gleichzeitigem Verfall der häuslichen Ess-Rituale wird immer wieder als Ursache für die Verfettung weiter Bevölkerungsschichten genannt, insbesondere Kinder und Jugendliche seien gefährdet. Fastfood verleite schon deshalb zum übermäßigen Essen, weil der vereinzelte Esser auch ein unkontrollierter Esser ist. In dem erfolgreichen Dokumentarfilm *Supersize Me!* aus dem Jahr 2004 wird in einem Selbstexperiment des Autors und Regisseurs vorgeführt, welche desaströsen körperlichen Folgen eine einseitige Fastfood-Ernährung in kürzester Zeit hat. Der McDonald's-Konzern wies mittlerweile in einer Pressekampagne darauf hin, dass der typische Kunde höchstens dreimal pro Monat eines der Restaurants mit dem goldenen M aufsucht.

Deutsche Völlerei: Der geizige Gourmand

Die Völlerei als eine vielleicht übermäßige Hingabe an die Esslust ist heute einem komplizierten, vielschichtigen und widersprüchlichen Umgang mit der Nahrungsaufnahme gewichen. Völlerei, wenn sie noch als Sünde empfunden werden kann, ist ein Konglomerat aus verschiedenen Sünden: Einerseits ist die Obsession mit dem guten Essen auffällig – das »Zu fein, zu teuer ...« Gregors des Großen. Das intensive Bemühen um Stil, Fertigkeiten und Fortbildung in der Gastrosophie, der Lehre von der Weisheit des Essens, ist die Sache einer kleinen, besser gestellten Schicht. Und auch das *hochmütige* Gewese um Essen als Statussymbol ist relativ wenigen vorbehalten, die sich in der Aufwärts- und Überbietungsspirale endloser Verfeinerung und luxuriöser Veredelung profilieren wollen.

Andererseits imponiert der *Geiz*, der sich in Deutschland ganz besonders auch in den Essgewohnheiten manifestiert. Das Merkwürdige und Widersprüchliche an der deutschen Frugalität ist, dass sie sich gleichzeitig als Feinschmeckertum stilisiert. In einer Art postmoderner Alchemie soll etwa ein Aldi-Kochbuch dabei helfen, aus minderwertigen Lebensmitteln, die durch eine erpresserische Einkaufspolitik den Produzenten abgerungen wurden, etwas Edles, Schmackhaftes zu zaubern. Zu den geizigen Möchtegerngourmets zählen bezeichnenderweise auch Besserverdienende, die den billigen Schampus vom Discounter für ein echtes Schnäppchen halten. Der Lebensmittelmarkt wird inzwischen geradezu dominiert von Billigläden und Fastfood-Ketten.

Der Mensch ist, was er nicht isst

Nicht der leibliche Hunger, sondern psychische Faktoren beeinflussen unser Essverhalten heute maßgeblich. Wir essen niemandem mehr etwas weg und wir müssen auch nicht mehr »auf Vorrat« essen. Der Überfluss an Nahrungsmitteln ist eine Selbstverständlichkeit, und höchstens noch die Kriegs- und Nachkriegsgenerationen haben eine Erinnerung an den Hunger. Selbst in der sonst kargen DDR gab es reichlich fette Wurst und »Sättigungsbeilagen«. Im Systemvergleich wurde der westliche Vorsprung in Sachen Völlerei symbolisiert durch die KaDeWe-Lebensmittelabteilung – ein Überfluss, den die östlichen Neubürger der Bundesrepublik nach dem Fall der Mauer als obszön und faszinierend zugleich bestaunten.

Essen macht die Konsumenten glücklich, der gute Appetit macht die Produzenten reich. Das Essen hat im Leben vieler Menschen eine zentrale Bedeutung erhalten. Wenn sie nicht gerade snacken oder naschen, essen oder trinken, dann phantasieren oder lesen sie darüber, oder sie verbringen viel Zeit damit, Lebens- und Genussmittel einzukaufen und zuzubereiten. Essen wird, weil es so leicht zu beschaffen ist, zum Ersatz für andere Genüsse des Lebens – in Kombination mit dem Fernsehen (vor dem bereits Millionen ihre Mahlzeiten einnehmen) ist es unschlagbar, wenn es darum geht, einen schnellen Lustgewinn zu haben.

Essen ist der ideale Ersatz: Es kompensiert vieles, was wir in anderen Lebensbereichen entbehren müssen, was wir nicht erreichen können, es tröstet über emotionale Defizite hinweg, es füllt die innere Leere und wirkt wie eine Selbstmedikation. Das absurde Dauerinteresse am Essen lässt sich auch damit erklären, dass Nahrung eine Wunderdroge ist, die viele Leiden an der Zeit, an sich selbst und an den Mitmenschen kurieren soll. Frustfressen und Kummerspeck: Die moderne Völlerei ist häufig nicht mehr als eine Ersatzbefriedigung, scheinbar weit entfernt von der Todsünde, wie die Kirchenväter sie sahen. Oder steckt auch in dem systematischen, besinnungs- und freudlosen Zustopfen der inneren Leere noch jene spirituelle Entfremdung, die früher einmal das Hauptmerkmal der Todsünde war? Ist das übermäßige Essen heute auch »sündhaft«, weil keine Alternativen zu diesem Seinsmodus mehr erhofft oder gesucht werden?

Zunächst ist auch dem modernen Vielfraß, wie dem mittelalterlichen, sein Laster auf den Leib geschrieben. Vielleicht noch mehr als sein Leidensgenosse und Sündenkompagnon in früheren Zeiten muss der moderne Sünder den Spott, die Verachtung und das Mitleid der anderen ertragen, weil er die ästhetischen Normen der Gesellschaft verletzt. Die *Supersize*-Dicken sind Freaks, Loser-Typen, Unglückliche, Willensschwache. Dicksein ist vor allem ein Unterschicht-Phänomen, es betrifft Menschen, die nicht oder nicht mehr über die finanziellen Mittel oder die psychische Kraft verfügen, eine permanente Abwehrschlacht gegen das Gefüttertwerden und das steigende Gewicht zu führen. Die mehr oder weniger subtile Ächtung der Dicken kommt in vielen Bereichen zum Ausdruck: Übergewichtige haben schlechte Karten bei Bewerbungen, werden bei Beförderungen eher übergangen, gelten als willensschwach und undiszipliniert.

Die amerikanische Fluglinie *Southwest Airlines* machte 2004 Schlagzeilen, als sie von stark übergewichtigen Passagieren verlangte, dass sie zwei Sitzplätze buchen müssten, damit Mitreisende nicht von ihrem überquellenden Fleisch belästigt würden. Die Dicken verletzen offenbar nicht nur ästhetische Normen, sie nehmen buchstäblich auch zu viel Raum in Anspruch – sie überschreiten unsichtbare Grenzen der persönlichen Sphäre und bedrohen unseren Instinkt der Territorialität. Zu der großen Kampagne gegen das Dicksein gehören auch die grotesken Fälle extremer Fettsucht, über die uns die Medien in regelmäßigen Abständen informieren: Superdicke Menschen, die ihre Wohnung nicht mehr verlassen können, weil sie durch keine Tür mehr passen, und deren 300 Kilo Lebendgewicht per Kran und Tieflaster ins Krankenhaus geschafft werden müssen.

Essen als Schuld, Hungern als Sühne

Jeder von uns hat eine Spur der Völlerei in sich – ob er ihr nachgibt oder nicht. Jeder hat sich schon einmal in bestimmten Lebenssituationen über jedes vernünftige Maß hinaus voll gestopft – mit Schokolade oder Kuchen, mit Kaviar oder mit Leberwurstbroten. Und jeder hat den quasi-orgiastischen Genuss der Sättigung mit einem Lieblingsessen erlebt. Der Appetit ist eine Lebenskraft, ein schöner Instinkt, eine Einladung zu Lust und Genuss. Das Problem ist heute, dass diese fast natürlichen Exzesse keine Ausnahme oder Ausrutscher bleiben, sondern leicht zur Gewohnheit werden können. Viele Menschen bewegen sich bereits im Zyklus von Völlerei und Buße, Verführung und Strafe. Weil Essen ein einträgliches Geschäft mit dem biologischen Trieb ist und weil es im Guten wie im Schlechten immer mehr zur Obsession geworden ist, funktioniert beides: die Verführung und die Verdammung. Das »Lass es dir schmecken! Gönn dir was! Probier mal dieses!« ist dicht gefolgt von der Angstmache vor dem »Selbstmord mit Messer und Gabel«.

Die Kehrseite der Überfütterung ist der Diätenwahn, der Millionen, vor allem Frauen in fürchterliche Exerzitien der Selbstdisziplinierung treibt, jedem Vergleich mit den Selbstkasteiungen der alten Wüstenmönche standhaltend. Essen ist ein Problem. Essen ist der Feind! Die klinisch relevanten Essstörungen haben epidemische Ausmaße erreicht, vor allem Anorexie und Bulimie und ihre psychischen Begleiterscheinungen wie Depressionen, Schuldgefühle und Ängste.

Die Reichen, Schönen und Erfolgreichen unserer Zeit sind dünn, oft absurd dünn. Anorektische Models führen uns die Mode vor, die dünnen Körper der Essgestörten werden zur Norm. Das Diäten-Auf-und-Ab von Filmstars und anderen Prominenten wird in Fernsehshows verhandelt. So kommt es, dass in 27 Ländern die *Weight Watchers* aktiv sind und wachsenden Zulauf haben, vor allem aus den unteren Gesellschaftsschichten. Die Reichen, so sie die Selbstdisziplin, die es zum Schlanksein braucht, nicht aufbringen, können in luxuriösen Spezialklinken abspecken.

Von Essstörungen betroffene Frauen beschreiben ihre Beziehung zum Essen als einen Kampf, der lebenslang und erbittert geführt werden muss. Es ist ein Kampf um Macht und Kontrolle über den eigenen Körper und das eigene Aussehen. Anorexie – das exzessive Hungern, häufig bis zum Tode, und Bulimie, das Wechseln zwischen heißhungrigen Fressattacken und »reinigendem« Erbrechen danach, markieren die Enden eines Problem-Kontinuums. Sie sind die Pole, zwischen denen sich heute eine Vielfalt von »gestörten« Denk- und Verhaltensweisen im Zusammenhang mit Essen findet. Allen Essstörungen gemeinsam ist der Versuch, über die Nahrung Kontrolle zu gewinnen – Kontrolle über den eigenen Körper, über die eigenen Wünsche, über das eigene Schicksal. Das Essen ist ein Symbol – es steht längst für etwas anderes als Ernährung oder Geschmack. Es ist ein Feind, der beherrscht und niedergerungen werden muss.

Zwanghaftes Denken ist das Merkmal der Essstörungen: Der Gedanke ans Essen, an seine Folgen, an die Konsequenzen des Unbeherrschtseins – all das gewinnt in der Gedankenwelt der Betroffenen die Überhand, es dringt in ihre Träume und in den Alltag. Essen ist eine permanente Bedrohung, eine gefährliche Sache, vor der man auf der Hut sein muss. Für viele betroffene Frauen heißt »normal« zu essen, ständig Diät zu halten – und jede Schwäche, jeder »Ausrutscher« muss mit verschärften Anstrengungen bezahlt werden.

Es geht bei vielen Essstörungen um den Konflikt zwischen dem realen Selbstbild und dem Idealbild, das aufgrund von Medien-Vorbildern und Wunschbildern verinnerlicht wurde, es geht um Willenskraft und um Selbstachtung, die immer wieder neu auf dem Spiel stehen, und um wiederkehrende Zyklen des Versagens, der Scham und der Selbstbestrafung. Welche inneren Kämpfe spielen sich jedes Mal ab, wenn man überlegt, ob man noch ein Dessert bestellt oder nicht!

Die Extreme beweisen, dass wir kein vernünftiges Verhältnis mehr zum Essen haben: Es ist zum einen so sehr pathologisiert, dass nur freiwilliges und andauerndes Hungern davor retten kann, dick oder schwach oder – im Falle anorektischer Mädchen – erwachsen zu werden. Und als ob es nicht schon genügend Krankheitsbilder rund ums Essen gäbe, breitet sich, vor allem unter Frauen und Gebildeten, eine neue Form der Essstörung aus: die so genannte *Orthorexie* – das krampfhafte Bemühen, sich richtig – und das heißt: gesund – zu ernähren. Paradoxerweise führt diese neue Obsession nicht selten zu partieller Mangelernährung. Zum anderen erliegen immer mehr der Dauerverführung und müssen mit Schuldgefühlen, Komplexen und Stigmata und den gesundheitlichen Folgen des übermäßigen und unvernünftigen Essens leben.

Das gestörte Verhältnis zum Essen hat sozioökonomische, kulturelle und vor allem psychische Gründe: Depressionen, Frustrationen, Schuldgefühle, Minderwertigkeitsgefühle. Bis ins späte Mittelalter war es kein Thema, das des Nachdenkens für wert befunden wurde, *warum* ein Sünder zu viel aß. Es reichte zu wissen, dass er es tat. Heute glauben wir an den freien Willen des Individuums und betrachten den Übergewichtigen als *Opfer*, das kaum anders kann. Denn er isst zu viel, weil ihn Stress, ein Trauma, eine Belastung, eine nicht ausgelebte Wut oder Traurigkeit dazu bringen. Essen ist Trost und Ersatz; es verschafft vorübergehend ein Gefühl der Wärme und des Wohlbefindens. Das Essen ist ein Symptom – nicht das Problem selbst.

Dahinter liegen komplexe Gründe, Willenskraft und Bewegung alleine reichen nicht aus. Außer Acht bleibt oft, dass unser Essverhalten das Ergebnis einer frühen Prägung im Elternhaus und nur schwer veränderlich ist. Ob wir immer gegessen haben, »was auf den Tisch« kam, ob wir wählerisch oder »schwierige Esser« waren – und wie Eltern darauf reagierten. Ob Essen ein wichtiges Ritual der Familie oder ein nervöser Boxenstop war, all diese Gewohnheiten und Bindungserfahrungen beeinflussen unser erwachsenes Essverhalten maßgeblich.

Das Essverhalten wird auch von unserer privaten Lebensphilosophie gesteuert, von unseren geistigen oder spirituellen Einstellungen – oder auch vom Mangel an solchen Haltungen. Selbst säkulare Philosophen weisen darauf hin, dass der Verlust einer Jenseitsperspektive der Nährboden für eine ungebremste Lebensgier ist, für den Lebenshunger, der gierig auf *alles* macht: Wenn es nur dieses eine Leben mit all seinen Optionen gibt, muss ich möglichst viel davon wahrnehmen. Die verschlingende, ungeduldige Lebensweise ist ein Merkmal des *Homo consumens:* Ich kaufe, also bin ich, ich esse, also bin ich – die Selbstvergewisserung findet immer häufiger durch Konsum und Einverleibung statt.

Alle Diäten-Erfinder beeilen sich zu versichern, dass die Reduktionskost auf keinen Fall die geringste Einbuße an Genuss bedeute: Im Gegenteil, das »gesunde Genießen« ist inzwischen das Mantra aller gesundheitsbeflissenen, wellnessinfizierten Ernährungsberater. Der Tausch von Quantität gegen Qualität soll die Erleuchtung bringen: Iss weniger, genieße mehr! Um diese Einsicht im Verhalten verankern zu können, bedarf es immer häufiger einer Schulung der Sinne, des Schmeckens und Riechens vor allem. Denn jahrelanges Hineinstopfen von Lebensmitteln, die mit künstlichen Geschmacksverstärkern angereichert sind und die eine Überdosis von Zucker und Salz enthalten, haben diese Sinne verkümmern lassen – sie sind unsensibel geworden für feine Nuancen und den Eigengeschmack der Nahrungsstoffe. Selbst in Frankreich, dem Heimatland der (vergleichsweise) schlanken Genießer einer hoch entwickelten Esskultur, wird an den Schulen mit dem Unterrichtsfach »Geschmackslehre« experimentiert, um einer dramatischen Verkümmerung der sinnlichen Unterscheidungsfähigkeit zu begegnen. Die von Italien aus sich verbreitende *Slow-Food*-Bewegung will der Gier, aber auch der Einsamkeit des Fastfood-Essers entgegenwirken.

Das Ziel all dieser Bemühungen ist, aus Gourmands wieder Gourmets zu machen, indem man den Essern Zeit und Gelegenheit zum Schmecken verschafft und sie wieder lehrt, die Sättigungssignale des Körpers zu erkennen. Es geht letztlich auch um eine Versöhnung von Vernunft und Vergnügen – der Appetit behält seine Rechte, lautet die Botschaft: Zwischen Hungerknochen und Fettsäcken gibt es eine Linie der Vernunft, sie trennt die riskante Askese von riskantem Genuss. Genussfähigkeit ist heute ein Statussymbol: Es gilt als großes Kompliment, von jemandem zu sagen, dass er ein Genussmensch sei. Umso besser, wenn man es ihm nicht gleich ansieht.

Die Ernährungsexperten haben sich diesem wachsenden Markt »gesunder Genuss« zugewandt. Ein wachsender Strom von Ratgeberbüchern, Trainings- und Kochprogrammen, von Light-Produkten ergießt sich über die Abnehmewilligen. Aber über alldem schwebt der Geist der Vergeblichkeit: Die Deutschen essen immer unvernünftiger, und sie werden trotz aller Aufklärung immer dicker. Jeder zweite wiegt zu viel. Denn die Verführungen sind mindestens so durchdacht, wenn nicht noch erheblich raffinierter als die Psychotechniken der Mäßigung.

Verschwendung ist heute ein wesentlicher Teil der Todsünde Völlerei. Wir essen nicht nur viel mehr, als gut für uns ist, wir kaufen auch viel zu viel ein, weil wir unseren Impulsen nachgeben und uns bereitwillig verführen lassen. Das Verfallen- und Verfaulenlassen von Unmengen Lebensmitteln, bedingt durch eine absurde private Vorratshaltung, die komplizierte Logistik, das Angebot – erfordern Riesenmengen an Energie und Material.

Wer einmal die Abfallberge gesehen hat, die Mengen an Essensresten, Papier, Plastik und Pappe, die eine vierköpfige Familie nach einer Mahlzeit im Schnellrestaurant zurücklässt, und wer das millionenfach täglich hochrechnet, weiß, wovon die Rede ist. Der ökologische Wahnsinn dieser Ernährungsweise wird überdeutlich. Die moderne Völlerei ist auch sündhaft durch den Mangel an Achtsamkeit, durch die Trägheit und Bequemlichkeit, die zu ökologischer Gleichgültigkeit verleiten.

Der Geist ist willig, das Fleisch bleibt schwach

Wie ist der Völlerei heute beizukommen? Die Psychologie, zum Beispiel, versucht es mit der so genannten aversiven Konditionierung: Die unangenehmen Begleiterscheinungen des Fressen, das Hündische und Säuische bei Völlerei, wird auch in der modernen Psychologie verwendet, um sie in Schach zu halten und das Verhalten zu kontrollieren. In einem Handbuch zur Gewichtskontrolle findet sich diese Anleitung. Der »innere Beobachter« soll sich fragen:

Haben Sie schon einmal darüber nachgedacht, wie Sie auf andere wirken, wenn Sie schlemmen? Ist Ihnen klar, dass Sie deren Respekt verlieren, wenn Sie immer der erste am Buffet sind, wenn Sie Ihren Teller überladen, das Essen gierig hinunterschlingen, als ob Sie drei Tage nichts bekommen hätten, und danach gleich wieder zum Buffet gehen und ihren Teller zum zweiten oder dritten Male füllen? Was geht in Ihnen selbst vor, wenn Sie andere so wie ein Schwein fressen sehen?

Diese moderne, säkulare Predigt gegen die Völlerei unterscheidet sich kaum von vielen Anleitungen und Ermahnungen zur Mäßigung, wie sie in der Antike und im Mittelalter gegeben wurden: Indem das Animalische und Gierige des hemmungslosen Genusses bewusst gemacht wird, sollen die Sünder zum maß- und würdevollen Essen angeleitet werden.

Wie bei kaum einer anderen »Todsünde« geht es bei der Völlerei im Wesentlichen um einen permanenten Test der Willensstärke. Das Denken und Handeln kreist nahezu unablässig um die Kontrolle eines natürlichen Impulses, der sich zu einem alles beherrschenden Komplex auszuwachsen droht: Je angestrengter man *nicht* ans Essen denken will, je bemühter man alles, was damit zusammenhängt, unterdrücken möchte, desto unwiderstehlicher drängen diese Gedanken ins Bewusstsein. Hinzu kommt, dass Willensstärke eine limitierte Größe in unserem Seelenhaushalt ist. Wir verfügen, individuell unterschiedlich, nur über einen bestimmten Vorrat davon, der nach einem Willensakt erst wieder »aufgefüllt« werden muss, bevor wir neue Proben bestehen können. In einem Experiment haben die Versuchspersonen, die erfolgreich einer Versuchung widerstanden haben, danach nicht mehr die Kraft aufgebracht, einer anderen zu trotzen: Wer bewusst die verlockenden Plätzchen liegen lassen konnte, die im Wartezimmer standen, kapituliert bei einer anschließenden Willensprobe schneller als diejenigen, die sich bei den Süßigkeiten bedienten – und ihre Willenskraft für die eigentliche Aufgabe sparten. In der Realität der überfütterten Gesellschaft stellt sich die schnelle Erschöpfung der Willenskraft nicht selten so oder so ähnlich dar: Man hat den ganzen Tag lang Disziplin geübt, sich beim Frühstück nicht das zweite Brötchen geschmiert, ist sturen Blicks am duftenden Bäckerladen vorbeigegangen, hat den Schokoriegel in der Schublade gelassen, den Kuchen der Kollegin dankend abgelehnt und mittags nur einen Salat gegessen. Und selbst das Abendessen genügte »vernünftigen« Maßstäben. Aber dann, spätabends, beim Anblick der Eispackung im Kühlschrank, kollabiert der Wille und »es« kommt über uns – und wir finden uns übervoll, mit schlechtem Gewissen vor dem leeren Becher wieder. Ein Ausrutscher. Aber morgen, morgen halten wir durch ...

Wie schwierig es ist, die komplizierten körperlich-psychischen Vorgänge während des Essens verstandesmäßig zu überschauen und zu kontrollieren, zeigt ein anderes Experiment, in dem es um das so wichtige *Sättigungsgefühl* geht. Die Augen spielen dabei offenbar eine wichtigere Rolle als der Magen. Gegessen wird in aller Regel so lange, bis sich der Teller sichtbar leert – und nicht bis man satt ist. Eine Gruppe von Testessern bekam eine wohlschmeckende Suppe vorgesetzt – die eine Hälfte aß sie aus normalen Tellern, die Teller der anderen Hälfte waren so präpariert, dass durch unsichtbare Schläuche unmerklich nachgefüllt werden konnte. Die Esser dieser zweiten Gruppe aßen 73 Prozent mehr als die der ersten. Und sie glaubten sogar, dass sie nicht mehr als die erste Gruppe gegessen hätten – das subjektiv »gefühlte« Sättigungsgefühl unterschied sich nicht. Wir schätzen beim Essen offenbar die Nahrungsmenge optisch ein – und diese Schätzung beeinflusst unsere Erwartung. Wenn das Auge getäuscht wird, versagt das Kalorienbewusstsein.

»Nachgefüllt« wird das Nahrungsangebot ohnehin und in jedem Sinne ständig. Die Sättigungsmechanismen des Körpers, die optische Einschätzung der Nahrung und die menschliche Willenskraft werden gleichermaßen auf eine Dauerprobe gestellt, die sie immer weniger bestehen können. Denn die Nahrungsmittelindustrie legt es darauf an, unsere Selbstkontrollmechanismen, die ohnehin nur begrenzt belastbar sind, systematisch auszuhebeln und zu unterlaufen. Das Marketing ist der Feind der Mäßigung.

Ich kann nicht widerstehen!

Ein Impuls – wie der zum Essen – entsteht an der Schnittstelle zwischen einem langfristig wirkenden, aber latenten Motiv und einem aktuellen Auslöser oder Reiz: Wir sind »grundsätzlich« an Essen (oder auch an Sex) interessiert. Aber das Motiv ruht, jedenfalls bei den meisten Menschen, bis ein geeigneter Reiz plötzliches intensives Interesse weckt. Reizverminderung ist deshalb eines der ältesten Rezepte, dem Erregungsrisiko und damit den Verführungen zur Sünde zu entkommen – etwa hinter Klostermauern. Aber selbst das ist kein sicheres Rezept, denn Reize können als Erinnerung gespeichert werden. »Sündige« Gedanken und Fantasien lösen das Interesse ebenso gut aus wie ein realer Reiz in Form von Bratenduft oder eines attraktiven Körpers. Die gewollte Reizverarmung kann sogar kontraproduktiv sein, weil das allzu heftig Verdrängte umso hartnäckiger wieder auftaucht: »Das Unterdrücken von Impulsen ist die Mutter der Obsession«, schreibt der Kognitionsexperte Daniel Wegner. Wenn es schon unter Bedingungen besonderer Reizarmut heftiger innerer Kämpfe bedarf, um den Impulsen zu widerstehen und höhere Bewusstseinsprozesse einzuschalten, wie schwer muss es dann erst in einer Umwelt sein, die dem Schlaraffenland bedenklich nahe gekommen ist? Das Dilemma des mit appetitanregenden, verführerischen Reizen dauerhaft verführten Menschen von heute liegt darin, dass er biologisch nur schlecht gegen diesen Angriff gewappnet ist. Die offene Flanke ist die von Suchtforschern so genannte »Zone der biologischen Indifferenz«: Menschliches Verhalten wird nur in den

Extrembereichen »Hunger« (oder Mangel) und »Sättigung« von den physiologischen Trieben beherrscht. Nur, wenn wir sehr hungrig, durstig oder sonst »ausgehungert« beziehungsweise über den Sättigungspunkt hinaus befriedigt sind, bestimmt die Körperbiologie, was wir tun oder lassen. Der große Zwischenbereich ist die »Zone der Indifferenz«. Hier lenken Außenreize oder kulturelle Normen unser Verhalten: Das Hochglanzfoto eines saftigen Steaks in einer Zeitschrift oder die Vitrine voller köstlicher Torten in der Konditorei wecken den Appetit, obwohl wir nicht hungrig sind.

Die Reize sind überall, selbst dort, wo man sie nicht unbedingt erwartet. Wenn man getankt hat, muss man an einer endlosen Galerie von Süßigkeiten, Salzmandeln, Chips und Snacks vorbei, bevor man zur Kasse kommt. Im Wartezimmer des Arztes steht ein Körbchen mit Bonbons und Schokoplätzchen. Und selbstredend haben wir von den Amerikanern das Essen während eines Kinobesuchs übernommen – der süßliche Duft von Popcorn, abgefüllt in eimergroße Becher, wabert durchs Foyer. Im Supermarkt wirken die »situationalen Kräfte« auf uns ein, die die Verkaufspsychologen und Ladendesigner erdacht haben: Die *Mood Music* soll uns entspannen und auf Lust polen, die Anordnung der Gänge und Waren ist ausgeklügelt, um zu Impulskäufen zu verleiten, Düfte und Aromen werden eingesetzt, um Erinnerungen zu wecken und den Appetit zu stimulieren, immer neue Geschmacksrichtungen machen uns neugierig, und wer bringt es schon fertig, die kleinen Proben von Käse, Schinken oder Wein abzulehnen, die uns die freundliche Dame anbietet?

In der Situation des Überflusses und angesichts der allgegenwärtigen Verführung zum Konsumieren und Genießen wird das Kontrollieren des Ess-Impulses zum Paradigma für die Impulskontrolle par excellence. Der Kampf gegen die Völlerei wird wieder zum Training der Selbstbeherrschung schlechthin, wie es der Mönch Cassian einmal für die frühen Christen formuliert hatte. Auch bei den anderen Todsünden, vor allem beim aggressiven Zorn oder der Wollust, ist die zentrale Größe die individuelle Willenskraft, die Kraft, Nein zu sagen, sich nicht verführen und beruhigen, korrumpieren oder einreden zu lassen, es ist in Ordnung, wenn du so bist, wie du bist. Es ist dein gutes Recht, wenn du dich auslebst, dich verwöhnst, du hast es dir verdient! Man gönnt sich ja sonst nichts ...

Die Epidemie des Selbstkontrollversagens, die von Psychologen diagnostiziert wird, ist einerseits eine gewollte Entwicklung – sie ist im Konsumkapitalismus die Geschäftsgrundlage für ganze Industrien. Immer verzweifelter und trickreicher werden wir durch ihre Marketingstrategen zum Kaufen, Konsumieren und Genießen aufgefordert. Denn, so lautet das Argument, ohne diese permanente Kauf- und Genussbereitschaft funktioniert die Wirtschaft nicht mehr gut genug.

Andererseits ist diese Epidemie die Hauptursache für eine Reihe von Pathologien unserer Zeit: »Viele individuellen Probleme drehen sich um die Unfähigkeit, sich selbst unter Kontrolle zu behalten. Die Menschen fühlen sich schlecht, weil sie die Kontrolle verlieren – über ihr Geld, ihr Körpergewicht, ihre Trinkgewohnheiten, ihr Verlangen nach Drogen, ihre Kaufwut, ihre sexuellen Impulse und so weiter«, schreiben die Sozialpsychologen Baumeister, Heatherton und Tice. Offenbar überschätzen wir die menschliche Willenskraft dramatisch. Die alljährlichen Versuche, eine Diät zu machen, sich mehr zu bewegen und überhaupt vernünftiger und gesünder zu leben, scheitern zum größten Teil. Das Erstaunliche ist, dass die meisten Menschen es doch immer wieder versuchen – es mangelt keineswegs an gutem Willen und an Einsicht. Die Kognitionsexperten Daniel Wegner und James Pennebaker bilanzieren nüchtern: »In einer Ära der Selbstverbesserung und des Gesundheitsbewusstseins überrascht es, wie oft die Menschen versuchen, sich zu kontrollieren – und wie oft sie dabei scheitern.«

All you can eat: Die gefressene Zukunft

Bei einem Teil der Bevölkerung gewinnt der Gedanke der Askese stark an Bedeutung. Millionen Menschen belassen es nicht bei Diäten, sondern fasten aus spirituellen, gesundheitlichen oder ökologischen Motiven. Die Fastenkurse der Volkshochschulen und anderer Einrichtungen sind seit Jahren ausgebucht und nachgefragt wie kaum zuvor. Vor allem bei Jugendlichen ist die Abneigung gegenüber der Unkultur der modernen Nahrungsmittelindustrie und ihr industriell erzeugtes Fleisch groß, die Zahl der Vegetarier unter ihnen wächst.

Mit jedem Nahrungsmittelskandal, mit den Bildern der grauenhaften Zustände bei der Tierhaltung, Bildern von halb verdursteten, gequälten Tieren, die in verdreckten, dunklen und engen Ställen gehalten und zum Schlachten durch halb Europa hin und her gekarrt werden, wächst der Ekel. Der Appetit wird uns aber immer nur auf kurze Zeit verdorben. Wir vergessen schnell, wenn wir im Supermarkt stehen. Die Mischung aus Ekel, Angst und schlechtem Gewissen hat noch zu wenige erfasst, um die Irrwege der Nahrungsmittelproduktion und -konsumption zu korrigieren. Aber aus dieser emotionalen Gemengelage könnte langfristig mehr Widerstand entstehen als aus rein rationaler Verbraucherpolitik und Aufklärung.

Der Historiker des Essens, Felipe Fernandez-Armesto, zeichnete in seiner großen Studie *Food: A History* die Entwicklung des Essens und des Essgenusses in der Geschichte der Menschheit nach. Vom Aasfresser bis zur Tütensuppe mit Geschmacksverstärkern hat sich der Mensch vorgearbeitet, dabei im Wesentlichen zunehmend mehr und besser gegessen als seine Vorfahren. Das Essen war vor allem ein Akt, der untrennbar mit sozialen und kulturellen Verfeinerungen und Verbesserungen verknüpft war, mit Welterweiterung und Selbsttranszendenz. Nun sieht Fernandez-Armesto einen historischen Rückschritt in der Esskultur kommen: War die Erfindung des Kochens ein wesentlicher Schritt zur Menschwerdung und zur Kulturentwicklung, so sind wir heute dabei, diese große Erfindung und all ihre positiven Begleiterscheinungen Stück für Stück zu demontieren und zurückzukehren auf eine präsoziale Stufe der Evolution, zu einer »Unkultur des Anti-Kochens«, wie sie im einsamen Fastfood-Verzehr, in der Mikrowellen-Pseudo-Küche oder im Trend zum pseudo-romantischen Primitivismus mit *Finger Food* und Rohkost zum Ausdruck kommt.

Völlerei ist heute vor allem eine Sünde der ökologischen Maßlosigkeit, und einige ökologische Krisen sind denn auch eine Folge des permanenten Überfressens: Unsere Maßlosigkeit, unsere Ansprüche, unser Hunger auf Fleisch führten unter anderem zur Abholzung der Regenwälder, die zu Viehweiden wurden, sie fördern die skandalöse Massentierhaltung, sie begünstigen Monokulturen in der Dritten Welt und die Ausbeutung der Produzenten. Die moderne Völlerei ist vor allem Missachtung der Natur, Gleichgültigkeit gegenüber der Schöpfung. Die Sünde liegt heute nicht im Genuss, nicht einmal im Überfluss und in der Vielfalt der Genüsse, sondern in der Hartherzigkeit und Gedankenlosigkeit gegenüber denen, die immer noch Hunger leiden.

Die »ökologische Arroganz« und ein sich schnell ausbreitender »Food-Fordismus« (Fernandez-Armesto) sind der postmoderne Sündenfall: Wir haben zu viel von unserem Planeten in zu viel Nahrung verwandelt und wir verschwenden dabei Ressourcen und gefährden die Vielfalt der Arten. Die Völlerei mag problematisch, schuldbeladen, lustlos und unsinnlich geworden sein – aber sie hat ein zerstörerisches Potenzial erreicht, das weit mehr vernichten kann als das individuelle Seelenheil.

Wollust

Luxuria

Die Höllenstrafe: Im Feuer gegrillt werden.

»Bei den größten Sexpartys, an denen ich ... teilnahm, machten bis zu 150 Personen mit (nicht alle vögelten, manche sahen auch nur zu); ein Viertel oder Fünftel von ihnen nahm ich, wie es kam – mit den Händen, mit dem Mund, mit der Möse, mit dem Arsch. Ich habe auch mit Frauen gevögelt oder sie gestreichelt, allerdings nicht so häufig ... Die Zahl der Männer, mit denen ich abends im Bois de Boulogne zugange war, ist noch schwieriger zu schätzen. Müsste ich auch jene hinzuzählen, denen ich mit dem Kopf am Lenkrad einen blies oder bei denen ich mich in der Kabine eines Lastwagens auszog? Und müsste ich all die Körper ohne Kopf vernachlässigen, die sich hinter der Wagentür abwechselten und ihre unterschiedlich steifen Pimmel mit wilder Hand wichsten, während die andere Hand aus dem offenen Fenster langte und meine Brust knetete? Neunundvierzig Männern, mit denen ich geschlafen habe, kann ich einen Namen zuordnen und in manchen Fällen auch eine Identität.«

Catherine Millet

Was im Roman von Catherine Millet als Inbegriff wahlloser Promiskuität und ungehemmter Geilheit erscheint – ist das nicht die alte Todsünde mit dem Namen Wollust? Das antiquiert klingende Wort sollte die unersättliche Steigerung der körperlichen Lust zur puren Sexualität bezeichnen, in der allein der Trieb das Verhalten diktiert. Der Wollüstige will seinen sexuellen Hunger stillen, über die Sättigung hinaus ist er nicht interessiert am Objekt der Begierde. Letzteres wird *genommen*, wie er, sie, es *kommt*, und im Zustand der wollüstigen Erregung kommt fast jeder in Frage, der verfügbar und willig (oder nicht einmal das) ist. Egozentrik ist das besondere Merkmal der Wollust. Sie ist die Sünde der Selbst-Entleerung – im doppelten Sinne des Wortes.

Durch Literatur, Film und Folklore geistert immer wieder die fixe Idee der »reinen Lust«, einer Lust, die nicht verwässert und belastet wird durch geheucheltes Interesse an der Person des anderen oder durch aufkeimendes Beziehungsgerede bei der Zigarette danach. Diese Lustbefriedigung *ohne weiteres* wird von Autoren und Regisseuren bezeichnenderweise häufig in kargen Versuchsanordnungen in Szene gesetzt, zum Beispiel in leeren oder versifften Wohnungen; es sind anonyme Arrangements zur wechselseitigen Befriedigung – keine Fragen, keine Gefühle, keine Namen! Nur die Konzentration auf die Lust.

In Patrice Chereaus Film *Intimacy* – 2001 ausgezeichnet mit dem Goldenen Bären der Berlinale –, beispielsweise, treffen sich Claire und Jay jeden Mittwoch in Jays Wohnung, um miteinander zu kopulieren. Wie ausgehungert fallen sie übereinander her – reiner, befriedigender, lustvoller Sex. Es ist ein Ritual der Lust, bei dem es keine Zugeständnisse an ein sexualpolitisch korrektes »Vorspiel« und keine tief schürfenden Gespräche danach gibt. Eines Mittwochs aber kommt Claire nicht zum Treffen. Jay vermisst den Sex, und ihm wird bewusst, dass er auch die Intimität mit dieser Frau vermisst, die sich seltsamerweise in diese Begegnung eingeschlichen hat. Er bricht das Abkommen, Distanz zueinander zu wahren und dem »Privatleben« des anderen fernzubleiben, und beginnt Claires Lebensverhältnisse auszuspähen. Dabei findet er heraus, dass sie Hausfrau und Mutter ist, verheiratet mit einem Taxifahrer, dass sie Theater auf einer Amateurbühne spielt und selbst Schauspielunterricht erteilt. Mit dieser Normalität konfrontiert stürzt Jay in eine tiefe Krise, denn er hat seine eigene Familie und seine beiden Söhne verlassen und fristet ein ödes Dasein als Barkeeper. Er versucht, Claire wieder für sich zu gewinnen, doch das Arrangement funktioniert nicht mehr. Chereau sieht Jays Suche nach »mehr« als typisch männliches Bedürfnis: »Männer sind unsicherer, wollen die Geheimnisse der Frauen völlig durchschauen, Frauen haben in Beziehungen oft einen Schritt Vorsprung.«

Dieser Blick auf die männliche Psyche ist überraschend. Es muss sich um eine relativ neue Entwicklung im Geschlechterverhältnis handeln, wie ein drei Jahrzehnte zuvor gedrehter Film zeigt: Die Unmöglichkeit, »beziehungslosen« Sex zu haben, und die Krisen, die der Versuch heraufbeschwört, waren auch das Thema von Bernardo Bertoluccis *Der letzte Tango von Paris* (1972). Auch hier treibt es ein Paar einmal wöchentlich – rituell, gierig und anonym. Nicht einmal den Vornamen will Paul (Marlon Brando) von seiner Gespielin (Maria Schneider) wissen. In diesem Film ist es noch die Frau, die mehr über ihren Sexualpartner erfahren will, vergeblich. Paul/Brando will die Welt aussperren, den Selbstmord seiner Frau vergessen, alles hinter sich lassen.

Der Wunsch, sich völlig zu isolieren, geht von ihm aus, nicht von ihr. Und doch sickert sein Leben in dieses Arrangement ein. Er bringt seine sexuelle Wut in die Isolationskammer mit, aber auch seine Selbstverherrlichung und das Bedürfnis, die Partnerin und sich selbst zu erniedrigen. Paul verlangt die völlige Unterwerfung. In der Versklavung des Sexualpartners liegt für ihn die sexuelle Wahrheit,

Lust ganz ohne Heuchelei. Und sie, die namenlose Lustsklavin, ist durch das Treiben erotisch so erregt, dass sie ihm seine verquere Theorie glaubt. Die Filmkritikerin Pauline Kael schrieb damals: »Und so lebt er die Rolle des harten Sex-Kerls aus. Was sich da in einem sexuellen Dampfkochtopf zusammenbraut, ist die in einem Paar verdichtete Geschichte der sexuellen Beziehungen im Zeitraffer – dominierende Männer, bewundernde, dankbare Frauen.« Dass dieses Modell heute nicht mehr gültig ist, dass eine solche Konstellation höchstens noch als eine Art Zitat, eine ironische Reminiszenz nachgespielt wird, scheint offensichtlich. Dass heute auch Frauen auf die Suche nach hartem, schnellem Sex gehen, das führen uns Catherine Millet und andere Autorinnen vor, und wie und warum neuerdings der Mann ein Bedürfnis nach »mehr« zeigt, wird in *Intimacy* durchdekliniert.

Die Leere nach dem Schuss

Der *One-Night-Stand* ist die spätbürgerliche Kümmerform der Orgie. Was zählt, ist der Fick an sich; kein Frühstück, bitte! Ein Werbespot für das Billigdeodorant Axe bedient diese Phantasie – ein Paar sammelt morgens die Kleider wieder ein, die es sich am Abend zuvor schon auf der Straße vom Leib gerissen hatte, um keine Zeit zu verlieren. Im Werbe*claim* klingt eine uralte Männerfantasie an: Der Duft, der Frauen den Verstand verlieren lässt … Es ist der pubertäre Traum, für die Investition von 2,95 Euro die freie Auswahl unter lauter gierigen Schlampen zu haben.

Der *One-Night-Stand*, oft eingeleitet in einer Single-Bar, ist ein sexuelles Minimalprogramm, es rangiert gleich nach der Masturbation, was die Anspruchslosigkeit und den Aufwand betrifft: Sein scheinbarer Vorzug ist, dass man nicht mehr in eine Affäre verwickelt werden muss, denn das wäre schon zu kompliziert und zu komplex. Bloß keine großen Emotionen, aber eben auch kein raffiniertes Spiel von Verführung und Leidenschaft. Stattdessen erobert die Fastfood-Mentalität auch das Sexualleben. *Schneller Sex* ist der Inbegriff dieser Bedürfnisbefriedigung nach dem Muster des Tankens oder Einkaufens. Oder, im Jargon der Sozialwissenschaft: Der postmoderne Sex leidet an Unterkomplexität und am sexuellen Solipsismus seiner Akteure.

Nichts illustriert diesen Wandel in Sachen Wollust so deutlich wie die massenhafte Verbreitung von Pornografie, weniger in Wort, überwältigend im Bild. Der *Iconic Turn*, die neue Macht, die Bilder über unser Leben gewonnen haben durch ihre schier grenzenlose Produktion, Vervielfältigung und Verbreitung, hat auch unsere Sexualität nachhaltig verändert. Die Darstellung nackter Körper, des Sexualaktes und seiner Variationen ist allgegenwärtige Massenware, das Augentier Mensch wird unablässig stimuliert und animiert. Und welche Folgen eine wie immer geartete »Gewöhnung« an die pornografische Bilderflut hat, ob sie eher zu Abstumpfung oder zu steigenden Ansprüchen an den realen Sex führt, versuchen die Sexualforscher zu ergründen. Sicher erscheint, dass Pornografie die Einsamen noch einsamer macht.

Die Alt-Prüden und die Neo-Puritaner sorgen sich um die falschen Dinge: Wir sind nicht *over-sexed*, sondern entwerten die Sexualität durch ein meist schäbiges Überangebot, bis er öde und langweilig wird. Wer mehr als das Standardangebot will und sich ein Sexualleben über die Triebabfuhr hinaus erhalten möchte, braucht stärkere Reize, muss schärfere Praktiken erproben. So genannte Perversionen wie Sado-Maso-Spiele und der zunehmende Einsatz von Fetischen können als Versuche gedeutet werden, die drohende Langeweile zu überwinden. Wollust ist eigentlich nicht die Sünde des Fleisches, sondern die Sünde *gegen* das Fleisch.

Wie oft? Das war die zentrale Frage Alfred Kinseys vor fünfzig Jahren. Die Quantität ist wichtig, die Strichliste ist das Protokoll der Begegnung. Mit »gutem« Sex meinte Kinsey vor allem häufigen Sex. Kinsey war Biologe, was aus fast jeder Zeile in seinem ersten Report über das sexuelle Verhalten der Männer spricht: »Die Annahme scheint berechtigt, dass der tägliche Orgasmus im Bereich der Kapazität des durchschnittlichen Mannes liegt und dass die täglichen Frequenzen, die bei einigen Primaten beobachtet wurden, auch für einen Großteil menschlicher Populationen möglich wären, wenn die sexuelle Aktivität nicht eingeschränkt wäre.«

Die beiden Teile des Kinsey-Reports 1948 und 1953 waren ein Akt der gesellschaftlichen Selbstaufklärung durch Wissenschaft. Bis dahin lag die Urteilshoheit über sexuelle Fragen fast ausschließlich bei Moraltheologie, Sozialphilosophie und Literatur. Mit Alfred Kinseys Arbeit hat die Wissenschaft zum ersten Mal ihre Autorität *in sexualibus* geltend gemacht, indem sie Normen, Einstellungen und Sprechweisen nachhaltig veränderte. Der Literat und Kritiker Lionel Trilling schrieb beim Erscheinen des ersten Reports 1948 über »Das sexuelle Verhalten des Mannes«: »Nichts zeigt klarer das Ausmaß, in dem sich die moderne Gesellschaft in ihre Atome zerlegt hat wie die Vereinzelung in sexueller Ignoranz, die unter uns vorherrscht ... Viele Kulturen, die primitivsten und die komplexesten, haben sexuelle Ängste der irrationalen Art entwickelt, aber wahrscheinlich ist unsere Kultur einzigartig darin, das Individuum mit den Ängsten alleine zu lassen, die die Gesellschaft erfunden hat.«

Die Revolution erschöpft ihre Kinder

Zwar wissen wir heute mehr über Sexualität, über ihre vielen Spielarten und Möglichkeiten, wir sind von kirchlichen Vorschriften und moralischem Ballast weitestgehend befreit, und doch ist die Sexualität nicht mehr die Wollust, von der die kirchlichen Asketen fantasierten und die die Moraltheologen in den Rang einer Todsünde erhoben. Die Trivialisierung oder Banalisierung, wenn man so will: die *Entschärfung* des Sex ist beängstigend. Sexualität ist kaum mehr die wollüstige, gefährliche Lust, die den Menschen erschüttern, ekstatisch erheben oder moralisch zerrütten kann. Sie ist zu einem Bedürfnis unter anderen geworden. Die sexuelle Begierde, die sexuelle Persona der meisten Menschen ist geschrumpft wie ein Schneemann in der Märzsonne und prägt kaum noch den »Rest« der Persönlichkeit. Sex ist wie Fernsehen: angenehm, jederzeit verfügbar, entspannend, aber zunehmend langweilig.

Und andererseits ist Sex die tägliche Kost im Fernsehen. Wir sind längst alle in einem schleichenden Prozess zu Voyeuren geworden. Was früher das Reservat kranker, verachteter Spanner war, ist nun das Freizeitvergnügen von Millionen: anderen beim Koitieren zugucken. Allerdings tun wir selbst das eher beiläufig. Sex würzt Krimis, Serien und Schmonzetten, er wird in Talkshows »tabulos« verhandelt und in Musiksendern wie VIVA oder MTV als obligatorische Untermalung der Musik eingesetzt. Ein bisschen lächerlich wirkt es da, wenn öffentlich-rechtliche Sender glauben, ihre faden Softporno-Filme als »erotische Sommernachtsfantasien« anpreisen zu müssen.

Peccatum poena peccati: Eine allgemeine Lustlosigkeit scheint die Folge einer überdrehten Sexualisierung zu sein. Der Trieb ist müde geworden. Die massenhafte, penetrante mediale Erotik und Pornografie regen uns kaum zur Nachahmung an, sie sind in erster Linie Ersatz. Der wachsende Markt für Erotika und die neuen Formen, Sexualität auszuleben, scheinen das Gegenteil zu beweisen. Aber Swingerclubs, Peep-Shows, Table Dance, Sado-Maso-Gerätschaften im Versandhandel, Love Parades und andere hypersexualisierte Events täuschen eine rege Aktivität vor – in Wirklichkeit liegen die Beischlaf-Frequenzen heute unter denen der Kinsey-Jahrzehnte. Das Verbotene, zumindest das mit Heimlichkeiten Umgebene, machte damals scharf. Und umgekehrt ist die neue Freiheit, will man sie nutzen, ermüdend und überfordernd. Was die Sittenwächter einmal in helle Aufregung versetzte, nämlich die Vorstellung, dass Sex zum Breiten- und Leistungssport werden könnte, ist nicht eingetreten. Für viele Menschen, vielleicht für die Mehrheit, ist Sex zum seltenen Feiertagsereignis geschrumpft.

Man könnte, in Umkehrung eines bekannten Werbeslogans, behaupten: *Geilheit macht geizig.* Der Geile geizt mit Gefühlen, mit Charme, mit Humor (der Vertrautheit voraussetzt), er geizt mit Interesse am Objekt seiner Begierde. Er reduziert seine Lust auf Schlüsselreize und Genitalien. Sexuelle Leidenschaft war einmal wie eine Reise in ein fremdes Land, ein komplexes Spiel des Verführens und Verführtwerdens, sie ist heute reduziert auf die Frage: Zu dir oder zu mir?

Körperwelten: Bin ich schön genug?

Ein Gutteil heutiger Wollust entspringt dem Neid auf die Wollust der anderen: Haben die mehr Spaß, die attraktiveren, lustvolleren Gespielen oder Gespielinnen? Was habe ich noch nicht gehabt? Welche Partner, welche Praktiken und welche Stellungen versprechen mehr Genuss? Die neidisch inspirierte Wollust hegt den Verdacht, Liebesglück und sexuelle Erfüllung seien reserviert für die Reichen und Schönen. Und so wird die sexuelle Attraktivität zur Voraussetzung individuellen Glücks – und zum Geschäft. Es geht dabei letztlich um die Frage: Wie kann ich den sexuellen Appetit potenzieller Partner stimulieren? Die Schönheitschirurgie, die sich auf das Aufpolstern und Herausarbeiten sekundärer Geschlechtsmerkmale geworfen hat, feiert Konjunktur. Die Silikonisierung der Schlüsselreize wird schon bei Teenagern vorgenommen. Das Äußere und nur das Äußere zählt, auch bei Männern, die unter dem Adoniskomplex leiden, der Angst, nicht gut genug auszusehen im Wettbewerb um Sexualpartnerinnen.

Der Körperkult und die Glorifizierung körperlicher Lust haben nicht nur zu grotesken Selbststilisierungen und Präparierungen geführt. Beide, Schönheit und Lust, sind so verabsolutiert worden, dass sie massive psychische Probleme erzeugen, wenn jemand den Normen nicht entspricht oder zu entsprechen glaubt oder sich irgendwie sonst als defizitär empfindet. Das harmloseste dieser Probleme ist noch der Selbstzweifel, schwieriger wird die Gestaltung eines halbwegs normalen Sexuallebens, wenn Funktionsstörungen aufgrund heftiger Komplexe, Ängste und Depressionen auftreten oder das neue Störungsbild einer irrationalen Angst, hässlich zu sein. Diese Angst, die so genannte Dismorphophobie, führt nicht selten dazu, dass an gesunden und makellosen Körpern herumgeschnippelt wird, bis Lippen, Busen oder andere Körperteile tatsächlich entstellt sind – durch Kunstfehler der plastischen Chirurgie.

Der kurze Weg von Kinsey zu McKinsey

Weil vieles möglich ist oder möglich erscheint, weil wir permanent die Bilder erregender Körper und perfekter Wollust vor Augen haben, ist die Sexualität auch in den Strudel der Möglichkeitsgesellschaft geraten: Was möglich erscheint und was andere offenbar so sehr genießen, will man auch haben. Das erfordert einen bestimmten Aufwand – eine Leistung. Und wie jede Leistung, etwa im Sport, erfordert auch guter Sex ein bestimmtes Maß an Fitness, an Vorbereitung, Planung, Anstrengung, Ausdauer.

Mit der Erektionspille Viagra schien den Männern die Angst vor dem Versagen, vor der Impotenz genommen worden zu sein. Aber die überwältigende Nachfrage nach der neuen Wunderpille selbst durch jüngere Männer, die sie eher als Doping benutzen, und die grotesken Fälle von Überdosierung zeigen, dass mit den Möglichkeiten auch die Ansprüche gestiegen sind. Statt entspannt und erleichtert zu sein, dass sich bei Verlust das Stehvermögen wiedergewinnen lässt, breitet sich eine neue Maßlosigkeit aus.

Oder ist es eher eine neue Angst? Wird das Zurückfallen hinter eingebildete Maßstäbe der Lust als bedrohlich empfunden? Der Leistungsdruck ist eher noch größer geworden: Wer immer kann, muss auch immer können. Viagra, das heißt auch: Priapismus (Dauererektion) und Satyriasis (krankhaft gesteigerter männlicher Geschlechtstrieb) auf Rezept.

Wo Sex pharmakologisch ermöglicht werden kann und wo er entsprechend sorgfältig geplant werden muss und unter Effizienzaspekten stattfindet, gilt Unlust als psychisches Problem, das »behandelt« werden muss. Denn für Impotenz und Frigidität gibt es keine körperlichen Ursachen und damit keine Ausflüchte mehr, sie müssen nun Symptome für etwas anderes sein.

Auch Frauen sind neuerdings unter diesen Druck geraten. Sie sollen und wollen ihre sexuelle Freiheit genießen, müssen aber dabei effizient im McKinsey-Stil sein: Es gilt, Beruf, Familie – und ein Sexualleben zu organisieren, so wie es in TV-Serien und Frauenzeitschriften vom Typ *Cosmopolitan* propagiert und wie zum Hohn auch noch als *Balance*-Ideologie verkauft wird. Aber im Leben der meisten Frauen ist zu viel City und zu wenig Sex, zu viel

Alltag und zu wenig Muße für die Lust. Neuerdings registrieren Frauenärzte angeblich die *Female Sexual Disfunction* oder »hypoaktive Lust« oder Unlust als neues Problem der Medizin: Klagen über zu geringe Libido. Helfen soll dagegen ein Analogon zu Viagra, Cialis und Levitra für Frauen namens *Intrinsa;* dahinter verbirgt sich ein Testosteron-Pflaster. Die Psychologin Lenore Tiefer von der Medical School der New York University befürchtet, dass nun sexuelle Unlust »überdiagnostiziert« werde und dass die neuen Medikamente als »schnelle Lösung« *(quick fix)* massenhaft verschrieben würden. Und wieder tut sich ein neuer, riesiger Markt für die Pharmakonzerne auf. Der israelische Neurologe Yoram Vardi hat einen »Libidometer« zur Messung sexuell relevanter Gehirnströme erfunden. Denn, so erläutert er seinen Zugriff, »das Gehirn ist ja das wichtigste Sexualorgan«. Der Libidometer misst, was beim Betrachten erotischer Videoclips passiert. Es geht darum, den Ursachen verminderter Lust nicht mehr nur mit Fragebögen oder Blutdruckmessungen nachzuspüren, sondern mit dem Instrumentarium modernster Gehirnforschung. Die Forscher des israelischen Labors begründen ihren Ansatz so: »Die sexuelle Begierde zu erforschen ist eine ernsthaftere Gesundheitsfrage, als den meisten Menschen bewusst ist.« Sex trage maßgeblich zur körperlichen und seelischen Gesundheit bei: So sei alleine die physische Anstrengung beim Geschlechtsakt heilsam, bei dem durchschnittlich 200 Kalorien verbrannt würden, und die Ausschüttung von Testosteron bei den Männern wirke sich positiv auf Muskeln und Knochen aus. Außerdem beuge regelmäßiger Sex dem Herzinfarkt vor und die psychische Gesundheit profitiere ebenfalls in hohem Maße von der Lust. Sex sei der beste Stress-Puffer, den es gibt. Umgekehrt führe ein unerfülltes und unbefriedigendes Sexualleben zu zwanghaftem Nachdenken über das Problem, aber auch zu Depressionen und vermindertem Selbstwertgefühl. – Sex als gesundheitspolitisches Argument und als Stress-Prophylaxe, so weit ist es mit der Wollust gekommen.

Die zerdachte Lust

Wollust ist einfach, so scheint es. Aber Sexualität ist garantiert eine komplizierte Sache. Und sie wird immer komplizierter. »Sexuelles Begehren ist zu verstehen als emergente Eigenschaft von mindestens vier miteinander verschränkten physiologischen Systemen, von mindestens elf verschiedenen Gehirnregionen, mehr als dreißig verschiedenen biochemischen Mechanismen und buchstäblich Hunderten von spezifischen Genen, die diese Prozesse in Gang setzen und unterstützen«, schreibt John Medina in seinem Buch *The Genetic Inferno*. Die Erforschung und Interpretation der Sexualität ist heute ein multidisziplinäres Projekt, für Neurologen, Pharmakologen, Psychologen, Sexologen, Biologen, Genetiker, Evolutionsforscher, postmoderne Philosophen dekonstruieren sie, Feministinnen, *Gender*forscherinnen und Postfeministinnen kämpfen um ein sexuelles Selbstbewusstsein. Männer eruieren ihre »wahren Bedürfnisse« und reflektieren über ihre Sünden bei der Kolonialisierung des Frauenkörpers.

Das Reden und Schreiben über Sexualität, über Lust und erotisches Begehren hat zugenommen. Diese Reflexivität ist das Merkmal der so genannten Postmoderne: Das permanente Überdenken und Sich-Positionieren in einem stark erweiterten Möglichkeitsraum mündet nicht selten in einer Hyperreflexivität, die das, was sie bedenkt, in Bedenken erstickt: Die Reflexion macht die Sache selbst schließlich unmöglich. Gänzlich unbefangen kann kaum noch jemand Sex »haben«.

Literaten führen uns die Abenteuer, Niederlagen und Krisen vor Augen, in die uns der Sexus lebenslang verwickelt, von Nabokovs *Lolita* über die zeitgenössische sexuelle Ödnis der kaputten Typen bei Houellebecq bis hin zu den Altmännerfantasien von Gabriel García Marquez, Martin Walser, John Updike oder Philip Roth. Und dann gibt es das neue Genre, die Beichten und Berichte der »Schwanzfrauen«. Das verstörende Thema dieser Literatur ist die Anästhetisierung der Lust, vor allem in den nymphomanisch daher kommenden Romanen zeitgenössischer Autorinnen. Der mechanische, lustlose und anonyme Sex, der in Romanen wie *Baisemoi – Fick mich* von Virginie Despentes oder *Das sexuelle Leben der Catherine M.* von Catherine Millet geschildert wird, sollte jedoch nicht voreilig als ein Indiz für sexuelle Selbstbefreiung oder Unersättlichkeit der Frau verstanden werden. Die gierigen Frauen dieser Romane verkörpern nicht wirklich das weibliche Begehren und die weibliche Lust, sie nehmen eine Männerperspektive auf die »Sache« ein. Es ist im Grunde der gleiche Blick, den die männlichen Autoren der literarischen Romantik auf das andere Geschlecht warfen: Diese kleideten ihre Ambivalenz gegenüber der Frau als sexuellem Wesen in märchenhafte Formen und ließen Nixen, Najaden und Nymphen als phallisch-fordernde Wesen auftreten. Melusine, Undine und ihre Genossinnen waren »Schwanzfrauen mit einem Identitätsproblem, nicht Fisch, nicht Frau«, schreibt die Autorin Katrin Mackowski. Konnte man das noch als fantastische Bearbeitung der eigenen Ängste vor der verschlingenden, sexuell fordernden Frau abtun, so sind es jetzt die Frauen selbst, die ihre Sexualität vielleicht nicht mehr als tödlich, aber doch als maschinenhaft, mechanisch und entseelt vorführen. In den anästhetischen Sexschilderungen kommt eine Selbstzähmung zum Ausdruck. Denn selbst »wenn die Frau begehrt, muss sie sich zu einem Zu-Begehrenden machen, weil sie sonst das Begehren des Mannes auslöscht«, meint Elfriede Jelinek in ihrem Stück *Begierde und Fahrerlaubnis*. Frauen müssen immer noch zu selbstverleugnenden Taktiken greifen, um irgendwie »auf ihre Kosten zu kommen«. Befreite, gleichberechtigte – gar eine »problemlose« – Sexualität ist noch immer eine Utopie.

Liegt der Fehler in einer kontraproduktiven Überbewertung der Sexualität – im Vergleich zu all den anderen Dingen des Lebens? Wie viel Zeit verbringen wir wirklich mit Sex? Männer denken angeblich zigmal am Tag an Sex, sie reden ständig darüber, reißen Witze, machen Anspielungen, baggern und flirten, wann immer sich die Gelegenheit bietet. Aber der Prahlerei und dem Maulheldentum folgen kaum nennenswerte Taten. Das sexuelle Überangebot in Medien, Werbung, Filmen führt zwar dazu, dass wir heute sehr viel, vielleicht zu viel über Sex *nachdenken* und *reden*. Diese Obsession erscheint jedoch als Symptom eines Mangels: Ein befriedigendes Sexualleben würde uns vermutlich gelassener und gleichgültiger machen gegenüber der Dauerstimulation.

Der sexuelle Sättigungspunkt

Ist die Wollust eine Lust unter anderen? Ist die menschliche Libido nicht die reinste, schönste Ausformung der Lebenslust? Und wann und warum wird diese Lust zur »Sünde«? Die europäische Aufklärung hatte eine Vorstellung vom guten, gesunden, idealen Sex: Die richtige Intensität, selbst die Ekstase ist »zugelassen«, kurz unterhalb der Besessenheit. Denn zum guten Sex gehört das Sich-selbst-Verlieren. Das angemessene Objekt der Begierde ist zu wählen, und der gute Schlaf anschließend ist nur ein weiteres vernünftiges Argument, »es« zu tun. Trotzdem ist Sex für die Aufklärer kein Mittel zum Zweck, sondern Selbstzweck – ein Teil menschlicher Ausdrucksmöglichkeiten.

Der Orgasmus, so wurde immer wieder biologisch und psychologisch theoretisiert, diene dem Spannungsabbau: Der Sexualtrieb strebt nach seiner Aufhebung oder »Löschung«, so wie uns Hunger zum Kühlschrank oder in ein Restaurant und zur Sättigung treibt. Offenbar ist dieses primitiv-kybernetische Modell falsch, es handelt sich dabei um nicht mehr als eine der vielen »Nichts als«-Reduktionen der Wissenschaft. Bei der Sexualität geht es eben nicht *nur* ums »Finale«, es geht nicht nur um eine Erregung und deren Auflösung, es geht noch nicht einmal um die Entspannung »danach«. Die menschliche Sexualität ist wesentlich vielschichtiger. Es geht ums Ganze: um die Vor-Lust, um die Fantasien der Antizipation, um das Spiel selbst – und auch um die Wiederholung. Lust ist ein komplexer psychophysiologischer Zustand, der als solcher schon begehrt und angestrebt wird.

Gibt es die Virtuosen der Wollust, die all diese Faktoren steuern und kontrollieren können? Ist das nicht ein Widerspruch in sich selbst – Lust und Kontrolle? Von chinesischen Mandarinen wird berichtet, dass sie während des Kopulierens Briefe schrieben, aber ist das noch Wollust?

Trotz aller Aufklärung und auch nach der sexuellen Revolution Mitte des letzten Jahrhunderts ist der heutige Diskurs über die Sexualität immer noch beeinflusst von der Dämonisierung der Lust als Todsünde. Die christliche Sexualmoral wirkt immer noch nach. Es kommt in manchen Subkulturen sogar auf breiter Front zu einer Renaissance der Keuschheit als Tugend. Enthaltsamkeit und Jungfräulichkeit werden von Jugendlichen als neue Werte entdeckt, wie beispielsweise im Heimatland Kinseys. In der Nation, die uns Striptease und Table Dance gebracht hat, schlägt das Pendel gewaltig zurück in eine neue, alte Prüderie, wie etwa der Zulauf der *Love-can-wait*-Bewegung zeigt.

Triebes Schicksal: Lust ist gut!

Wie wir über Sexualität denken, wie wir Sex *haben*, welche Wünsche und Fantasien wir entwickeln ist keineswegs Privatsache. Die Sexualität wird von der Gesellschaft geprägt – und der »private« Umgang mit der Lust wirkt zurück auf die Gesellschaft. Für Aristoteles war die Lust kein Problem, schon gar keine Sünde. Problematisch waren potenziell nur Unmäßigkeit im Umgang mit Lust – Intensität, Gewalt und Objekte des Begehrens. Der ungehemmt Wollüstige hatte den Status eines kleinen Kindes, das erzogen werden muss. Die Legende von der Verführung des Aristoteles durch Phyllis zeigt, wie ambivalent der Philosoph die Sexualität sah: Aristoteles ermahnte seinen Schüler Alexander, den Umgang mit der Hetäre Phyllis einzuschränken – er sei dem Lernen und der Persönlichkeitsentwicklung abträglich. Alexander gehorchte seinem Lehrer – aber er bewog nun die schöne Phyllis, den Aristoteles zu verführen: Sie ging halbnackt und aufreizend vor dem Fenster des Philosophen auf und ab, bis der ihren Reizen erlag. So sehr verfiel er ihr, dass sie ihn schließlich nackt in den Garten führte – ein Anklang an den Garten Eden – und auf ihm ritt. Alexander, zu dieser Zeit noch nicht der Große, freute sich über den gelungenen Streich und spottete über die Wollust des großen Philosophen. Der aber zog aus seiner Schwäche folgende Lehre für Alexander: Wenn selbst der tugendsame und vernunftgeleitete Aristoteles noch in reifen Jahren verführt werden kann, wie sehr muss dann der junge Alexander auf der Hut vor dem Trieb sein! Auch Plato lehrte: Die Vernunft muss die Lust zähmen, ebenso wie die Epikuräer und Stoiker, denen die vernünftige Kontrolle der Emotionen und Affekte ohnehin ein Herzensbedürfnis war – umso mehr die Kontrolle der Lust.

Diese Haltung steht in krassem Gegensatz zur Schamlosigkeit eines Diogenes, der den Sexualtrieb als etwas so Natürliches und Selbstverständliches ansah, dass er in der Öffentlichkeit masturbierte. Sein Schüler Crates und dessen Frau Hipparchia sollen es als Paar ebenfalls öffentlich getrieben haben.

Die sexuelle Lust ist im Laufe der Menschheitsgeschichte gefeiert und denunziert, unbeschwert genossen und verteufelt worden. Häufiger wurde sie jedoch verdächtigt, verunglimpft und unterdrückt; die unbeschwerte Feier der Lust blieb im historischen Gesamtbild nur wenigen Kulturen und Zeiten vorbehalten. Im Allgemeinen genoss die Wollust einen überwiegend schlechten Ruf, und das nicht nur im Christentum: Sie galt als animalisch, egoistisch, unkontrolliert, promisk, flüchtig.

In der Philosophie der Aufklärung und in der Moderne wandelt sich das Bild – eine gewisse Ambivalenz bleibt dennoch erhalten. Arthur Schopenhauer sah in der Lust das ultimative Ziel allen menschlichen Strebens. Er traute dem mächtigen Trieb vieles zu – ständig komme er uns die Quere, er dränge und zwänge sich in unsere Geschäfte, er verwirre selbst die größten Geister, störe die Verhandlungen der Staatsmänner und die Forschungen der Gelehrten, er schmuggele Liebesbriefe in die Portfolios der Minister und in die Manuskripte der Philosophen. Was hätte Schopenhauer erst über Bill Clinton und seine Eskapaden im *Oral Office* geschrieben?

Ein anderer Philosoph, der Engländer David Hume, warf sich für die Lust in die Bresche: »Tugend ist alles, was für einen Menschen selbst und für andere nützlich und angenehm ist.« Und Lust ist ja nicht nur tugendhaft, sondern auch die *conditio sine qua non*: Ohne Wollust wäre niemand auf der Welt, um über sie zu räsonieren. Hume ging noch weiter: »Die Vernunft ist die Sklavin der Leidenschaften, sie soll es sein und bleiben, sie kann nie eine andere Rolle beanspruchen, als den Leidenschaften zu dienen und ihnen zu gehorchen.« Die Vernunft hat lediglich dafür zu sorgen, dass wir klug mit dem Trieb umgehen, ihn, wo und wann immer es geht, ausleben, ohne uns dabei selbst zu schädigen, etwa durch übermäßigen Genuss.

Diese Haltung Humes stieß selbst in der Moderne noch auf heftigen Widerspruch. So kritisierte Karl Popper, Begründer des Kritischen Rationalismus, die Unterordnung der Vernunft unter die Lust: »Die Bändigung unserer Leidenschaften durch die sehr begrenzte Vernünftigkeit, derer wir fähig sind, ist nach meiner Ansicht die einzige Hoffnung für die Menschheit.« Die hedonistischen Philosophen Bernulf Kanitschneider und Bettina Dessau kommentieren diese Vernunftreligion so: »Die Angst vor den überbordenden Leidenschaften scheint eine manifeste philosophische Krankheit zu sein. Die umgekehrte Sorge, dass ein Zuwenig an triebhafter Aktivität die Gefahr der Langeweile und der spannungslosen Öde in sich birgt, hat Popper wohl nicht.«

Der Ursprung der Sexualfeindlichkeit

Die Sexualisierung der Kultur ist ein Symptom für die ungebrochene und nie zu brechende Faszination, die die Sexualität ausübt. Eines der vielen Paradoxe um die Sexualität ist, dass gerade die, die sie zügeln, verbieten, unterdrücken wollten, oft besessen von ihr waren. Die Kirchenväter, die asketischen Mönche und Eremiten, später der Faschismus und heute der Islam – sie alle waren geprägt von der männlichen Obsession der Reinheit und gleichsam voller Angst vor dem Phantasma der verschlingenden, triebhaften Frau. Die islamistischen Selbstmordattentäter werden mit der Vorstellung motiviert, dass im Paradies siebzig Jungfrauen auf jeden von ihnen warten.

Als Kinder haben wir, sofern wir Katholiken sind oder waren, mithilfe eines gedruckten Beichtspiegels samstäglich erforscht, ob wir »unkeusch in Gedanken, Worten und Taten« waren: Wie schwer wog der wollüstige Blick durch den Spalt in der Wand zur Damenabteilung der Badeanstalt? Wie viel Vaterunser mussten gebetet werden, um das Lesen in den frivolen Büchern der Eltern zu sühnen? Und, besonders verwerflich und entsprechend kostspielig in der Gebetswährung, die Sünde der Selbstbefleckung!

Noch in den sechziger Jahren, in einer Epoche, die sexualgeschichtlich Lichtjahre vor *Big Brother* oder Talkshows mit Titeln wie *Du Schlampe vögelst mit meinem besten Freund!* lag, predigte der Pater Leppich – ein später Nachfahre Savonarolas – vor Zehntausenden in den deutschen Großstädten, und sein besonderer Furor galt den »Unterleibsatheisten«, die dem Fressen, Saufen und vor allem dem ungezügelten und außerehelichen Sex verfallen waren. Diese Geißelungen der Fleischeslust sind kaum noch nachzuvollziehen in unserer durch und durch sexualisierten und pornografisierten Welt der privaten TV-Kanäle und des Internet.

Ein gewaltiger Komplex lastete seit dem vierten Jahrhundert auf der Sexualität. Der Ursprung der theologisch gut fundierten Sexual- und Leibfeindlichkeit wird dem Kirchenvater Augustinus angelastet – geboren 354 in Nordafrika und mit 29 Jahren zum Christentum übergetreten. Zuvor hatte er ein nicht gerade ausschweifendes, aber doch sinnenfreudiges Leben geführt, sodass von ihm auch der Spruch aller Aufschieber überliefert ist: »Herr, gib mir Keuschheit, aber nicht sofort!«

Augustinus war mit einer Frau liiert und hatte mit ihr ein Kind, als er in Mailand seine klerikale Karriere begann. Auf Betreiben seiner Mutter Monica sagte er sich von seiner Lebensgefährtin los. Es kann mit einiger Plausibilität vermutet werden, dass ihn deshalb Schuldgefühle plagten, an denen er sich in seinen Lehren abarbeitete. Aber warum konnte Augustinus die Kirche mit seiner persönlichen Sexualneurose infizieren und wie konnte sich seine monströse Theologie – die Lehre von der Erbsünde – durchsetzen? Warum verfing diese Idee? Das frühe Christentum besaß keineswegs das Copyright für die Sexualfeindschaft. Der Gedanke der Abspaltung des Körpers und seiner Lust von den höheren Strebungen der Seele lag in der Luft: Zum einen hatte schon die klassische griechische Philosophie, durch Plato und später durch die Stoa, diesen Gedanken ausformuliert. Zum andern war die persische Lehre des Zarathustra und des Mani, des Manichäismus, im Schwange, mit ihrer extremen Polarisierung von Gut und Böse, Hell und Dunkel: Der Körper ist das Gefängnis der Seele. Sie muss und kann sich aus dieser Gefangenschaft befreien durch Askese und Kontemplation. Das Licht steht für die Seele, die Finsternis ist Domäne des Körpers. Diese Auffassung beeinflusste das frühe Christentum stark. Augustinus selbst war neun Jahre lang Mitglied einer manichäischen Sekte.

Und schließlich war das Christentum seit Paulus selbst bereits auf der Spur der Leib- und Sexualfeindlichkeit. In Erwartung der Wiederkunft Jesu sollten sich die Gläubigen spirituell vorbereiten – und das hieß, sich von irdischen und leiblichen Dingen loszusagen. Selbst Sex mit dem Ziel der Fortpflanzung ist überflüssig – denn das Ende schien den Gläubigen nahe.

Asketische Kulte wie die Enkratiten (griechisch *enkrateia* = Zurückhaltung) pflegten das Keuschheitsideal, um die Schwäche Adams abzulegen und die Einheit mit Christus vorzubereiten. Die Ablehnung des »Animalischen« ging so weit, dass sich Anhänger dieser Keuschheitskulte selbst kastrierten. Die Heiligen Antonius und Hieronymus wurden zu den Ikonen der Enthaltsamkeit – ihre Versuchungen sind Fixpunkte in der bildenden Kunst des Abendlandes.

Das solcherart auf Sexfeindlichkeit eingestimmte Christentum beschäftigte sich nun mit Fragen wie der, ob es im Garten Eden zwischen Adam und Eva zum Sex gekommen ist – oder erst nach der Vertreibung. Jedenfalls wurde die Sexualität zum Symbol des Sündenfalls. Es sei ja die »unwillkürliche« und damit rebellische Natur des sexuellen Begehrens, der Aufruhr des Körpers gegen den Geist, der eine ständige Erinnerung an die Auflehnung gegen Gott darstelle. Mit jedem Akt wiederholen wir – aus kirchlicher Sicht – seither das Ur-Vergehen von Adam und Eva.

Der Kirchenvater Thomas von Aquin sah in den körperlichen Lüsten vor allem Störfaktoren für die Vernunft. Das Höchste, zu dem der Mensch fähig und berufen sei, ist der Gebrauch dieser Kraft – um vernünftig zu leben. Nichts kann so sehr von einer vernunftgesteuerten Lebensweise abhalten wie die heftigste der Lüste, die Sexualität. Ergo ist sie etwas Negatives. Die Philosophen Bettina Dessau und Bernulf Kanitschneider sehen in dieser Argumentation des Thomas von Aquin einen »Denkfehler«, was die Psychologie der Lust betrifft: Wenn es ihm wirklich um die Optimierung des Vernunftgebrauches gegangen wäre, dann hätte er für die *Entlastung* von körperlichem und seelischem Druck plädieren müssen. Es seien doch gerade die unbefriedigten körperlichen Bedürfnisse und Begierden, die das Denken daran hindern, seine optimale

Leistung und Kraft zu entfalten: »Die Geschichte der Askese zeigt, dass deren Anhänger einen Großteil ihrer Energie auf die Zügelung der Triebwelt verschwenden mussten, diese Energie ging jedenfalls für die Durchführung kreativer Tätigkeiten verloren.«

Neurosen, Perversionen, Sublimationen

Dieses Erbe der christlichen Religion wirkt lange nach. Selbst noch der Aufklärer Kant zeichnete ein eher moralinsaures und verklemmtes Bild der Lustbefriedigung: Er befürchtete vor allem, dass die sexuelle Liebe aus der begehrten Person ein Objekt des Appetits mache, und wenn dieser gesättigt sei, werde der Sexualpartner wie eine ausgelutschte Zitrone weggeworfen. Von Kant stammt die berüchtigte Definition der Ehe als einem Vertrag zur wechselseitigen Nutzung der Geschlechtsorgane.

Und selbst Sigmund Freud, dem die Wiederentdeckung der Sexualität als zentralem Movens des Menschen zugeschrieben (und manchmal vorgeworfen) wird, ist eigentlich ein Skeptiker der Lust. Ihm verdanken wir die Beobachtung, dass die Lust nicht erst mit der Geschlechtsreife einsetzt, sondern schon der Säugling ein »polymorph perverses«, sexuell geprägtes Lustempfinden habe. Daraus schloss Freud, dass die Sexualität eine weit über die Fortpflanzungsfunktion hinaus reichende, nämlich eine emotionale und soziale Bedeutung für den Menschen haben müsse. Sigmund Freuds Entdeckung der frühkindlichen Sexualität und der psychosexuellen Entwicklungsphasen war der Beginn einer völlig neuen Betrachtungsweise von Sexualität. Besonders verstörend und empörend war seine Behauptung, Kinder seien nicht »unschuldig«, der ganze Körper wäre vielmehr ein Lustorgan. Entscheidend für die Persönlichkeitsentwicklung sei, wie wir mit dem Lebens- und Sexualtrieb namens Eros umgehen: Unser Triebschicksal hängt davon ab, meinte Freud, wie die »Sache« familiär bewertet und gezügelt und gesellschaftlich überformt, geduldet oder stimuliert wird.

Die sozialen und kulturellen Einflüsse auf unser Sexleben und das Triebschicksal waren zu allen Zeiten mächtig. Freud lebte im

Viktorianischen Zeitalter, das sich durch eine sprichwörtliche Prüderie auszeichnete – selbst Tischbeine wurden verhüllt, um keine Assoziationen zu wecken – und das durch Doppelmoral glänzte. Diese Epoche bot den Nährboden für das reiche Spektrum von Sexualneurosen und Perversionen, die Freuds Menschenbild maßgeblich prägten: Fetischismus, Sadismus, Masochismus ...

Kultur ist für Freud nur möglich, wenn wir in der Lage sind, unsere Triebe, namentlich den Aggressions- und den Sexualtrieb, zu unterdrücken. Die sexuellen Normen einer Gesellschaft, ihre »Sexualmoral«, gängeln und domestizieren den Trieb und schreiben ihm die Formen der Befriedigung vor. Aber der Trieb ist oft stärker, als die Gesellschaft erlaubt: Wo er nicht sublimiert, werden kann also zu künstlerischen oder wissenschaftlichen Leistungen veredelt, bricht er sich auf andere Weise Bahn und sucht sich Ersatz. Freud schrieb 1908: »Die Erfahrung lehrt, dass es für die meisten Menschen eine Grenze gibt, über die hinaus ihre Konstitution der Kulturanforderung nicht folgen kann. Alle, die edler sein wollen, als ihre Konstitution es ihnen gestattet, verfallen der Neurose; sie hätten sich wohler befunden, wenn es ihnen möglich geblieben wäre, schlechter zu sein.« Triebverzicht und Neurosen sind der Preis der Kultur.

Freud rang so intensiv mit dem Erklären und Einordnen des Sexualtriebes, dass er mehrere Knoten in seine Theorie hineinbrachte. So spielt er die Sinnlichkeit gegen die Zärtlichkeit aus: Für Letzteres stehe die mütterliche Liebe, aber da das Inzest-Tabu und die bürgerliche Moral und Scham verhindere, dass es zwischen Mutter und Kind zu mehr als Zärtlichkeit komme, müsse der Mann sich Frauen suchen, die *nicht* wie die Mutter sind, um seine animalischen, sinnlichen Lüste zu befriedigen. Solche Frauen, so der bürgerlich denkende Freud, fände der Jüngling vorwiegend in den niederen Ständen, unter Dienstmädchen, Wäscherinnen und Servierfräuleins. »Ein jeder Jüngling hat nun mal / den Hang zum Küchenpersonal«, dichtete Wilhelm Busch. Überhaupt gebe es eine universelle Tendenz zu Erniedrigung in der Liebessphäre, man vergnüge sich sexuell also am liebsten unter seinem Niveau. Dass dies heute auch umgekehrt gilt, dass also Frauen ebenfalls für das »Sinnliche« eher einen gut gebauten Blödmann bevorzugen (*well-hung*, wie es die Frauen aus *Sex and the City* bevorzugen), lässt dieses Freudsche Theorem zumindest als aktuell und bedenkenswert erscheinen.

Die Neigung zur Verdinglichung des Lustobjekts, wie sie der Wollust angeblich innewohnt, taucht heute bei der feministischen Philosophin Martha Nussbaum wieder auf. Als die »sieben Todsünden der Wollust« identifiziert sie sieben Spielarten, den Sexualpartner zu objektifizieren. Martha Nussbaum nennt erstens die Instrumentalisierung des Partners, zweitens: ihm die Autonomie, die Selbstbestimmung abzusprechen, drittens: den anderen wie ein passives Ding zu behandeln; viertens: den Partner als austauschbares Objekt zu betrachten; fünftens: seine Integrität zu missachten, etwa durch Zufügung von Schmerzen; sechstens: ihn zu besitzen wie eine Ware, die gekauft und verkauft werden kann; siebtens: seine Subjektivität zu verleugnen, das heißt, seine Gefühle und Erfahrungen nicht zu beachten. Damit sind natürlich vorwiegend negative männliche Verhaltensweisen beschrieben, der männliche Blick auf die Frau als verfügbares Objekt, das manchmal erobert, auf jeden Fall aber beherrscht werden muss, das man belästigen, verdinglichen und vergewaltigen kann. Es ist ein Ausschnitt aus dem großen Bild der Sexualität, bei dem Menschenhändler und Zwangsprostituierte im Vordergrund stehen, nebst ihren Kunden, die sich die Mädchen bestellen wie eine Pizza. Immerhin treibt auch Männer häufiger die Vorstellung um, nur das Objekt oder Instrument weiblicher Lust zu sein. Es ist die das Ego kränkende Angst, austauschbar zu sein – sozusagen ein Dildo auf zwei Beinen.

Von solchen *Worst-Case*-Szenarien einer durch Machtverhältnisse und Entfremdung entstellten Sexualität nicht weit entfernt ist das evolutionspsychologische Bild. Die Evolutionspsychologie untersucht die vielfältigen Anpassungsleistungen des Menschen, die das Überleben der Art gesichert haben – und die heute als steinzeitliche Verhaltensweisen in eine weitaus kompliziertere Umwelt hineinragen: Ein »unbewusstes genetisches Kalkül« liege beispielsweise der männlichen Neigung zum Fremdgehen zugrunde. Es gehörte zum Programm des frühen Menschen, seine

Gene so weit wie möglich zu »streuen«. Ein ebenso altes Programm sei die Neigung von Frauen, sich als Partner bevorzugt statushöhere und mächtige Männer zu suchen: Gut situierte prospektive Familienväter gesucht!

Schon Charles Darwin hatte beobachtet, dass die sexuelle Wahl in der Natur häufiger von den weiblichen Exemplaren einer Spezies getroffen werde, und das gilt aus evolutionstheoretischer Sicht auch für den Menschen: Frauen wählen immer noch, auch wenn sie dem Partner oft die Illusion lassen, er habe die Wahl getroffen, und sie sind auch wählerischer als Männer. Männer werden vom »unbewussten genetischen Kalkül« eher zur größtmöglichen Verbreitung ihres Spermas angetrieben. So erklärt das entwicklungsgeschichtliche Schema die menschliche Sexualität. Aber die Lust des heutigen *homo sapiens* zielt nicht auf die Fortpflanzung, jedenfalls in den meisten Fällen. Lust will Lust, einen guten Fick als Selbstzweck. Die meisten Sexualpraktiken sind ganz eindeutig *nicht* auf Fortpflanzung gerichtet: Masturbation, oral, anal, homosexuell, ganz abgesehen von den Techniken der Verhütung. Ein Verhaltens-»Modul«, das auf diese Praktiken gerichtet wäre, würde nach der Evolutionslogik in kürzester Zeit »aussterben«, denn die reine Wollust ist kein Geschäft, das auf Rendite zielt.

Das neue Zeitalter: Die Neosexuellen entdecken die Liebe

Der wortschöpferisch begabte Sexualwissenschaftler Volkmar Sigusch sieht uns im Zeitalter der *Neosexualität* und des *Self-Sex* angekommen. Die Neologismen sollen besagen, dass die alten Ängste und Vorurteile ihre Macht über uns verloren haben und sich eine neue Freiheit auftut – obwohl der Kapitalismus paradoxerweise ansonsten immer mehr Unfreiheiten in anderen Lebensbereichen produziere. Die Spielarten praktizierter Sexualität jedoch vervielfältigen sich, und vieles, was noch vor wenigen Jahrzehnten als abartig, krank oder pervers gegolten hätte, sei nun toleriert, wenn nicht gar *Mainstream*-Praxis.

Allerdings ist die solchermaßen befreite Sexualität nicht mehr die »große Metapher des Rausches, der Revolution, des Fortschritts und des Glücks«. Das Sexuelle hat seine Sprengkraft verloren, es ist banaler, alltäglicher, undramatischer geworden. Es scheint, als ob die Libido heute von zerstörerischen und aggressiven Leidenschaften abgelöst wird: Die Gewalttätigkeit – allerdings auch in Verbindung mit Sexualität – nimmt zu.

Neosexualität ist das Ergebnis des Wandels von der *Wollust* zur *Wohllust:* Eine auf persönliches Wohlbefinden ausgerichtete, gesteuerte und optimierte Sexualität macht von den vielen Spielräumen der Lusterzeugung freizügigen Gebrauch. Im Erlebnispark der neuen Sexualität sind Bedürfnisbefriedigungen auf unkomplizierte Weise zu haben. Sexualität ist im neuen Garten der Lüste ein Spaß, den alle genießen können. Experimente und Grenzüberschreitungen, etwa in Richtung Fetischismus oder Sadomasochismus, verletzen keine Tabus mehr, sondern sind Themen, bei denen selbst die Prüden gelangweilt weiterzappen. Der englische Soziologe und Blair-Berater Anthony Giddens spricht von »plastischer Sexualität«: Da die Reproduktion nicht mehr der Hauptzweck des Geschlechtlichen ist (war sie das jemals?) und weil Normen und Zwänge weitgehend aufgehoben sind, lässt sich Sex auf vielfältige Weise ausgestalten und nutzen – zum Zeitvertreib, zur Unterhaltung, zur Kommunikation und zur Selbstdarstellung (die *Love Parade* ist vor allem eine *Parade*!). Der Sexualtherapeut Gunter Schmidt befürchtet: »Nicht Befriedigungen werden uns fehlen, sondern das Verlangen, die Erregung, die Lust drohen uns auszugehen.«

Aufschub, Verzicht, Sparen, Einschränkungen sind ohnehin unerwünschte Sekundärtugenden im Konsumkapitalismus und in den Überflussgesellschaften der Industrieländer. Was also folgt, wenn der Trieb müde geworden ist oder an Übersättigung zugrunde geht?

»Da Phantasie leichter zu designen ist als das reale Leben, existieren in der Spätmoderne zwei Sexualwelten nebeneinander, die Welt des Symbolischen und die Welt des Verhaltens, also die Welt des Träumens und des realen Sex«, schreibt der Soziologe John Gagnon. Männer und Frauen beträten das Phantasialand des Sexes nicht etwa, weil sie von ihrem realen Sexualleben frustriert wären, sie tun es, weil die virtuelle Welt angenehme Erlebnisse ohne Kosten und Probleme bietet. Beide Sex-Welten existieren parallel nebeneinander, ohne dass es Überschneidungen gäbe. Fantasiekonsum ist längst ein Teil des sexuellen Lebens geworden, nicht als Ersatz für die Realität, sondern als eigene Sphäre mit ihren eigenen Reizen und Vorteilen. So wie auch Selbstbefriedigung (und die damit verbundenen Fantasien) mit der Partnersexualität koexistieren. Gunter Schmidt nennt dieses Phänomen »*lean production, designed sex*«.

Weil sie ein so selbstverständlicher, vielfach zu nutzender und zu lebender Teil unseres Alltags geworden ist, droht der Lust eine Gefahr, die weit größer und gefährlicher sein könnte als die Verklemmtheiten und Repressionen früherer Epochen: es droht die Entwertung durch Banalisierung. Die Wollust war einmal das Urmeter der Sinnlichkeit, das höchste der Gefühle – alles andere war daneben nur die zweitschönste Sache der Welt. Heute ist Sex eine Erlebnisoption unter vielen, eine Vergnügungsmöglichkeit wie Reisen oder gutes Essen. Denn die Menschen sind heute weniger »Befriedigungssucher« als vielmehr »Erregungssammler«, meint der Soziologe Zygmunt Bauman: Unser Alptraum ist der Zustand der Spannungslosigkeit, die Zeit, in der nichts passiert, und so beugen wir vor und suchen unablässig nach Stimulation, nach *kicks*. Es geht dabei nicht mehr um das große orgiastische Gefühl des Verschmelzens im Sexualakt, sondern um die permanente Stillung des kleinen Hungers zwischendurch.

Promiskuität zwingt zur Lüge und zur Heuchelei, oder wie es der Theologe Christopher Sykes ausdrückt: Don Juan muss auch ein Tartuffe sein. Das Spiel der Verführung ist nur dann wirklich aufregend, wenn Verführer und Verführte mit ihrer ganzen Person engagiert sind. Schneller Konsumsex dagegen muss Fassaden aufbauen und Leidenschaften heucheln, wo lediglich Triebabfuhr beabsichtigt ist. Und wenn diese stattgefunden hat, bleibt nicht mehr viel. Geist- und liebloser Sex verzehrt sich selbst, er brennt aus.

Die große Unlust: Ganz ohne Liebe geht die Chose nicht

Eine typische Spam-Mail: »Das ist ein echter Hammer! Hier kannst du wirklich alles sehen und musst nur einmal zahlen! Egal ob du dich durch die hochwertigen Live-Shows klickst, tabulos chattest, den geilen Girls beim Ficken zusiehst oder dir aufregende Bildergalerien auf deinen PC ziehst, das alles bekommst du zum Festpreis! Keine Coins und keine 0190 oder 0900 Telefonnummer, die du zusätzlich bezahlen musst – versprochen! Wenn du dir jetzt die unglaubliche Sex-Flatrate schon ab 3,49 Euro nach Hause holen willst, dann ist das hier dein Link: http://…«

Die Aura des Verbotenen, Heimlichen und Dramatischen hat die Sexualität fast völlig eingebüßt. Mehr noch: Es ist Ausdrücklich erwünscht und geradezu geboten, Sex und seine vielen Nebenprodukte und *Line-extensions* zu konsumieren. Damit erfüllt sich eine Vorhersage des Philosophen Günther Anders: Er war schon vor vier Jahrzehnten der Ansicht, dass in der Überflussgesellschaft nicht mehr die *Angebote*, sondern die *Wünsche* knapp würden. Das neue Problem ist, dass man gar nicht mehr so viele Wünsche haben kann, wie es der Überfluss erfordert – und das gilt tendenziell auch für die Lust. Die Hälfte aller Paare in Deutschland ist »entsext«. Viele interpretieren heute schon ihre »Wunschlosigkeit« als Lustlosigkeit und sehen sich als Versager. Das Überangebot blendet – es macht blind für die Tatsache, dass es nach wie vor physiologische und psychische Grenzen für die Lust gibt. Der aktuelle Beweis für diese Verblendung ist der Run auf die Potenzpille Viagra, die ja vor allem eine Wunschpille ist.

Die Zürcher Philosophin Ursula Pia Jauch konstatiert, dass Eros »flügellahm« geworden sei. Die alte Sünde der Wollust hätte doch immerhin noch »geheime Bande zum Eros gehabt; es ging nicht einfach um den platten Trieb, um die pure Sexualmechanik der Spätmoderne, deren erotische Leere man daran erkennen kann, dass der emphatische Begriff des Lasters schon gar nicht mehr existiert … Was früher ein Laster war oder vielleicht gar eine Perversion, ist heute allenfalls noch eine Marktchance oder ökonomische Goldgrube, die es auszubeuten gilt, bevor es ein anderer tut.«

Die Sexologen diagnostizieren schon seit längerem eine grassierende Unlust. In vielen Beziehungen herrsche Langeweile, die Partner fühlten sich überfordert. Der Orgasmus ist nur noch das Signal, dass man endlich aufhören kann mit dem Gezappel. Muss und kann die Lust vor der Verflachung und Langeweile gerettet werden? Muss sie vielleicht wieder mit künstlichen Hindernissen umstellt werden, damit sie wieder spannend und aufregend wird? Muss sie aufgeladen werden – mit Liebe?

Volkmar Sigusch sieht die Liebe als den unzerstörbaren Kern menschlicher Paarbeziehungen: »Liebe ist nicht nur die Sehnsucht nach Kindheitsparadiesen voll lustvoller Harmonie. Liebe ist auch ein allgemeines Erfordernis des erwachsenen Lebens. Die Leere, Distanz und Kälte der Arbeitswelt, überhaupt des gesellschaftlichen Lebens, sind im Allgemeinen nur mit der Nähe und Wärme einer Liebesbeziehung auszuhalten, die, wenn schon nicht zu erreichen, so doch wenigstens versprochen sind. Das ist einer der Gründe, warum seit Jahrzehnten ohne Unterlass über Erotik, Sexualität, Paare, Passanten, Varianten und Mutanten geredet und geschrieben wird ...«

Die Liebe ist unabdingbar, wenn Sexualität nicht zur Beziehungs- und Sexual-Klempnerei verkommen soll. Sie sei nicht einfach da wie die Begierde, schreibt Sigusch, sondern »muss ständig, ununterbrochen, unermüdlich erlernt, erarbeitet, in Beziehungen gehalten werden – als der Versuch zweier Menschen, einander jene Bedürfnisse zu befriedigen, die lebensgeschichtlich verbogen und gesellschaftsgeschichtlich ein Unding geworden sind«.

Selbst als Fetisch ist die Liebe lebenserhaltend. »Sie ist die erwärmende Rauschdroge in der gesellschaftlichen Kälte ... Ist der Liebe wie dem Sexuellen seelisch und sozial die Funktion zugewiesen, gesellschaftliche Leere zu überbrücken, ... Sinn vorzutäuschen, Lebendigkeit einzublasen ..., so tun beide eben das, das Sexuelle und die Verliebtheit eher kurz-, die Liebe eher langatmig. Deshalb wird an der Idee von Generation zu Generation festgehalten. Deshalb gibt es im Sexual- und Liebesleben keinen Stillstand.«

Stillstand gibt es sicher nicht, aber in welche Richtung bewegt sich die Bewirtschaftung der Lust? Ursula Pia Jauch sieht es pessimistischer als Sigusch: »Der Preis der Wissenschaft ist notwendig der Verlust des Glaubens. Zum Glauben gehört aber auch der Glaube an den Eros. Wer sich – wie die meisten von uns – freiwillig durch das Säurebad der Kritischen Theorie, durch den neofeministischen Geschlechterrevanchismus, durch die Neoscholastik der *Gender Studies* und die Güterabwägung der gegenwärtigen Fortpflanzungsethik hat schleifen lassen; wer am Morgen die Stammzellenforschung für ethisch unbedenklich hält und am Abend über den Verlust des Eros philosophiert: Der hat kein Recht zur Klage.«

Die Rettung des Eros in der Feed-back-Schleife der Lust

Wie lässt sich die Lust retten – vor (falschen) Freunden und Feinden gleichermaßen? Ist sexueller Optimismus angebracht? Besteht Aussicht, dass es irgendwann eine von religiösen Ängsten und Zwängen und von ausbeuterischen Verhältnissen befreite, befriedigende und nicht-entfremdete Sexualität gibt? Oder behalten die Pessimisten Recht mit ihrer These, wir hätten uns die Lust zur Last gemacht? Was bringt uns die Exegese des ewigen Kampfes um die richtige Haltung zur Sexualität – außer der Erkenntnis, dass eigentlich alles pro und contra gesagt und viel Schindluder mit dem Begehren getrieben worden ist?

Ausgerechnet bei Thomas Hobbes, eher bekannt durch seine düstere Staatsvision vom Leviathan, findet sich eine tröstliche, versöhnende und erstaunlich moderne Vorstellung gelingender menschlicher Sexualität. Hobbes schrieb: »Der Appetit, den der Mensch Lust nennt, ist ein sinnliches Vergnügen, aber nicht nur das, in ihm liegt auch eine Freude *(pleasure)* für den Geist: denn sie besteht aus zwei Appetiten – verwöhnen und verwöhnt werden *(pleased)*; und die Lust, die die Menschen beim Lustbereiten empfinden, ist nicht sinnlich, sondern ein Vergnügen des Geistes, das in der Vorstellung besteht, so viel Macht zu haben, um anderen Lust zu bereiten.« Hobbes schildert im Grunde nichts anderes als die Feed-back-Schleife der Lust: A bereitet B Lust, B genießt, was A tut, und A ist darüber erfreut. Das wiederum gefällt B, und A ist glücklich darüber ... So geht das ad infinitum oder doch wenigstens über die kleine Ewigkeit eines gelingenden, erfüllenden Liebesaktes hinweg. Diese sich steigernde Gegenseitigkeit in der Lustempfindung und Lustbereitung ist die Hobbesche Einheit der Lust, die die Freude des Körpers und des Geistes einschließt. Diese Lust ist nicht narzisstisch, obwohl das lustempfindende, auf seine Lust achtende Selbst involviert ist. Die wechselseitige Bewusstheit steigert sich noch, wenn der Körper die Regie des Aktes übernimmt; das Unwillkürliche wird Teil der Lust, das Sich-fallen-Lassen und -Hingeben des anderen steigert die eigene Empfindung.

Für diese Kybernetik der Lust gibt es keine Rezepte. Sie ereignet sich aber zum Glück, oft genug *wie von selbst*, wenn zwei sich in der Absicht begegnen, Lust zu empfinden und zu geben. Es sind nicht die Bewegungen und Techniken, die entscheidend sind, sondern das, was sich im Kopf abspielt. Das macht all die Rezeptbücher und Ratgeber einschließlich des Kamasutras zur öden oder auch komischen Lektüre. Guter Sex im Geiste der Hobbeschen »Einheit« läuft ab wie ein gutes Gespräch, ein Austausch von guten Argumenten und bereichernden Anmerkungen. Nicht alle Gespräche, nicht alle sexuellen Begegnungen müssen deshalb immer das Ideal erfüllen. Es gibt hier wie da die Einsilbigen und die Solipsisten, die vor allem sich selbst gerne reden hören, es gibt Schüchterne und Misstrauische. Manchmal muss man in einem Gespräch auch Interesse heucheln, um den Partner nicht zu verletzen oder um ihn aus der Reserve zu locken. Dagegen ist nichts zu sagen, Hauptsache, ein Gespräch kommt in Gang.

Literatur

Vorwort

Simon Blackburn: Being good. A short introduction to ethics. Oxford 2001
Edward C. Chang und Lawrence J. Sanna: Virtue, Vice and Personality. Washington 2003
Heiko Ernst: Und führe uns nicht in Versuchung... In: Psychologie Heute, Februar 2000, S. 25–27
Henry Fairlie: The seven deadly sins today. Notre Dame 1995
Albert O. Hirschman: Leidenschaften und Interessen. Politische Begründungen des Kapitalismus vor seinem Sieg. Frankfurt 1980
William James: The Principles of Psychology. New York 1950
Immanuel Kant: Anthropologie in pragmatischer Hinsicht. Stuttgart 1983
Ursula Lehmann: Unsere Gesellschaft verfügt über kein Jenseits mehr. In: Merkur, Heft 2, 2005, S.166–169
Georg Christoph Lichtenberg: Krokodile im Stadtgraben. Sudelsprüche und Schmierbuchnotizen. Ausgewählt von Robert Gernhardt. Frankfurt 2000
Hubert Markl: Gehirn und Geist: Biologie und Psychologie auf der Suche nach dem ganzen Menschen. In: Psychologische Rundschau, 56. Jahrgang, Heft 1, 2005
Solomon Schimmel: The seven deadly sins. Jewish, christian and classical reflections on human psychology. New York und Oxford 1997
Jürgen Werner: Die sieben Todsünden. Einblicke in die Abgründe menschlicher Leidenschaft. Stuttgart 1999

Hochmut

Gordon Allport: Pattern and growth in personality. New York 1961
Aristoteles: Die Nikomachische Ethik. München 2004

Roy F. Baumeister, Jennifer D. Campbell, Joachim I. Krueger und Kathleen D. Vohs: Exploding the self-esteem myth. In: Scientific American, 20. Dezember 2004

Jennifer Crocker und Lora E. Park: The costly pursuit of self-esteem. In: Psychological Bulletin, Vol.130, Mai 2004, S. 393–413

Maureen Dowd: Frozen Mermaids, Scary Sirens. In: New York Times, 3. März 2005

Georg Franck: Mentaler Kapitalismus. In: Merkur, Heft 1, 2003, S.1–15

ders.: Die Ökonomie der Aufmerksamkeit. München 1998

David Hume: A Treatise of Human Nature. Oxford 1988

Kurt Kister: Fischers Fehler, Süddeutsche Zeitung Nr. 41, 19. Februar 2005

Christopher Lasch: Das Zeitalter des Narzissmus. Hamburg 1995

Daniel Leising: Die Allergrößten. In: Psychologie Heute, Mai 2004, S. 30–35

Sighard Neckel: Stars im Kumpelformat. Kultur Spiegel, Heft 2, Februar 2004, S. 7–11

Wolfgang Marx: Der Blick des Anderen. Zur Entwicklung des Ich-Konzepts. In: Merkur, Heft 2, 2002, S.124–133

Winfried Menninghaus: Männer sind das schöne Geschlecht. Interview mit Brigitte Werneburg. In: die tageszeitung, 14. März, 2005, S.15–16

Neid

Karl Heinz Bohrer und Kurt Scheel: Editorial zur Merkur Sonderausgabe Ressentiment! Zur Kritik der Kultur, Heft 9/10, 2004

Jacob Burckhardt: Bilder des Ewigen. Ein kulturgeschichtliches Lesebuch. Hrsg. von Hanno Helbling. Zürich 1997

Joseph Epstein: Envy. Oxford 2003

Klaus Hartung: Der Neid und das Soziale. In: Kursbuch, Heft 143: Die Neidgesellschaft

Rolf Haubl: Neidisch sind immer nur die anderen. Über die Unfähigkeit, zufrieden zu sein. München 2001

Rolf Jensen: The dream society. How the coming shift from information to imagination will transform your business. New York 1999

Joseph P. Kahn: It's not easy to be green. In: The Boston Globe Magazine, 3. Oktober 2000

Melanie Klein: Envy and Gratitude. London 1957

Hans-Peter Müller: Soziale Ungleichheit und Ressentiment. In: Merkur, Heft 9/10, 2004, S. 883–894

Sighard Neckel: Die Macht der Unterscheidung. Beutezüge durch den modernen Alltag. Frankfurt 1993

Friedrich Nietzsche: Zur Genealogie der Moral. Nietzsche Werke, Band 3, München 1972
W. Gerrod Parrott: The emotional experience of envy and jealousy. In: The Psychology of jealousy and envy. Hrsg. von Peter Salovey. New York 1991
John Rawls: Eine Theorie der Gerechtigkeit. Frankfurt 1979
Peter Salovey (Hrsg.): The psychology of jealousy and envy. New York 1991
Frank Sulloway: Der Rebell in der Familie. Berlin 1996
Max Scheler: Das Ressentiment im Aufbau der Moralen. Frankfurt 1978
Helmut Schoeck: Der Neid und die Gesellschaft. Frankfurt/Berlin 1987
Frank Schirrmacher im Interview mit Stephan Lebert: Wie giftig ist der Neid? In: Kerstin Kohlenberg und Stephan Lebert: Leben ist verdammt schwer. Antworten auf 13 Fragen unserer Zeit. München 2005

Habgier

Götz Aly: Massenraubmord. Interview mit Miklos Gimes. In: Das Magazin des Tages-Anzeigers Zürich, Heft 18, 2005, S. 30–43
Adrienne Baker: Serious shopping. Psychotherapy and consumerism. Zitiert nach: Shop 'til you drop. 11. November 2002, British Psychological Society, www.bps.org.uk
Norbert Bolz: Über Konsumismus. In: Merkur Sonderheft Kapitalismus oder Barbarei? September/Oktober 2003, S. 966–971
Terry Burnham und Jay Phelan: Mean genes. From sex to money to food. Taming our primal instincts. London 2000
Ulrich Busch: Geiz ist geil! Wieso auf einmal? In: Utopie kreativ. Heft 163, Mai 2004, S. 389–401
Leda Cosmides: The logic of social exchange: Has natural selection shaped our human reason? In: Cognition, 31 (3), April 1989
Harvey Cox: The market as god. Living in the new dispensation. In: The Atlantic, März 1999, S.18–23
Henry Fairlie: The seven deadly sins today ... (a.a.O.: Einleitung)
Erich Fromm: Vom Haben zum Sein. Wege und Irrwege der Selbsterfahrung. Schriften aus dem Nachlass. Weinheim 1990
James Gwartney: Economic Freedom of the World. Annual Report 2004
Iver Hand und Peter A. Henning: Glücksspielen an der Börse: Eine verhaltenspsychologische Analyse. In: Sucht, 50(3), 2004, S. 172–186
Albert O. Hirschman: Leidenschaften und Interessen. Politische Begründungen des Kapitalismus vor seinem Sieg. Frankfurt 1980

Daniel Kahneman: Turning happiness into economic power. Vortrag anlässlich »The Second International Positive Psychology Summit«, Washington D.C., October 2003
Immanuel Kant: Metaphysik der Sitten. Werke in 6 Bänden. Köln 1995
Karen Kersting: Turning happiness into economic power. Positive psychology summit speakers discussed the benefits of a contended society. In: Monitor on Psychology, Dezember 2003, S. 26–27
John Maynard Keynes: Allgemeine Theorie der Beschäftigung, des Zinses und des Geldes. Duncker und Humblot, Berlin 2002
Adolph von Knigge: Über den Umgang mit Menschen. Zürich 1999
Karl Marx: Philosophisch-ökonomische Manuskripte. Marx-Engels-Gesamtausgabe, Band 13
ders.: Kritik der politischen Ökonomie. MEW, Berlin 1972
Tilmann Moser: Im Schlaraffenland der Börse. Zur Psychologie der neuen Begehrlichkeit oder Wo wurzelt die Gier? In: Frankfurter Allgemeine Zeitung vom 8. Juli 2000
Burkhard Müller: Ein Teller Linsen für den Chef. Manager verdienen nicht zu viel, sondern zu wenig. In: Süddeutsche Zeitung, 14. März 2005
Paul Nolte: Das große Fressen. In: Die ZEIT, Nr.52, 17. Dezember 2003
Heribert Prantl: So etwas tut man nicht. In: Süddeutsche Zeitung, 12. Juli 2005, S. 4
Arthur Schopenhauer: Die Welt als Wille und Vorstellung. Köln 1997
Seneca: Von der Seelenruhe. Philosophische Schriften und Briefe. Frankfurt 2005
Robert J. Shiller: American Casino. The promise and perils of Bush's »ownership society«. In: The Atlantic, Heft 3, 2005, S. 33–34
Adam Smith: Der Wohlstand der Nationen. München 1988
Phyllis A. Tickle: Greed. Oxford/New York 2004
Donald Trump: The art of the deal. New York 1989
James Twitchell: Two cheers for materialism. In: The consumer society. Hrsg. von Juliet B. Schor und Douglas B. Holt, New York 2000
Max Weber: Die protestantische Ethik und der »Geist« des Kapitalismus. Hain, Hanstein, Bodenheim 1993
Tom Wolfe: Fegefeuer der Eitelkeiten, Reinbek bei Hamburg 2005
Klaus Wübbenhorst: Morgens Aldi, nachmittags Armani. Interview mit Ingrid Brunner. In: Süddeutsche Zeitung, 29. Dezember 2004
Reneé Zucker: My Generation. In: die tageszeitung, 4. August 2004, S.11

Zorn

Aristoteles: Die Nikomachische Ethik. (a.a.O.: Hochmut)
Aaron T. Beck: Prisoners of hate. The cognitive basis of anger, hostility and violence. New York 1999
Leonard Berkowitz: Müssen immer Fetzen fliegen? In: Psychologie Heute, August 1976, S.57–61
Barbara Bollwahn: Explosives Scheitern. In: die tageszeitung, 10. Mai 2005
Dana Crowley Jack: Silencing the self. Woman and depression. New York 1993
C. Leslie Charles: Why is everybody so cranky? The ten trends that are making us angry and how we can find peace of mind instead. New York 1999
Heiko Ernst: Herz plus Hirn. Emotionale Intelligenz im Alltag. In: Psychologie Heute, Februar 2005, S. 20–27
ders.: Der gerechte Zorn und seine positive Wirkung. In: Psychologie Heute, Juli 2003, S.12–13
Benjamin Franklin: Poor Richard's Almanach. 1732–1758
Meyer Friedman: Treating Type A behavior and your heart. New York 1985
Carol Gilligan: Gibt es eine weibliche Moral? Interview mit Heiko Ernst. In: Psychologie Heute, Heft 10, 1982, S. 20–27
Garrett Keizer: The enigma of anger. Essays on a sometimes deadly sin. San Francisco 2003
Hermann Lübbe: Terror oder die höhere Mordmoral. Wieso der Dichter Kotzebue sterben musste. In: Universitas, Dezember 2004, S. 1253 bis 1261
Ulrich Mees (Hrsg.): Psychologie des Ärgers. Hogrefe, Göttingen 1992
Fathali M. Moghaddam: The staircase to terrorism. A psychological exploration. In: American Psychologist, Vol.60. Nr.2, Februar – März 2005, S.161–169
Matthias M. Müller: Die Kunst des Ärgerns. In: Psychologie Heute, April 1990, S. 21–26
Heiko Rehmann: Ein jeder Gruß ist, den du schenkst, bitter. Die klinisch beschriebene Verbitterungsstörung erfordert neue Therapien. In: Frankfurter Allgemeine Zeitung, 10. März 2005
Bernhard Schlink: Der Preis der Gerechtigkeit. In: Merkur 2004, S. 983 bis 997
Thomas Saum-Aldehoff: Wer unter Dampf steht, lebt gefährlich. In: Psychologie Heute, Dezember 2002, S. 28–33
June Price Tangney und Ronda L. Dearing: Shame and Guilt. New York 2002
Redford Williams: Anger Kills. 17 strategies for controlling the hostility that can harm your health. New York 1998

Trägheit

Jean Baudrillard: Das Andere selbst. Wien 1987
Sibylle Berg: Die Invasion der grauen Mäuse. In: Die Zeit, 20. Januar 2005
Hans Blumenberg: Die Sorge geht über den Fluss. Frankfurt 1987
Axel Braig und Ulrich Renz: Die Kunst, weniger zu arbeiten. Berlin 2001
Ralf Brinkmann und Kurt H. Stapf: Innere Kündigung. Wenn der Job zur Fassade wird. Symptome, Ursachen, Lösungen. München 2005
Henry Fairlie: The seven deadly sins today. (a.a.O.: Vorwort)
Viktor E. Frankl: Der Mensch vor der Frage nach Sinn. München 1979
Howard Gardner, Mihaly Csikszentmihalyi und William Damon: Good Work! Für eine neue Ethik im Beruf. Stuttgart 2005
Manfred Geier: Das Glück der Gleichgültigen. Von der stoischen Seelenruhe zur postmodernen Indifferenz. Reinbek bei Hamburg 1997
Iwan A. Gontscharow: Oblomow. München 1991
André Gorz: Kritik der ökonomischen Vernunft. Berlin 1989
Martin Heidegger: Die Grundbegriffe der Metaphysik. Welt – Endlichkeit – Einsamkeit. Gesamtausgabe, Band 29/30. Frankfurt 1983
Geneviève Hess: Die Arbeit nach der Arbeit. Für eine emotionale Erweiterung des Arbeitsbegriffes. In: Arbeit als Lebensstil. Frankfurt 2003
James Hillman: Charakter und Bestimmung. Eine Entdeckungsreise zum individuellen Sinn des Lebens. München 1998
Tom Hodgkinson: Anleitung zum Müßiggang. Berlin 2005
Immanuel Kant: Anthropologie in pragmatischer Hinsicht. Stuttgart 1983
Sören Kierkegaard: Die Krankheit zum Tode. Stuttgart 1997
Elizabeth Kolbert: Why work? A hundred years of »The protestant ethic«. In: The New Yorker, 29. November 2004
Paul Lafargue: Das Recht auf Faulheit. Widerlegung des »Rechtes auf Arbeit« von 1848. In: Das Recht auf Faulheit und andere Satiren. Berlin 1991
Corinne Maier: Die Entdeckung der Faulheit. Von der Kunst, bei der Arbeit möglichst wenig zu tun. München 2005
Odo Marquard: Philosophie des Stattdessen. Stuttgart 2000
Robert Misik: Das sind doch keine Pappkameraden. In: die tageszeitung Nr. 7659 vom 9. Mai 2005, S. 13
Oskar Negt: Arbeit und menschliche Würde. Göttingen 2001
Paul Nolte: Das große Fressen. (a.a.O.: Habgier)
Michael Novak: Max Weber goes global. In: First Things, 152, April, 2005, S. 26–27
Alfred Polgar: Das große Lesebuch. Reinbek 2004
Robert D. Putnam: Bowling alone. The collapse of American community. New York 2000

Erich Ribolits: Die Arbeit hoch? Berufspädagogische Streitschrift wider die Totalverzweckung des Menschen im Post-Fordismus. München, Wien 1995
Rolf Schönberger: Thomas von Aquin zur Einführung. Hamburg 2001
Max Weber: Die protestantische Ethik und der »Geist« des Kapitalismus. (a.a.O.: Habgier)

Völlerei

Aristoteles: Die Nikomachische Ethik. (a. a. O.: Hochmut)
Aurelius Augustinus: Bekenntnisse. Frankfurt 1958
Roy Baumeister, Todd Heatherton und Dianne Rice: Losing control. How and why people fail at self-regulation. San Diego 1994
David Berger: Thomas von Aquin zur Einführung. Hamburg 2002
Pierre Bourdieu: Die feinen Unterschiede. Kritik der gesellschaftlichen Urteilskraft. Frankfurt 1982
Paul Campos: The obesity myth. Why America's obsession with weight is hazardous to your health. New York 2004
Norbert Elias: Über den Prozess der Zivilisation. Soziogenetische und psychogenetische Untersuchungen. Frankfurt 1992
ders.: Soziologie als Sittengeschichte. Interview mit Heiko Ernst. In: Psychologie Heute, Februar 1978, S. 32–37
Heiko Ernst: Psychotrends. Das Ich im 21. Jahrhundert. München 1996
Henry Fairlie: The seven deadly sins today. (a. a. O.: Vorwort)
Felipe Fernandez-Armesto: Food. A history. London 2001
Thomas Kleinspehn: Warum sind wir so unersättlich? Über den Bedeutungswandel des Essens. Frankfurt 1987
Pinguin (Ps.): Schlanke Menschen, schlanker Staat. Hedonismus, Eliten und die Privatisierung des Gesundheitswesens. In: Malmoe on the web, 21. Oktober 2004
Platon: Sämtliche Dialoge. Band 1. Hrsg. von Otto Apelt. Hamburg 1993
Rolf Schönberger: Thomas von Aquin zur Einführung (a. a. O.: Trägheit)
Teresa M. Shaw: The burden of the flesh. Fasting and sexuality in early christianity. Minneapolis 1998
Thorstein Veblen: Die Theorie der feinen Leute. Frankfurt 1986
Daniel M. Wegner und James Pennebaker (Hrsg.): Handbook of mental control. Englewood Cliffs 1993
Hendrik Werner: Jux und Völlerei. In: Die Welt, 16. Januar 2004
Benjamin Wolman (Hrsg.): Psychological aspects of obesity. A handbook. New York 1982

Wollust

Günther Anders: Die Antiquiertheit des Menschen. Über die Seele im Zeitalter der zweiten technischen Revolution. München 1956
Aristoteles: Die Nikomachische Ethik. (a. a. O.: Hochmut)
Zygmunt Bauman: Flaneure, Spieler und Touristen. Essays zu postmodernen Lebensformen. Hamburg 1997
Simon Blackburn: Lust. Oxford, New York 2004
Norbert Bolz: Vom Platonischen Eros zur Designer-Erotik. In: Der listige Gott. Über die Zukunft des Eros. Hrsg. von Konrad Paul Liessmann, Philosophicum Lech, Wien 2002
Bettina Dessau und Bernulf Kanitschneider: Von Lust und Freude. Frankfurt 2000
Michel Foucault: Der Wille zum Wissen. Frankfurt 1983
ders.: Der Gebrauch der Lüste. Frankfurt 1989
Sigmund Freud: Die »kulturelle« Sexualmoral und die moderne Nervosität. Sexual-Probleme. Gesammelte Werke Studienausgabe, Band 7, Frankfurt 1974
John H. Gagnon: Sexual conduct. In: Zeitschrift für Sexualforschung, Heft 11 1998, S. 535–566
Thomas Hobbes: The elements of law natural and politic. Hrsg. von J. C. A. Gaskin. Oxford 1994
Katherine Hobson: A drug for arousal. In: U. S. News and World Report, 24. Januar 2005, S. 50–51
David Hume: A treatise of human nature. (a. a. O.: Hochmut)
Ursula Pia Jauch: Flügellahmer Eros? Lust ohne Laster? In: Tugenden und Laster. Gradmesser der Menschlichkeit. Hrsg. vom ZDF-Nachtstudio, Frankfurt 2004
Elfriede Jelinek: Begierde und Fahrerlaubnis. In: Manuskripte 93, 1986, S. 74–76.
Pauline Kael: For keeps. 30 years at the movies. New York 1994
Alfred Kinsey: Kinsey Report: das sexuelle Verhalten der Frau. Frankfurt 1970
Stefan Lovgren: »Libido-Meter« may be first true sexual-arousal gauge. In: National Geographic News, 7. Februar 2005
Katrin Mackowski: Die falsche Frau. München 2005
John Medina: The genetic inferno. Cambridge 2000
Catherine Millet: Das sexuelle Leben der Catherine M. München 2001
Martha Nussbaum: Objectification. In: Philosophy and Public Affairs, Nr. 24, 1995, S. 249–291
Platon: Sämtliche Dialoge. (a. a. O.: Völlerei)
Gunter Schmidt: Der Die Das. Über die Modernisierung des Intellektuellen. Gießen 2004

Arthur Schopenhauer: Die Welt als Wille und Vorstellung. (a. a. O.: Habgier)
Volkmar Sigusch: Neosexualitäten. Über den kulturellen Wandel von Liebe und Perversion. Frankfurt 2005
Lionel Trilling: The moral obligation to be intelligent. Selected Essays. New York 2000
Yoram Vardi: Lustmessung im Hirn. In: Der Spiegel 8, 2005, S. 160